宋朝进行时

王朝开启 〔卷壹〕

野狐狸 著

岳麓书社·长沙

图书在版编目(CIP)数据

宋朝进行时:王朝开启/野狐狸著. —长沙:岳麓书社,2023.2
ISBN 978-7-5538-1731-6

Ⅰ.①宋… Ⅱ.①野… Ⅲ.①中国历史—宋代—通俗读物
Ⅳ.①K244.09

中国版本图书馆 CIP 数据核字(2022)第 170649 号

本书中文简体版由北京行距文化传媒有限公司授权
湖南岳麓书社有限责任公司在中国大陆地区独家出版、发行。

SONGCHAO JINXING SHI:WANGCHAO KAIQI

宋朝进行时:王朝开启

作　　　者:野狐狸
出 版 人:崔　灿
出版统筹:马美著
策划编辑:李郑龙
责任编辑:牛盼盼
营销编辑:谢一帆　唐　睿
责任校对:舒　舍
装帧设计:东合社—安宁

岳麓书社出版发行

地址:湖南省长沙市爱民路 47 号
直销电话:0731-88804152　0731-88885616
邮编:410006

版次:2023 年 2 月第 1 版
印次:2023 年 2 月第 1 次印刷
开本:880mm×1230mm　1/32
印张:14.75
字数:325 千字
ISBN 978-7-5538-1731-6
定价:68.00 元

承印:长沙超峰印刷有限公司
如有印装质量问题,请与本社印务部联系
电话:0731-88884129

历史如何说

——代序言

历史已经离我们远去，对很多人来说，那就是一部部厚重的典籍，让人望而生畏。

其实，历史仍一直流淌在我们的血液里，它所蕴含的真假、善恶、美丑，都萦绕在我们身边，从未消失。

有人说过，一切历史都是当代史。

写一部好看的历史，一直是我心中的一个梦想，我希望能够凭着自己的一支笔，把一段沉睡的历史唤醒，让大家能清晰地看到它的原貌，感受到它的脉搏。

一直以来，我们的历史教育都显得有点"刻板"。政治事件排列在前，经济文化点缀在后，王朝更替、人物更替，如是而已。我想，历史首先是人的历史，每一个历史人物都应该鲜活生动，有血有肉，他们有优点有缺陷，有时胸怀大志，有时私心作祟，一如你身边的张三、李四。

不仅历史人物如此，一个王朝、一项制度、一个经济现象、一种文化形式都有它特定的产生条件和演进规律，就像一个人的成长过程一样。

所以，历史作品不是历史小说，它不仅要告诉大家一个个精彩的故事，还要传递出有温度的历史观。

基于个人偏好，我决定写一写宋朝的故事，讲述公元 960 年至 1279 年两宋三百多年的历史，邀请宋太祖赵匡胤、千古名臣范仲淹、改革家王安石、大文豪苏东坡、民族英雄岳飞、爱国诗人文天祥……来到我们的身边，共同进行一次千年神游。

当然，我写的仍是正史，史实来源既包括《续资治通鉴长编》《宋史》《建炎以来系年要录》等宋代史料，也包括《涑水记闻》《邵氏闻见录》等笔记杂谈，写作中还会参考近现代宋史研究领域的专家著述。文章以讲述宋代的政治事件为主线，穿插描述那时的制度、经济、文化乃至社会生活，同时也融入自己对历史的看法、观点，旨在全面客观地展现那个绚丽时代。

宋代的历史不好写，因为宋朝总给人积贫积弱的印象，一有外战总是习惯性掉链子，宫斗戏也显得成色不足，偶尔碰到几个熟悉的大文人，还会唤醒你"全文背诵"的酸楚记忆。但是，宋朝也有自己的亮色，它的文治风韵、翰墨风华，任何一个时代都无法比拟；它的印记，留在每个人的吃穿住行里，从未消失。

我希望，通过我的描述，能让那段历史活过来，就像发生在我们身边一样，是"进行时"而不是"过去式"。

宋朝进行时！

是的，它就是一段正在发生的历史。

目录

第一章 成长

军营生活

公元 947 年，复州城（今湖北仙桃）。

防御使王彦超正在府中闲坐，忽然接到手下军士奏报，说是一个年轻人想要见他。

王彦超原本是朝廷禁军的一位中级将领，无奈新的王朝（后汉）建立后，一朝天子一朝臣，他这个禁军老人被安排到了边远地区。

远离京城，王彦超虽有点失意，倒也落得自在。只是，此时离他到复州上任还不过半年，地方上的人头都不熟络。他左思右想，也想不出有哪个人会找上门来，何况还是一个年轻人？

见见也罢，权当打发一下无聊的时光。

王彦超命人把那个年轻人请了进来。

年轻人进来后，王彦超从头到脚打量了一番，不禁哑然失笑。面前的年轻人一副灰头土脸的样子，身上的衣服破破烂烂，除了一个旧包袱外，再无其他物件，说好听点是个落魄的行人，说难听点，活脱脱一个乞丐。

直到年轻人报上名来，王彦超才明白，原来眼前的这个"乞丐"是禁军旧友赵弘殷的儿子，不远千里跑到复州，是想在他这里谋份差事。

问明情况后，王彦超心里已经有了主意。虽然他和赵弘殷是旧相识，但也没啥深交，更没兴趣收留一个毛头小伙子。为防夜长梦多，他决定马上打发这个不速之客。

"什么，到本处谋差啊。嗯……这个……你看我这里暂时也不缺人手。"

"复州地小偏僻，恐怕也不易施展手脚，要不你再到别处看看？"

"你看我这里有些盘缠，不妨拿着路上使用，些许薄礼，莫要推辞……慢走，路上小心。"

一套说辞下来，年轻人已经明白了王彦超的心思，再多说等于自讨没趣，他收起那略带屈辱的几十贯钱，礼貌性地向王彦超作揖拜别，然后头也不回地离开了。

王彦超望了望年轻人的背影，又悠闲地在府中踱起步来。

唉，年轻人呐。莫怪我不讲情面啊，如此兵荒马乱时节，自己尚不知道前路在哪里，谁还管别家闲事。

很快，王彦超就忘记了这个生活中的小插曲，他做梦也不会想到，自己这一次漫不经心的拒绝，却成全了一个帝王的辉煌人生。

这个走在征途上的年轻人，就是我们的主人公——赵匡胤。

后唐天成二年（927），赵匡胤出生于河南洛阳夹马营。史书这样记录了他的出生情况：整个房间闪烁着红光，奇异的香味飘了一晚上，身体散发着金光，整整持续了三天（赤光绕室，异香经宿不散，体有金色，三日不变）。

因出生时"香气绕室"，赵匡胤被称为"香孩儿"。

这些都是古人描写帝王将相出生时的惯用套路。没办法，按照古人的思路，因为他出生得这么神奇，所以后来他就有了非凡的成就。其实，这话反过来说，还差不多。

赵匡胤的父亲叫赵弘殷，为幽州涿郡（属今河北保定）人，从小骁勇彪悍，擅长骑马射箭，二十岁左右便成为一名职业军人，后因在一次作战中获得皇帝的赏识，留在禁军中担任飞捷指挥使一职。顺便说明一下，"飞捷指挥使"这个名号，尽管听起来相当高端、大气、上档次，但实际上只是个中下级军官而已。

在赵匡胤出生之前，赵弘殷曾经有过一个儿子，但不幸夭折了，小匡胤的到来让他感到莫大的欣慰。和很多父亲一样，赵弘殷对孩子寄予很高的期望。从赵匡胤的名字上看，"匡"是"纠正、振兴"的意思，"胤"是"延续、继承"的意思，看来老赵对自己的现状不是太满意，指望小赵能更有出息一点，也好光宗耀祖。

令赵弘殷没想到的是，这个孩子不但实现了他的愿望，而且超额完成了任务。

赵匡胤的母亲姓"杜"，定州（今河北定州）人，史书没留下她的名字，我们只能称她为杜氏。

虽然贵为两个皇帝的母亲，可《宋史》中关于她的记载还不到一页。我们只知道，她出生在一个中产人家，受过一定教育，十五岁时就嫁到了赵家，养儿育女，操持家务，相夫教子，至为平凡。

值得庆幸的是，她亲眼见证了儿子走到人生辉煌的顶点。作为一个母亲，最大的幸福，莫过于此。

赵匡胤十二岁那年，全家从洛阳夹马营迁到了开封护圣营。夹马营、护圣营都是父亲驻军所在的营地，他的童年是在军营中度过的。

在军营里，少年赵匡胤最常接触的东西就是飞驰的战马、雄壮的士兵方阵、如林的刀枪剑戟。尽管有些场景可能过于血腥，属于少儿不宜，但他还是从中找到了乐趣。

年长后，家里安排赵匡胤上了私塾，母亲对他的学业管得很紧。可当时的赵匡胤还是更热衷于舞枪弄棒、骑马射箭。在这方面，他继承了父亲的优秀基因，表现出了不错的天赋（学骑射，辄出人上）。

赵匡胤非常顽皮，属于那种上房揭瓦、下地打滚，吃饭时间常被母亲揪着耳朵领回家的熊孩子。

有一次，小匡胤尝试骑一匹性格暴烈的恶马，既不套马笼头，也不拴马缰绳，还不用马鞍，飞身上马就疾驰而去。那烈马一路狂奔，跑上了城头的斜坡道，由于速度太快，赵匡胤额头一下撞上了城门门楣，整个人应声从马上摔落下来。

这种行为类似于无证高速危险驾驶，又不系安全带，还引发了恶性交通事故。摊上这种事情，即使不整出个半身不遂，至少也要摔出个二级脑震荡。可正当旁观者目瞪口呆之时，赵匡胤已经慢悠悠地爬了起来。只见他扯扯衣服，拍拍土，追上烈马，又一溜烟跑没影了。

事后检查，除了点儿皮外伤，啥事没有！

自学本领之余，赵匡胤还在军营中结识了不少朋友，这些朋友和他差不多，都是军营中的将校子弟。一群小伙伴经常在一起学习探讨、切磋交流（玩打仗游戏）。在玩耍的时候，赵匡胤经常充当"孩子王"的角色，站在小山包上，拿根破树枝，煞有介事地指挥小伙伴"排兵布阵"。

此后，许多儿时的伙伴真成了他的战友，陪他一起走上了战场。

就这样，当其他孩子还沉迷于放风筝、摘果子的时候，赵匡胤已经逐渐习惯了军队氛围。这里的一切都让他心驰神往、跃跃欲试。

他最大的心愿就是能像父辈一样，骑马冲上战场，成为一个威武的军人。

很快，少年赵匡胤变成了青年赵匡胤。无忧无虑的日子随之结束了。

后汉天福十二年（947），二十一岁的赵匡胤做出了人生中第一个重大决定——离家出走。之所以做出这个决定，并不是想来一次说走就走的旅行，主要还是缘自生活压力。

弟弟赵匡义、赵匡美及一个妹妹相继来到家中，父亲的官职却多年未发生变化，家里的生活条件无法得到改善。赵匡胤是家中唯一成年的孩子，他希望能自食其力，帮父母减轻负担。

更重要的是，赵匡胤此时已经成家了。十八岁那年，赵匡胤在父母的安排下完成了婚事，妻子姓贺，是父亲同事的女儿。既然已经成婚，就算自立门户，赵匡胤更没有理由继续啃老。

此时的中国又经历了一次改朝换代，尽管上层变革并未给他的家庭带来太多影响，但还是刺激了年轻的赵匡胤，懵懂的他渴望了解外部世界，寻找属于自己的舞台。

就这样出发吧。

紧紧身上的包袱，摸摸腰间的佩剑，赵匡胤向身后的军营投去了最后一瞥，毅然决然地跨出家门，从此步入莽莽红尘。

乱 世

走出家门，赵匡胤第一次接触到外面的世界。

他身处的时代，在中国历史上有一个专称——"五代十国"。对于这段岁月，最简单的概括就是"乱世"。

从九世纪末开始，曾经无比辉煌的大唐王朝走向衰落，国内藩镇林立、政治昏暗。公元 907 年，大军阀朱温把唐朝最后一个皇帝赶下了台，摇身一变自己做了皇帝，中国从此彻底陷入军阀混战的局面。

此后 53 年间，中华大地上演了一场场皇位争夺战。北方地区先后出现了梁、唐、晋、汉、周五个王朝，产生了 13 位皇帝。为了方便和以前的朝代相区别，史家在这些朝代前面都加了一个"后"字。赵匡胤才二十出头，却已经跨越三朝了，他此时所属的政权，称为"后汉"。

除了上面的"五代"，南方地区（个别在北方）先后出现了若干个大小不等的割据政权，史家把十个主要的割据政权称为"十国"。

可见，称呼"五代十国"，也就是凑个整数。事实上，圈地称王的军阀远不止这个数，就好比把一个大盘子摔成碎片，能数清那些大片就不错了，要想把那些碎渣都搞清楚，非得把老花镜换成显微镜不可。

"五代"也罢，"十国"也罢，最苦的自然还是老百姓。要打仗就少不了折腾，今天几担米被充了军粮，明天儿子被拉去当了壮丁，过几天路过一群逃兵，养的几只牲口也被掳走了。你想找个地方申诉，都搞不清归哪个政府管。

军阀打来打去，军纪自然没法保障。一些好勇斗狠的人有了"用武之地"，打家劫舍，发战争财的不在少数，甚至每攻下一城后，都要大肆烧杀抢掠一番（学名"洗城"）。个别兵痞还敢乘乱怂恿将领当皇帝（学名"拥立"），顺便自己升官发财。

简而言之，那是一个崇尚暴力法则的时代，什么忠孝节义、什么道德律法都被扔到了爪哇国。

当时，全国大部分地区兵荒马乱、民不聊生，一片动荡萧条景象。

怎一个乱字了得。

除了内乱，还有外患。

自古以来，中原政权一直受到北方游牧民族的威胁，春秋战国时有戎狄，秦汉时有匈奴，唐朝有突厥。此时，来自北方的威胁叫作契丹。

趁着唐末的混乱，契丹族逐渐成为北方草原的新主人，他们还仿照汉人建立了政权，定国号为"辽"。关于这个政权，我们后面会详细讲述。

既然是游牧民族，难免会遇到日益增长的物质文化需要和落后的手工业生产水平之间的矛盾。为解决这一矛盾，契丹人都喜欢从事一项高效便捷的工作——剽掠，俗称抢劫。

他们的抢劫对象，当然是老实巴交的中原百姓。

游牧民族都是天生的骑兵，用骑兵来干抢劫的行当，速度快、风险小、拉货多，如果被人防备，顶多就是白跑一趟，就当是锻炼身体，如此特长如果不在经济建设中发挥一下，似乎也说不过去。

因此，一有机会，契丹人就依仗骑兵优势在边境地区发动掠夺战。尤其是到了秋天，天高马肥，马的长途奔跑能力能达到最佳状态，契丹人最喜欢在这个时候集体出动，属于名副其实的"打秋风"。

中原政权每到秋天就格外警惕，边塞地区增加岗哨不说，还少不了贴几张"减少外出，注意安全"之类的告示，甚至还因此出现了一个专业称谓——"防秋"。

当然，抢劫最多还只是一个暴力犯罪问题，更麻烦的问题发生在后晋天福元年（936）。

1905 年，孙中山先生起草《同盟会宣言》，其中有这么一句话："敢有为石敬瑭、吴三桂之所为者，天下共击之！"

这句话点了两个汉奸的名，姓"吴"的大家应该很熟悉了，今天我们来说说那个姓"石"的。

石敬瑭，沙陀人（古代北方少数民族，这么看，说他是"汉"奸还有点冤），五代后晋高祖。

在竞争激烈的汉奸排名榜上，石敬瑭其人能够获此殊荣，也不容易，一切都因为他干了一件极其考验脸皮厚度的事情。

这位老兄很想当皇帝，但偏偏自己实力不够，就想着找契丹人帮忙。当然，忙不是白帮的，总得给人家点好处。为此，石兄向契丹人提供了一份条件优厚的合作协议，除了答应称臣、纳贡之外，还主动认契丹皇帝做了父亲。

给自己找个干爹并不稀奇，关键是那一年石敬瑭已经 45 岁，而契丹皇帝才 35 岁。

当然，这事情虽然恶心，那也是石敬瑭的私事，和别人无关。而更无耻的是，他居然还在协议中允诺，将"幽云十六州"割让给契丹人。

这个决定的历史影响力实在太大了。

"幽云十六州"，是指幽州（今北京）、云州（今山西大同）、蓟州（今天津市蓟州区）等十六个州，大致包括现在的北京、天津和河北北部、山西北部。这个地区是保护中原的重要屏障，失去这块地方，中原地区就完全暴露在了契丹铁蹄之下，人们从此只能以血肉之躯来阻挡金戈铁马。

如此行径，正如明知隔壁有个喜欢顺手牵羊的邻居，还把大门钥匙送到了邻居手上，令人发指。而这一行为造成的恶果，整整延续了400余年，成为始终困扰赵匡胤及其后代的难题。

转　机

赵匡胤的出走，说文雅点是寻求创业机会，说粗俗点就是找工作。但凡找工作这种事情，往往要经历满怀豪气——唉声叹气——垂头丧气三个阶段。

记得大学毕业那会儿，我和无数胸怀大志的同学们一样，熨平了西装、擦亮了皮鞋、刮光了胡须，气势豪迈地步入一个个招聘会场，信心满满地投出了一份份载满小学至大学所有荣誉的简历。然后痛苦地思索着到底该去哪个单位比较好，然后憧憬着美好的未来，然后焦急等待着面试的通知……然后，就没有然后了。

其实，有这种经历的同学们大可以捡起简历，擦干眼泪。我可以负责任地告诉你，赵匡胤的求职经历其实也差不多，至少刚开始是这样。

离家后，赵匡胤先在陕西、甘肃一带游荡。对于那段时期的经历，正史记载非常少，好在我国民间从来就有挖掘帝王隐私的传统，还是留下了一些半真半假的传说。

根据坊间传闻，赵匡胤主要有如下经历：

曾经无处落脚，流落街头，饿得眼冒金星时只好向店家要饭吃。

曾经想靠赌博来赚点钱，刚开始确实赢了不少钱，结果把一群输钱的人惹毛了，被痛扁了一顿，不但赢的钱没了，还把自己的钱也搭了进去。

曾经跑到寺庙菜园子里偷莴苣吃，没什么炊具，只能狼狈地剥皮生吃。

…………

以上事件，可信不可信另当别论，但都说明了一点：他没有找到工作，而且混得挺悲催。

离家时，赵匡胤本想靠自己的努力来打出一片天地，但现实遭遇给他兜头浇了一盆冷水。现在，他已经不再对前途做过多的奢望，只想快点求得一个安身立命的差事。

赵匡胤决定南下碰碰运气，他到达的第一站正是复州，遭到王彦超的拒绝后，又来到了随州（今湖北随州）。

随州刺史董宗本也是他父亲的老朋友，还算念旧情，不但接纳了他，还让人安排了一份差事。

可很快，赵匡胤又不得不离开随州。

这回，给赵匡胤使绊子的是董宗本的儿子董遵诲。

董遵诲也喜欢舞枪弄棒，研究行军打仗。可这位公子哥偏偏心眼儿有点小，很看不上赵匡胤这个外来户，平时态度不怎么友好，有事没事总要找点儿不愉快。有一次，赵匡胤和董遵诲一起讨论军事问题，观点上产生了一点分歧。赵匡胤说得兴起，驳了董公子的面子，结果惹得董遵诲恼羞成怒，拂袖而去。

赵匡胤本是个自尊心很强的人，觉得关系僵成这样，再待下去也没什么意思，只得打好包袱，背上行囊，重新走上浪迹天涯的道路。

赵匡胤走了，对王彦超和董遵诲来说，他们终于打发了一个并不欢迎的人。谁都没料到，若干年以后，他们还会再次相见，那时，双方的地位已经发生了天翻地覆的变化。只是，那时的赵匡胤已经登上九五至尊，而王彦超还是那个王彦超，董遵诲还是那个董遵诲。好在赵匡胤是个豁达的人，不但没有为难他们，还给予了优待和重用。

所以说，有句话叫作"宁欺白须公，莫欺少年穷"，你得真信。

历经长途跋涉，赵匡胤来到南方之旅的最后一站，汉水边上的襄阳（今湖北襄阳）。

望着滔滔江水，赵匡胤感到一种从未有过的无助感：能想到的办法都尝试过了，能投奔的地方都去过了，但好运还是不肯眷顾我，现在我该何去何从呢？

谁能告诉我，路在何方？

依照小说的思路，在英雄落魄之际，总会有一个神秘的贵人（一般是和尚、道士）出来为他指点迷津，帮助他找到正确的方向。

据说，赵匡胤也遇到了一个贵人。在一个寺庙里，他遇到了一个老和尚，老和尚看赵匡胤相貌不凡，认为他将来必大有作为，并指点他应该赶紧往北走。

于是乎，赵匡胤做出了折回北方的决定，从此走上发达之路。

这个桥段很眼熟，但不是真实的原因。

真实原因并不复杂，也不神秘。从当时情况看，襄阳已经靠近后汉南部边境，再走下去，赵匡胤就只能出国了。就算不用考虑饮食习惯、气候环境、护照签证之类的事情，总也要考虑下自身发展问题。毕竟父亲是后汉的职业军人，说不定哪天两个政权死磕起来，岂不成了父亲的敌人？

所以，晃了两年，还是要来次折返跑，没办法啊。

踏上故土，已是寒意袭人。

赵匡胤心里感到一股从未有过的悲凉。

彷徨而不知所从，落魄而身无所系……我第一次体会到要获取成功远比驾驭烈马难得多。

温柔的妻子，久别的家人，热腾腾的饭菜……我太想念温暖的家了。

饥饿、拒绝、失望、冷漠、寄人篱下、怀才不遇……这是我两年里的唯一收获吗？

不是的。

在风餐露宿的征途中，我领悟了什么叫艰难。

在饥寒交迫的夜晚里，我知道了什么叫畏惧。

在那些不屑的眼神里，我读懂了什么叫世态炎凉。

这就是我须要面对的一切。

我还要一个人走下去。

顶住压力，耐住寂寞，受住委屈，忍住痛苦。

唯其如此，方能置之死地而后生！

是的，走下去吧，幸运的大门正在为你打开，你将遇到两个改变你命运的人！

第二章 士兵岁月

郭 威

历经奔波，赵匡胤终于找到了一份稳定的工作。

在北方，一支军队正在招兵买马，赵匡胤参加了这支队伍，成为一个普通士兵。

其实，这种工作准入门槛低（身体强壮就成）、劳动强度大（砍人）、风险系数高（被人砍），工资福利无保障，也算不上什么美差。幸运的是，赵匡胤加入的是一支特殊的军队。

这支军队的统帅叫作郭威。

改变赵匡胤命运的第一个人。

郭威，邢州（今河北邢台）人，人称"郭雀儿"。

能够得到这个外号，并不是因为他很喜欢养鸟，而是因为他身上有一个"飞雀"的刺青。

刺青，也就是我们现在所说的文身，在那个时代，非常流行，一般是那些习惯打打杀杀的猛人较为喜欢，通常文在手臂或者脊背上，与人起冲突时可以脱光了亮一下，先吓唬吓唬再说。

郭威刺青的部位很特别，他把飞雀刺在脖子上，一旁还刺了几颗谷粟，估计头转快了，还能看到动画效果，相当有创意。

郭威其实是个苦孩子，三岁的时候，父亲在战乱中去世，到了七八岁，母亲也去世了，交由亲戚抚养长大，从小没人管，也没机会受正规教育。长到十八岁，郭威应募从军，自己一刀一枪在乱世混饭吃。

郭威年轻时脾气火暴，喜欢打抱不平。有一次，他在街市上遇到了一个屠夫，屠夫长得很健壮，长期欺行霸市，人们都很怕他。郭威偏偏不信邪，故意喝得醉醺醺，来到屠夫的店铺，让他割点猪肉，然后左挑毛病右找碴儿，就是不满意，还不时教训他几句。屠夫被惹毛了，把切刀往板上一扔，敞开衣服，露出肚子，对郭威吼道："你耍我不成？敢往这里砍吗？"郭威二话不说，一刀捅了过去……

由于这段故事太有名，所以口口相传至今，很多人据此认为郭威其实是《水浒传》中"拳打镇关西"的鲁智深的原型。

闹出人命官司后，郭威被扭送到了官府，幸亏有上司庇护，才保住了一条小命。

郭威并没有一直冒失下去，随着年龄、阅历的增长，开始变得成熟稳重。他平时比较讲义气，结识了一帮铁杆朋友。最不容易的是，郭威还在打仗之余自学兵书，使自己的见识超越了那些只知道打打杀杀的普通将领。

三十余岁时，郭威跟从了陕州节度使刘知远，官越做越大。

公元947年，刘知远创立后汉政权，郭威当上了枢密副使。又过了一年，刘知远去世，年仅十八岁的小皇帝刘承祐继位（史称后汉隐帝），郭威成为辅佐小皇帝的四位顾命大臣之一，并升任枢密使。

苦孩子"郭雀儿"靠着自己的努力，终于长成了展翅高飞的大鹏。

赵匡胤来到北方的时候，郭威正在招募士兵，准备率军前去平定叛乱。

叛乱来自河中（今山西永济）、凤翔（今陕西宝鸡凤翔区）、永兴（今陕西西安）三个地方，这三个地方的军阀觉得皇帝年龄较小，比较好欺负，不约而同地起了反心。叛军所占的地域面积并不大，军队人数也不多，但后汉朝廷派出去征讨的几路军队却出工不出力，磨磨蹭蹭打了几个月，始终没见啥成效。

实在没办法，朝廷决定派郭威亲自出马，并授权他调度各路平叛大军，也就是这一刻，赵匡胤来到了郭威军中。

对于士兵赵匡胤来说，枢密使郭威是一个高高在上的符号，一个遥不可及的偶像。现在，他只能从一些老兵的言语中零星听到关于郭威的传说，或者躲在远处用崇拜的眼光注视着这位统帅，去感受那份力量和智慧。

乾祐元年（948）八月，郭威领军出征。根据枪打出头鸟、擒贼先擒王的工作原则，他决定先选择最强的一个藩镇下手。

"出头鸟"名叫李守贞。

李守贞，河阳（今河南孟州）人，时任护国节度使，驻军河中府。

李守贞之所以有信心干一番造反事业，也是进行过思考的。他曾长期担任禁军将领，在军中资历深厚，郭威到了他那里，也只能称小弟。

论资历，我是你的前辈；论关系，将士们和俺一起喝过酒、扛过刀。现在你一个新人就想带他们来灭我，你谁啊？听你的还是听我的？

应该说，李守贞的想法还是有现实依据的。当时，改朝换代就像请客吃饭一样常见，当兵的也就是为了混碗饭吃，讲忠孝节义那是没戏的，讲人情倒有几分，大家都是熟人，犯不着玩命死磕。此前几支大军围着河中府热闹了一阵子，愣是没把他怎么样，也是有这些因素在里面。

可这回李守贞却失算了。

等郭威的大军赶到河中府时，李守贞还在城头晒太阳，他惊喜地发现，这次过来的大军与以往完全不同，将士都像打了鸡血一样，个个精神抖擞、斗志高昂，一副恨不得马上爬城头、啃墙砖的表情。

消极怠工的兵油子怎么一下就变成了劳动模范呢？李守贞百思不得其解。

其实，郭威用一种相当简单的方法解决了这个问题——发钱。

郭威是个非常务实的人，他知道，要在短时间内提高大兵的政治觉悟是不可能的，要激发他们的工作积极性，最直接有效的方法就是发奖金。所以，他千方百计筹措钱粮，对将士进行犒赏，甚至把朝廷给予自己的赏赐都捐了出来。

而在这一点上，李守贞确实应该做一下自我批评。《新五代史·李守贞传》中曾有这样一段记载："贼平行赏，守贞悉以瘿茶染木给之，军中大怒，以帛裹之为人首，枭于木间。"

翻译过来就是：李守贞某次打完仗后，用烂茶叶、破木头等不值钱的东西当奖金，发放给将士们，搞得将士们很不开心。于是将士们就用布团当作他的人头，挂在树上练习斩首以泄愤。

我就纳闷了，都是节度使，差距咋就这么大呢？

眼见朝廷军队士气正旺，李守贞决定避免两军正面接触，缩在城内，摆出了一副死守的架势，企图以此消耗郭威的锐气。

令人吃惊的是，郭威似乎也不急着攻城，尽管将士们求战欲望强烈（打赢了还有额外奖金），他却下达了两道奇怪的命令：

一、原地待命，停止攻击。

二、全体将士放下屠刀、拿起板砖，齐心协力干一件事——筑墙！

原来，郭威是要在河中府的外围再修一圈简易城墙，彻底切断河中府与外界的联系，活活困死李守贞。

从此，枢密使郭威改行成了建筑工头，城里发生什么不要紧，围墙先抓紧修起来。

眼看着城外的施工队在自己地盘上未批先建、昼夜施工，李守贞坐不住了。

面对越来越多的违章建筑，李守贞不等不靠，主动出击，毅然干起了拆迁队的活。

于是两支对峙的大军出现了滑稽的一幕：一个是抓项目，赶进度，拼命搭建；一个是摸黑夜出，建到哪儿，拆到哪儿。拆迁队前脚刚走，建筑队后脚赶到，反正建筑材料是现成的，又不须要检验工程质量，照样再砌一遍就是了。

由于拆迁的效率远远跟不上建筑的效率，郁闷的李守贞每天天一亮，都能欣赏到新的建筑拔地而起。

正所谓，你拆或是不拆，它就在那里，不离不弃。

为了突破包围圈，李守贞想尽了办法，什么强行冲击、半夜偷袭，能用的招都用上，但无奈郭威实在老到，每次都能轻松破解。

几次突围不成功后，李守贞开始想法子搬救兵，但其余几个造反的兄弟日子不比他好过，根本指望不上。所以，他只好把希望放在"国际友人"身上，分别向辽国及后蜀、南唐（均为南方割据政权，"十国"之一）派出求救密使。

可结果依然很悲剧，李守贞整日在城上望眼欲穿，也没等来什么好消息，送信的基本都被郭威派出的巡逻军队抓获了，即使有些政权收到了消息，反应也不积极。唯一够意思的反而是距离最远的南唐，好歹派出了一支军队，但也只跑到沂州（今山东临沂，与河中府直线距离730公里）边境晃悠了几趟，就立刻回去了，说武装声援还凑合，指望他们来解围就有点扯了。

出又出不去，耗又耗不过，扛了一年左右，李守贞实在守不下去。

在他濒临绝望之际，郭威一改此前不温不火的态度，果断命令军队全线强攻，帮助他早日摆脱痛苦。

乾祐二年（949）七月十三日，郭威率军攻破河中府外城。八天后，攻陷内城，李守贞自焚而死。

随着李守贞的败亡，其余两处叛乱藩镇也先后崩溃。到年底，郭威彻底平定三处叛乱，全胜班师。

郭威立下大功，照例朝廷给予丰厚赏赐，但他没有接受这些应得的封赏，只是要求朝廷分赏所有大臣和将士。这种谦和低调的做派使他深得将士们拥护，威望急剧上升。

然而，过高的人望也给他带来了一丝危险。

飞来横祸

乾祐三年（950）五月，刚回京不久，郭威又接到了任务，这回目的地是邺都（今河北省临漳县），北方一个重要的边防据点。

原来，辽国的入侵形势日益严峻，镇守边境的几个藩镇工作积极性不高，长期被动挨打。不得已，朝廷只好再次找到郭威，任命他为邺都留守、天雄节度使，命他率军去收拾这个烂摊子。

将帅出征，照例皇帝要送行。一般来说，这种场合也就走个形式，一方勉励几句，一方做个表态发言，谈完走人。而这次，郭威似乎心事重重，看着年幼的皇上，一向寡言少语的他多说了几句。

原话比较长，概括起来很简单，他委婉地告诉皇上：在家要听你妈的话（太后从先帝久……有事宜禀其教而行之），要听辅臣的话（苏逢吉、杨邠、史弘肇皆先帝旧臣……愿陛下推心任之）。

其中所说的太后，是小皇帝的母亲李太后。所说的苏逢吉、杨邠、史弘肇等人，前面也点到过了，郭威是四大顾命大臣之一，他们就是另外三位。

走前说这么几句，绝不是郭威心血来潮。他知道，朝廷里的几股力量正在争权夺势，小皇帝还无法驾驭如此复杂的局面。对此，他总有一种深深的担忧。

幸运的是，仅仅几个月后，他就不用担忧了。

担忧的事情发生了，就不用再担忧了。

皇帝刘承祐当时刚好二十岁，按心理学上的说法，正值青春叛逆期，独立意识比较强。自从坐上皇位后，刘承祐发现许多事情都轮不到他操心，全由下属包办，刚开始还觉得轻松，久了难免觉得有点郁闷。

几位辅臣显然忽视了青少年的心理健康问题，一直不把皇帝当干部，自从郭威走后，情况愈演愈烈。

杨邠处于宰相的位置，大小事务一把抓，许多事情皇帝说了不一定算，杨邠说了才算。

有一次，杨邠和史弘肇在皇帝面前一起讨论事情，皇帝插了一句嘴，杨邠慢悠悠地来了一句"陛下只要闭嘴好了，有我们在这里呢"。

这句话可真是扎心了。小皇帝提一点幼稚的意见也应该给予理解嘛。人家积极发言，你不鼓励也就罢了，还摆出这种态度，也太打击年轻人的自尊心了，确实有点过分。

过分是过分，那也要看跟谁比，如果比较一下史弘肇的态度，杨邠已经很文明了。

史弘肇武将出身，功劳大、脾气大，做事粗枝大叶，不想后果。有次刘承祐在宫中欣赏完音乐表演，感觉比较满意，就赏赐给演艺人员（伶人）一点财物。大家领完赏后到史弘肇处叩谢。没承想，史弘肇勃然大怒，张嘴就骂："前方将士在边疆苦战，还没有半点赏赐，你们凭什么拿这些东西？"

史弘肇骂完直接没收财物，送还国库。

劳动所得被没收不说，还被喷了一脸唾沫，这事换谁都高兴不起来。要知道人家地位虽低，但怎么说也是为皇帝服务的，做事如此不考虑皇帝的感受，难不成真把人家当成壁画？

唯一比较谦虚的辅臣，只有大学士苏逢吉。他之所以不专断、不揽权，是因为他实际上没啥权可揽。四位辅臣中，杨邠、史弘肇、郭威关系不错，苏逢吉和三位关系都不怎么样，尤其和烈性子的史弘肇合不来。两人还曾在一次酒宴中起过口角，史弘肇说不过苏逢吉，就乘着酒性拔剑去砍，幸亏被人拉住，才没闹出人命。事情过后，苏逢吉对他又恨又怕。

苏逢吉曾经想法子排挤杨邠、史弘肇、郭威三人，企图劝皇帝把他们三个都赶出朝廷，结果事情没办成，自己反而越来越孤立了。

这种状况，刘承祐很不满，苏逢吉也很不满。两人都对杨邠、史弘肇恨之入骨，敌视的情绪像炸药一样在心中积淀，只要再添加一根导火索，就可引爆冲天的愤怒。

导火索很快出现了，他的名字叫李业。

李业是李太后最小的弟弟，主要负责管理宫内财物之类的事情，正事不会干，捞钱花钱很精。他和刘承祐很玩得来，一直深受宠信，逐渐成为小圈子里的领头人物。

李业曾经想谋取宣徽使（掌管宫廷事务的高级官员）的职位，刘承祐也打了招呼，结果还是被杨邠、史弘肇等人否决了。

也难怪，人家连皇帝都当小朋友来看待，瞅李业这号人物，基本就相当于墙角的垃圾桶，根本不在其视线范围之内。为此，李业非常记恨杨邠、史弘肇。

苏逢吉是个比较狡猾的人，他虽然讨厌杨邠、史弘肇，却不想与他们直接出面对抗，现在发现半路冒出一个李业这样的人物，便觉得可以借刀杀人，平时不停地在李业耳边煽风点火。李业则接过扇子，继续使劲煽，不停地撺掇刘承祐。

到底是年轻人，火气旺，刘承祐很快被说动了心。

乾祐三年十一月，刘承祐、李业及一帮小圈子里的人简单商量后，决定马上动手，并把计划告诉了李太后。李太后虽然对杨邠、史弘肇的有些做法不太认可，但也不赞同他们鲁莽地采取行动。

而刘承祐早就被李业煽动得热血沸腾，脑子里尽是杨邠、史弘肇那副目中无人的嘴脸，哪里听得进老妈唠叨，袖子一甩，扔下一句：

"国家大事，女人懂什么！"

说完，扬长而去。

决心已定，刘承祐命令李业全权负责行动计划。

通常情况下，搞权力斗争，怎么也应该做个前期调研，盘算一下双方的力量对比，制订一个阴人方案，先阴谁，后阴谁，如何挖坑，如何设套，如何分化，如何出击，如何善后，都应该好好研究一下，不弄点阴谋诡计怎么对得起观众。

然而，李业确实是个相当纯粹的蠢人，在他眼里，权力斗争和街头斗殴差不多，看谁不爽，就上去拍几块板砖，干完走人，端的简单。

要命的是，他还真是这么干的！

更要命的是，他居然还真干成了！

李业的计划其实并不缜密，很多迹象本可以察觉，有人曾劝杨邠、史弘肇做点防备工作，无奈两人实在太自信，从来没上过心。就在事发前一天，甚至还有人连夜跑来禀报史弘肇，偏偏这个粗人摆起了谱，表示下班时间不办公，闭门拒不接待，错过了最后一次自救的机会。

既然杨邠、史弘肇命里该绝，死神也不会客气。

十一月十三日早晨，当他们上殿参加朝会的时候，旁边突然冲出数名武士，上来就是一顿乱砍。两人顿时血洒朝堂，当场毙命。

砍完之后，地都没洗干净，刘承祐就接着开朝会，痛骂杨邠、史弘肇等人把自己当小孩子看待（以稚子视朕），要求大家老实工作，引以为戒。

演讲完毕，直接散会。

如果事情到此为止，事态尚可控制，可李业的愚蠢在此后得到了淋漓尽致的展现。一般来说，除掉主要对手后，最重要的就是搞好其他人的安抚工作，别弄得人人自危，这样大家才会忘记过去，安安心心跟你过日子。

但李业早被眼前的胜利冲昏了头脑，他唯恐事情闹得不够大，派人四处捕杀杨邠、史弘肇的同党、亲属，但凡和他们有点血缘关系的、平时有点联系的，再加上自己看不顺眼的，通通格杀勿论。

郭威和杨邠、史弘肇的关系比较好，也不幸被拉上了黑名单，他在开封的亲属族人悉数遭到杀戮，包括他的一个妻子和两个儿子。

紧接着，李业派人去邺都传达了一项密令——就地诛杀郭威。

起　兵

李业的密令还没送到，郭威已经提前知道了消息。

十一月十四日，没等粉丝向郭威告密，一封来自澶州（今河南濮阳）的密报已经送到了郭威手中，详细报告了京城发生的事变。

原来，澶州守将王殷因为和郭威关系很好，也被李业列入了诛杀名单，执行命令的人怕惹祸上身，反而将情况向王殷和盘托出。

王殷知道内情后，连忙派人驰报郭威，并劝他当机立断，尽快起兵！

四十年前，郭威失去了所有的亲人，成为孤儿。

四十年后，郭威再次品尝了失去亲人的痛苦。

一年前，郭威还是平定叛乱的功臣。

一年后，郭威即将成为平叛的对象。

多年来，郭威一直小心翼翼、如履薄冰，以求在乱世中生存，却还是被卷入权力斗争的旋涡。

出征前的担忧变成了现实，而危险又来得如此迅猛。

此时，摆在郭威面前的，是一盘错综复杂的棋局。

在郭威的棋局里，他的对手不仅仅是刘承祐、李业，目前，至少还有两股潜在的敌人。

第一股敌人来自地方军阀。各处藩镇节度使都是老油条，战乱一发生，谁都不知道这些墙头草会倒向哪边，这是一股可以争取的力量。

第二股敌人本质上也属地方豪强。唯一不同的是他们永远不可能站在郭威一边，因为他们都姓"刘"。换句话说，他们都是皇族身份，担任着三个重要藩镇的节度使。

凡是下棋，最考验人的就是下棋人的眼光，普通人往往只能看到眼前的几步，要么落子犹豫不决，不得要领；要么落子如飞，却漏洞百出。而高手往往一子落盘，就可以预算到此后几步，甚至十几步，思维缜密，步步为营，决胜千里。

郭威就是这样的高手。

　　付诸行动前，还有一个棘手的问题等待郭威解决——如何做好军队的解释工作。

　　按照封建礼法，皇帝再不成器也是皇帝，哪怕他是个叼奶嘴、裹尿不湿的孩子也同样具有号召力。想让大家提着脑袋承接这么一项危险任务，光表达一下自己的委屈显然不管用，何况不少将士的家属还在京城，自己搭进去不算，还会有绝后的风险，凭什么跟你干呢？

　　这回，郭威采纳了谋士魏仁浦的建议，巧妙借鉴了唐朝李渊的"诏书激将法"。公元617年，唐高祖李渊决定起兵攻击隋王朝，伪造诏书，声称朝廷要征兵讨伐高句丽，引得厌战的百姓人心沸腾，纷纷加入李渊的反隋队伍……

　　于是，当郭威将朝廷的诏书展示给将士看时，诏书的内容已由诛杀郭威变成了诛杀所有邺都行营将校。

　　这么一改，效果超好。大家都是粗人，还有什么可讲究的？抄起家伙，反了！真可谓是群情激奋，斗志爆棚，连战前动员都省了。

　　准确地说，李渊激起的是民愤，而郭威激起的是兵愤，目标群体更加给力，算是李渊"诏书激将法"的升级版。

　　十一月十四日，做完准备，郭威即刻率兵南下！

　　听到郭威南下的消息，刘承祐、李业赶紧召集各路节度使、防御使率兵开赴开封，组织抵抗。

　　郭威和刘承祐、李业都想在战场上抢占先机，于是双方展开了一场赛跑。郭威以实际行动给刘承祐、李业上了一堂生动的军事教学课，授课主题是"兵贵神速"，学费则是刘承祐、李业所拥有的一切，包括生命。

以下是双方在赛场上的实际表现：

十一月十五日。郭威直趋澶州。刘承祐等来了第一位"勤王"的节度使。

十一月十六日。郭威率军进驻澶州，与王殷合兵一处。朝廷军队刚从开封出发，刘承祐本想赴澶州督战，一看郭威已经占先，只好取消行程安排。

十一月十七日。郭威兵发滑州（今河南滑县，当时在黄河以南）。刘承祐开始做防守开封的准备，顺便开个会，集体回忆检讨一下仓促发动事变的经验教训。

十一月十八日。郭威渡过黄河，占领滑州，在这里，他得到了义成节度使宋延渥的热情接待，利用滑州的库存钱财犒赏了军队，同时向将士宣布：攻破开封后允许剽掠十天。至于刘承祐、李业他们……哦，他们还在热烈讨论是否该打开府库赏赐军队，并细致研究了每人的发放数额。

好了，跑到这里，郭威已经领先大半圈了，让我们先歇口气，在此隆重推出一下义成节度使宋延渥。之所以在紧张的赛跑途中插播这么一段，并不是因为此人接下来有多大的戏份，他的神奇来自和他最亲密的三个女人。

宋延渥的母亲是后唐庄宗李存勖（后唐开创者，五代著名军阀）的女儿，他娶的妻子是后汉高祖刘知远的女儿，家里两个女人都是皇帝的女儿，而且都是开国之君的女儿，让人叹羡不已。无论时代如何折腾，他家一直显贵。

更厉害的是，后来他又把女儿嫁给了一位皇帝，而这位皇帝又是一个王朝的开创者。

那啥，郭威，别回头，没说你。

没错，这位皇帝就是我们久未露面的赵匡胤。二十四岁的赵匡胤正在这支疾驰南下的军队中。

对于赵匡胤来说，离家四年的他就要回家了，以一种特殊的方式。

十一月十九日，郭威主力抵达封丘（今河南封丘）。

十一月二十日，双方在开封外围形成对峙。

郭威掌握了战场主动，军队士气高涨。

反观刘承祐一方，早就没有了昔日的神气，被他叫来帮忙的各路藩镇军队普遍缺乏工作热情，基本上都是带着吃瓜群众的心态，跑来围观看热闹。个别不地道的家伙，甚至已经开始和郭威眉来眼去。

当然，事情总有例外，就在大家赶场子看热闹的时候，有一个将军表现得异常积极——泰宁节度使慕容彦超。

慕容彦超，吐谷浑部（古代西北少数民族）人。据说他接到刘承祐的命令时正在吃饭，一听到命令，二话不说，扔下筷子就飞马跑到了京师（释匕箸入朝）。

都什么时候了，还有如此热情的同志，刘承祐顿时被感动得眼泪直流。有句话怎么说来着？真是国乱念忠臣呐，慕容将军，以后全指望你了！

刘承祐当即对慕容彦超表示，对他非常、极其以及特别信任，坚决委以重任，由他全权负责开封防务。

看到领导如此信任，慕容将军也非常激动，拍着胸脯，向刘承祐放出豪言：

"我看北方的军队就像小虫子一样，一定替皇上生擒他们的头目！"（臣视北军犹蠛蠓耳，当为陛下生致其魁！）

"有我在，就算有一百个郭威，照样搞定！"（有臣在，虽郭威百人，可擒也！）

"皇上如果有空，可以出城观看我与他们对决，我只要大喝一声，就可以把他们吓得四散逃跑！"（陛下来日宫中无事，幸再出观臣破贼。臣不必与之战，但叱散使归营耳！）

事实证明，慕容先生也就过个嘴瘾，认真就是你的错了。他的广告虽然打得很响，却是一服彻头彻尾的假药，刘承祐拿他来救命，只能加速自己的灭亡。

十一月二十一日，双方发生了第一次也是最后一次正面接触，战况概述如下：慕容彦超率骑兵发动攻击，交战几回合，败下阵来，差点被活捉，扔下在外督战的刘承祐，当天就飞奔回了大本营兖州（今山东济宁兖州区）。

慕容彦超成了倒下的第一块多米诺骨牌，当日，后汉军队崩溃，大批投降。赶来围观的各路军队眼见胜负已定，纷纷跑到郭威营中晋见，对他所遭受的委屈表示亲切慰问，对他所采取的行动表示坚定支持，对皇帝刘承祐的不懂事行为表示十分愤慨……

接下来，刘承祐和李业甚至没再组织起像样的抵抗。

十一月二十二日，郭威率军进入开封。

十一月二十三日，郭威制止乱军剽掠，恢复社会秩序，掌控京城。

这一切，距离事变发生，仅仅十三天。

刘承祐确实是一个倒霉的孩子，从一根筋的李业开始，到二愣子慕容彦超收场，摊上这一文一武两个人才，不被玩残废才怪。就在郭威进入开封的当天，他被乱兵所杀。

其他几人的结局也好不到哪里去：

苏逢吉，自杀。

李业，兵败当天卷着钱财投奔亲戚，遭到拒绝，半路遇上强盗劫财，被杀。

慕容彦超，两年半后起兵反叛，失败，投井而死。

结束了，对有些人来说，闹剧终于结束了。

对郭威来说，挑战才刚刚开始。

黄　袍

郭威成了开封的主人，以现在的形势，他完全可以创立一个新的朝代，自己过把皇帝瘾。

但他没有马上这么做，倒不是他如何高风亮节，只是因为确实没人提这档子事。当皇帝这种事情，总不能自己主动要求，非得别人三番五次提议（学名"劝进"），然后你勉为其难答应才可以。

郭威起兵的名义是回京城向皇帝说明情况，顺道帮助皇帝铲除身边的奸人（学名"清君侧"），现在突然想做皇帝，如果没人劝进一下，会很尴尬。

但是，朝廷各色官员普遍反应迟钝，就是没人站出来推郭威当皇帝。之所以反应迟钝，是因为这批官僚都是乱世里混出来的人精，他们不会忘记，此时地方上还盘踞着三个姓刘的节度使，在形势未明朗前，谁都不肯率先表态。

确实，三位节度使的目光已经关注开封很久了，特别是雄踞西北的刘崇。

刘崇，第一位刘姓节度使。

他是刘知远的同母弟弟，时任河东节度使，驻军太原府（今山西太原）。关于这个藩镇的实力和重要性，你只要记住一点：想当年，李存勖、石敬瑭、刘知远在称帝前都曾担任这个职务。

刘崇和郭威关系本来就不好，一听说郭威进入开封，就摩拳擦掌，谋划讨伐，而一个消息传来后，却让他打消了念头，甚至转怒为喜。

郭威告诉他，我们决定推举你儿子刘赟当皇帝！

刘赟，第二位刘姓节度使。

他是刘崇的儿子，也是刘知远的养子，时任武宁节度使，驻军徐州（今江苏徐州），也很有实力。

进入开封后的第四天，郭威率领百官"请求"李太后批准立刘赟当皇帝。为了顺利迎来新皇帝，还特地选了黄道吉日，准备了车队仪仗，安排了高规格的迎接队伍。

值得注意的是，迎接队伍除了一批高级官员外，还包括忠武节度使刘信（刘知远堂弟的儿子）。

刘信，第三位刘姓节度使。

天上突然掉下一个如此大的馅饼，刘崇、刘赟只要智商正常，就不该没有怀疑。

为了让刘赟放心，准时到开封上班（做皇帝），郭威费尽心思请出了一位老资格的重臣前去迎接。

要说老资格，想来应该是"两朝元勋""三朝元老"之类的级别吧？

如果和此人比起来，那就差远了。

此人就是一生历经四朝十个皇帝，长期占据宰相职衔，人称政坛"不倒翁"，自称"长乐老"的冯道。关于冯道的功过是非，研究评价，都是可以直接写论文的素材，说来话长。这里我们只要记住，他是一个足以让刘赟产生信任感的人。

至于刘崇，郭威也想尽办法让他相信自己没野心。有一种说法是：郭威在接待刘崇的使者时，指着自己的脖子说："从古到今，难道还有文着刺青的皇帝吗（自古岂有雕青天子）？"

意思是说，我只是个文过身的小混混，从来没啥大理想，不会想着自己做皇帝。

一句话，就彻底消除了刘崇的顾虑。

这种说法，很可疑。

当时，刘崇已经55岁了，斗争经验不可谓不丰富，更何况早年为了当兵，他自己也在脸上刺过字！

文过身不能当皇帝，难道当皇帝他爹就可以？这种借口如果忽悠一下刘承祐还差不多，要骗刘崇，可能很勉强。

为了让刘崇、刘赟彻底相信，郭威还做了另一件事。

郭威突然宣布，他将立刻率军离开开封，理由是根据边境奏报，北方辽国又入侵了，必须北上抗敌。

抵御辽国，当然只是个说法。选择在这个节骨眼儿上离开京城，郭威是在用行动向刘崇表示诚意：我都主动离开给你们腾地方了，总该信了吧？

十二月一日，郭威亲自率军离开开封城。他的诚意终于化解了刘崇和刘赟的戒心。

十二月四日，刘赟离开驻地徐州，向开封进发。

十二月十九日，郭威率军抵达澶州。就在同一天，刘赟走出自己的防区，抵达宋州（今河南商丘）。

好了，到此为止，我们可以说，刘赟相信了，刘崇也信了，换句话说，二位都被蒙骗了。

率军外出是真的，可人家也没说中途不回来啊！

郭威的军队在抵达澶州后停顿下来。

改变历史走向的一刻，就从这里开始。

在纷乱的五代，将帅一跃成为皇帝的事情并不少见，但皇位毕竟不是公交车上的空位，不能看见了就一屁股坐上去，程序还是要走一下的。一边要有人死命地劝你当皇帝，从天文、地理各方面论证你当皇帝的合理性，个别入戏点的还会呼天抢地、连哭带号，并配合演示头撞墙、剑抹脖等危险动作。一边你要拼命推托，最好是一副极其痛苦、相当勉强，恨不得挖个坑把自己埋了的表情，以热泪盈眶、含而不落为最佳效果。不管情节如何变化，表达的中心思想只有一个：不是我自己要当皇帝的，是你们非要我当的。

郭威也不能免俗，但如果从剧情设计角度看，我认为，他这次还是比较具有观赏性的。

十二月二十日凌晨，晨光微露，马嘶人起，大军将开始新一天的征程。

郭威下榻的馆舍突然被数千戎装的将士包围，喧哗、鼓噪之声撕裂了静谧的早晨，沸腾在馆舍四周。郭威赶紧下令关闭馆门，但是，在排山倒海的呐喊声中，他还是能够依稀辨听到——"天子须侍中（郭威的另一个职衔）自为之！"

馆舍依然大门紧闭，矫健的士卒已经蠢蠢欲动，或翻墙而入，或从屋顶跳下，士卒群起拥入，瞬间将馆舍挤得水泄不通，嘈杂的人声变成了整齐的呼喊："天子须侍中自为之！"

不等郭威做出反应，他已经被簇拥就座，一面撕裂的黄旗披到了他的身上。一时间，"万岁"之声响彻天籁，声震于天。

暗中授意也罢，心照不宣也罢，就在那个早晨，四十七岁的郭威攀上了权力的巅峰。

那一袭黄袍是历史赐予郭威的荣耀，它披在郭威的身上，也记在一个年轻人的心里。

接下去的事情就比较俗套了，原地返回、进入开封、劝说当皇帝、推辞一下、继续劝、继续推……

几回合下来，程序走完。

公元 951 年正月五日，郭威在开封崇元殿登基称帝，定国号为周，改年号为广顺，史称"后周"，五代中最后一个朝代。

就在郭威称帝的时候，刘信在许州（今河南许昌）被逼自杀，刘赟在宋州（今河南商丘）被诛杀。两位节度使被骗离驻地后，就成了郭威的笼中鸟，丧失了反抗能力。

刘崇听到消息，气得差点吐血。就在刘赟被杀的当天，他在太原自立称帝，誓与周朝不共戴天。这就是历史上的"北汉"，"十国"中唯一一个地处北方的政权，也是最后一个出现的政权。

经过几年的纷乱，时代又翻开了新篇章，也为一个年轻人翻开了新的一页。

三年里，赵匡胤看到了隐忍、屈辱、爆发、辉煌，也看到了欲望、权谋、血腥、狡诈。虽然，在这段历史中，他扮演着毫不起眼的角色，但是他用心记下了这段岁月所教授给他的宝贵知识。经过三年的历练，他已经从满腔热血的青年变成了心智成熟、武装到头脑的战士。

回来了，我终于回家了，现在的我，比以前更加强大！

郭威称帝之后，赵匡胤得到了一个禁军东西班行首（警卫连连长）的职位。此后，因为表现良好，再次升职，被任命为滑州兴顺军副指挥使。尽管不是一个很高的职务，却给他带来莫大鼓舞，毕竟，这是一份靠自己努力得来的成就。

回首流浪中所遭遇的艰辛、委屈，赵匡胤由衷地舒了一口气。

寒夜总算过去，远处，一轮红日正从地平线喷薄而出，让他想起了自己曾经作过的一首诗。

咏　日

欲出未出光辣挞，千山万山如火发。

须臾走向天上来，赶却残星赶却月。

是的，我就是那初升的太阳！

赵匡胤决定继续拼搏，去赢取一个更好的未来。正当他踌躇满志地准备赴滑州上任时，一个人站出来制止了他：

留下来，跟着我做事吧。

第三章 发迹

柴 荣

公元 955 年，后周境内的所有寺院接到了一份诏书，大意是这样：凡是没有得到政府正式批准的寺院，一律停废；禁止寺院私下招收（剃度）和尚、尼姑；各地方政府对辖区内的和尚、尼姑进行登记造册，遇到死亡、还俗的及时注销；凡是想出家的人，必须得到父母、祖父母等长辈亲属同意，并能够背诵或熟练朗读一定数量的经文；未经批准擅自剃头的，强制还俗。

如果根据内容翻译成现在的红头文件，文件名应该是《关于规范佛教场所建设及加强和尚尼姑等佛教从业人员监管的通知》。照这搞法，连个和尚都不好当了！

这就是历史上著名的"周世宗灭佛"事件。

历史上的"周世宗"，名叫柴荣。

改变赵匡胤人生命运的第二个人。

柴荣，邢州龙冈（今河北邢台）人，本是郭威的妻侄，从小跟随郭威左右，后被收为养子。柴荣长相英俊，骑射功夫了得，性格沉稳老练，为郭威所器重。郭威率兵进攻开封的时候，他负责留守邺都大本营，郭威称帝后，升任澶州节度使。

广顺三年（953），柴荣被封为晋王，担任开封尹（首都开封市市长），这可是一个非同寻常的任命。

由于郭威的儿子此前已经全部遇害，谁能够成为帝国将来的主人，一直广受朝野关注。按照当时不成文的规矩，一般只有皇位继承人，才能出任开封尹。所以，郭威发布这项任命，等于宣布了柴荣的皇储身份。

柴荣在出任开封尹后，决定挑选一批人才辅佐自己，可能是曾经对赵匡胤有所了解，而且比较赏识，他把即将赴滑州上任的赵匡胤留了下来，任命为开封府马直军使（低级军官）。

显德元年（954）正月，一代枭雄郭威在开封病逝，柴荣成为后周的第二任皇帝。

柴荣是个雄才大略的皇帝，即位不久，就立下"十年拓天下，十年养百姓，十年致太平"的宏愿，立志结束内乱，统一中国，重造太平盛世。他性格刚烈，做事雷厉风行，定下目标后就大干起来，革新吏治、发展经济、重整军备……在极短的时间内，推行了许多大胆的新举措。

"灭佛"，是其中较有代表性的一件事。

在乱世，很多人无法安居乐业，寺院就成了理想的避难所。因为进了寺庙，至少还能有口饭吃，有个地方遮风避雨，总好过在路边饿死。所以，当时许多穷苦人都想进寺院做和尚、当尼姑。

由于需求太旺，寺院越建越多，随之产生了一些负面影响。比如，越来越多的青壮劳动力自愿剃度当了和尚（尼姑），干活的人就少了。大量金属被用于铸造佛像及佛教用品，制造货币（铸钱）的原材料就没有了。寺院拥有大量田产后，国家赋税也少了（寺院田产不纳税）。由于寺院没人管，一些流民、逃犯甚至把它当成了藏身之地。这种情况严重制约了经济发展和国力恢复。

为了限制寺院无限制扩张，柴荣颁布了上面那道诏令。

可当时佛教盛行，许多朝中官员自己也信佛，免不了有许多反对的声音。柴荣却不为所动：

"佛以善道感化人，如果有志向善，就是尊奉佛法。那些铜像难道就是所谓的佛吗（夫佛以善道化人，苟志于善，斯奉佛矣。彼铜像岂所谓佛邪）？"

在那个时代，能说出这样的话，是需要勇气和智慧的。

柴荣连神仙都不怕，对人就更不客气了。面对大小官吏，绝对是该出手时就出手。发现吃闲饭混日子的，果断要求卷铺盖滚蛋，发现贪贿腐败的，果断要求留下脑袋。

以前，朝廷上下普遍是能混一天是一天的状态，领教了柴荣的强势手段后，原来萎靡不振的风气顿时焕然一新。

虽然柴荣比较强势，在他手下干活比较累，但有了一个新皇帝，大小官员和将兵还是比较高兴的，毕竟，这年头能够实现皇权和平交接已经很不容易，总比杀来杀去要好得多。

除了广大后周军民很高兴外，还有一个人，听到柴荣登基的消息后也非常高兴。

刘崇已经等待很久了。

自从被郭威耍了以后，他一直在寻找报复的机会，苦等三年，现在终于看到了复仇的希望。

刘崇认为，周朝刚刚立了新君，国内肯定不稳定，柴荣顶多算个职场新人，根本不是他这个老司机的对手，现在出兵讨伐，胜利十拿九稳。

刘崇复仇的决心很大，他带上了北汉的全部家当（三万人），还申请到辽国的友情赞助（一万骑兵），亲自率兵出征。

柴荣，新仇旧恨，都由你来偿还吧！

一般来说，新上任的领导最讨厌的事情就是受人轻视，柴荣是典型的火暴性格，听到刘崇联合辽国入侵的消息，瞬间被点燃了。

欺我新君刚立，看我怎么治你！

骂完以后，柴荣当场拍板——御驾亲征。

御驾亲征，就是皇帝亲自率领军队出征。这种做法确实可以起到鼓舞士气的效果，但风险系数也很高，相当于一次性押上全部赌本，赢了还好，输了就一了百了，不到万不得已，是不该冒险的。

果不其然，柴荣的决定一宣布，反对声铺天盖地，满朝上下，几乎无人赞成柴荣的做法。

当然了，吵归吵，结果还是一样的。

经过一番激烈讨论，最终还是以一票（皇帝）赞成，多票（群臣）反对（无效）的形式，同意由柴荣亲自率军迎击刘崇。

命令下达后，朝廷大小官吏开始忙碌起来。许多人认为，此次御驾亲征，也就是新皇帝血气方刚，属于特例。后来的事实证明，他们完全低估了柴荣的霸气。此后几年里，柴荣把御驾亲征变成了家常便饭，几乎每年都要出去溜达一圈。

这仅仅是第一次，最危险的一次。

柴荣很重视这次出征，先后调集几路大军北上，后周大部分高级将领都投入这次战役中。

在战斗开始前，我要先介绍一下两位关键的战将——侍卫马步军都虞候李重进、殿前都指挥使张永德。

两位的官职很长很绕口，在此科普一下。

当时，朝廷中最精锐的军队是禁军，禁军分为"侍卫司"和"殿前司"两部分，侍卫司的地位略高于殿前司。所谓"侍卫马步军都虞候"，就是禁军侍卫司的第三号人物。所谓"殿前都指挥使"，是禁军殿前司的最高指挥官。两个机构的详细情况以后再说，下面继续介绍两位人物。

李重进和张永德，两人都很有来头。

李重进，祖籍沧州（今河北沧州），生于太原，郭威的外甥。

和柴荣一样，李重进也从小跟随郭威走南闯北，立下不少战功。后周建立后，他从州刺史蹿升至侍卫马步军都虞候。李重进的年龄比柴荣大，军中资历比柴荣长，论血缘关系，也离郭威更近。

为了朝局的稳定，郭威病重时，曾特地召李重进受遗命，拜见柴荣，确定君臣名分，李重进的地位可见一斑。

张永德，并州阳曲（今山西阳曲县）人，郭威的女婿。

五代很多将领都是苦出身，而张永德很特别，他家比较有钱，自己脑子也非常活泛。张永德曾经和家人一起居住在宋州，当时兵荒马乱，打家劫舍的强盗比较多。每次盗贼经过，别人躲都来不及，他却反向思维，换上破衣服，化了装（易弊衣，毁容仪），主动从巷子里蹿出来，扮成乞丐向盗贼乞讨。穷成这样，自然没人再打他家主意了，如果运气好，碰到个良心未泯的，还能顺手讨一点回来。

后周建立后，张永德的官位从一个普通的州刺史变成了殿前都指挥使，当时年仅 24 岁，可谓红得发紫，热得发烫。

此时，赵匡胤正隶属于张永德率领的殿前司。

虽然李重进、张永德等一干人都在为接下来的恶战摩拳擦掌，希望在新皇帝的第一次出征中大放异彩，而命运之神很偏心，他把这次机会交给了一位名不见经传的小将。

这位青年将领，当然是我们的主人公赵匡胤。

一战成名

从太原一路南下，刘崇打了几个小胜仗，心情相当愉悦。

从开封一路北上，柴荣不断催促大军加速前进，心情相当亢奋。

三月十九日，愉悦的人和亢奋的人在高平（今山西高平）南面的巴公原相遇了。

这是一场典型的遭遇战，双方都把军队分成了左、中、右三路，摆好阵势等待冲杀。

刘崇来到阵前，观察了一下后周的军队，发现对方人数并不多，军容也不怎么样，就自我感觉良好起来，当即对前来支援的辽国将领表示：您就歇着吧，光凭咱们自己就可以轻松搞定，当然，贵军如有兴趣，可以在旁边观摩学习一下。

敢说这种话，刘崇还是要有一点资本的。

在冷兵器时代，虽然也讲究一些战术、阵法，但武将的个人作战能力具有相当大的作用。尤其是刀对刀、枪对枪的白刃战，本质上就是有组织的打架斗殴，将领的气质和勇猛程度往往能够提升整个队伍的士气。所谓软怕硬，硬怕横，横怕不要命，不是没有道理的。所以，张飞、秦琼之类的猛人属于稀缺性人才，到哪里都受欢迎。

刘崇的资本是北汉第一猛将——张元徽。

果然，战斗刚一开始，刘崇就命猛将张元徽打头阵，率先冲击后周军团的右翼。

镇守后周军队右翼的是侍卫马军都指挥使樊爱能、侍卫步军都指挥使何徽。两人虽然位列侍卫司的高级将领，可其实都是靠资历熬出来的，从个人能力来看，命名为"盒饭（何樊）"组合，还比较恰当。

张元徽确实很猛，接到命令后，身先士卒，带领一千骑兵发动突击。樊爱能、何徽明显缺乏心理准备，被张元徽的一顿猛冲烂打吓住了，很快就乱了阵脚。

危难之时，"盒饭"组合不负众望，马上就显露出来他们的快餐本色，一看形势不对，充分发扬了领导带头的先锋模范作用，率领骑兵先行跑路。

骑兵一跑，步军就更没辙了。毕竟逃跑也是一项有技术含量的活动，没有先进的交通工具（马），在战场是会被人当韭菜收割的，大家纷纷争当"俊杰"（识时务者为俊杰），放下武器，卸甲投降。

樊爱能、何徽的溃败让后周军队军心动摇，大批的士兵开始慌不择路地向后跑，有个把不地道的不但自己跑得快，还扯着嗓子边跑边吼，声称前方已经战败，号召大家一起参与长跑运动。更有几个兵油子还顺便抢劫一把护送后勤物资的辎重部队，可谓乱上添乱。

柴荣也算久历战阵的人，然而，急转直下的战场形势还是让他错愕了。来之前，他设想过许多不利情形，却未曾料到败得如此迅速。若再不做出应对，失败将不可避免。

可后周的军队是分批赶来的，当与刘崇相遇时，军队还没到齐，柴荣手中并没有多余的机动力量。

在柴荣的身后，一位年轻的将领目不转睛地盯着战场的形势。

对于赵匡胤来说，今年已经是他从军的第五个年头，如此惨烈的搏杀，却是第一次看到。

战斗还在继续。

战场上马蹄来回奔踏，卷起漫天尘土，风中混杂着马的凄厉嘶鸣和士兵的绝望呻吟，空气中弥漫着越来越浓的血腥味。

赵匡胤看到了战势的危急，他意识到，再不组织反击，一场大溃败将不可避免！

想到此，赵匡胤心跳加速、血脉偾张，握着缰绳的手也不由自主地颤抖起来。他努力让自己镇静下来，透过飞扬的尘土，去捕捉战场上的每一个细节，思考应对的策略，渐渐地，一个计划开始在脑海里形成。

当然，身为殿前司的一员，赵匡胤现在的主要职责是保证皇上的安全，他并不能擅自出战。此时，他只能握紧缰绳，勒住躁动的战马，等待着出击的命令。

很快，机会来了！

为扭转局势，柴荣决定放手一搏，他亲自率领殿前司主力突入敌阵，前去封堵缺口。

见皇上亲自上阵，殿前司主力立刻出动，拿出了玩命的架势。

就在大家蜂拥而上的时候，赵匡胤一马当先，大声吼道：

"皇上处境如此危险，我们怎可不拼死杀敌（主危如此，吾属何得不致死）！"

为遏制住张元徽凌厉的冲击，赵匡胤一面勒马组织骑兵反击，一面冷静地建议张永德："贼军意气骄纵，只要奋力反击，完全可以击败，你的部下多人擅长左手射箭，请率兵占领有利地形发箭阻击敌军，我从右边包抄攻击，国家安危，在此一役！"

随后，张永德和赵匡胤各率两千殿前司精兵对张元徽形成了左右夹击之势。

从整个对阵形势看，张元徽的冲锋属于侧翼袭击，而赵匡胤和张永德又形成了对张元徽的侧面袭击。

以其人之道，还治其人之身！

经过一番苦斗，后周兵团的士气被扭转过来，开始稳住阵脚，掌握主动。

战斗力一提上来，好运也跟着来了。北汉张元徽由于冲得太猛，深陷阵中，战马忽然栽倒，被乱军砍杀，北汉将士一下子泄了气。

屋漏偏逢连夜雨，战场上又突然刮起了南风，后周顺风而战，越打越顺手。北汉逆风而战，边吃沙子边战斗，相当辛苦。转瞬之间，战场形势奇迹般地发生逆转。

半天打下来，北汉撑不下去了。刘崇眼看再打下去就要把老本全赔光，赶紧收兵逃窜。柴荣乘胜追击，又连胜几仗。

经过一番苦斗，高平之战以后周全胜收局。

本着有始有终的精神，我们再看一下刘崇的结局。

高平战败后，刘崇换上了粗布衣服，戴上斗笠（被褐戴笠），开始化装逃跑，由于是三更半夜骑马狂奔，加上地形不熟，在山上迷了路，好歹找了个村民做向导，又领错了路，没吃没喝地玩命跑了一宿，天亮后，居然惊喜地发现跑到了后周的地界（误之晋州），只能转向继续跑。幸亏专属交通工具还有点优势（辽国赠送的黄骝马），总算溜回太原，捡回一条老命。

估计是因为年事已高（60岁），又受了惊吓，经历了剧烈运动（跑了几天几夜），再加上心情郁闷（吃了败仗），没多久，刘崇气病交加去世了。

刘崇没了，但他一手建立的北汉仍顽强地割据西北。让柴荣无法想到的是，这个小政权的生命力甚至超过了后周。

虽然打了个大胜仗，柴荣的心情却好不起来。这次胜利多少来得有点侥幸，根本不值得夸耀。相反，战斗中暴露出了军队的很多问题：将领贪生怕死，士兵偷奸耍滑，组织纪律性极差，等等。如果不解决这些问题，要靠这样一支军队去完成统一大业，绝对没戏。于是，他决心整顿军队，重新组建一支战斗力强悍、作风硬朗、纪律严明的精锐之师。

战争一结束，柴荣就严明赏罚，将樊爱能、何徽等出工不出力的将领果断斩首，同时补充了一批新生力量。杀掉几个将领相对容易，整顿军队却是一项长期复杂的工作，柴荣毕竟是皇帝，不可能每件事都自己办，他把这项至关重要的任务交给了赵匡胤。

赵匡胤因为在高平之战中表现抢眼，深受柴荣信任和赞赏。战后不久，他就晋升为殿前散员都虞候，仅过了半年，又升任殿前都虞候（殿前司第三号职务），由一个普通军官，一跃成为禁军高级将领。担任殿前都虞候期间，赵匡胤开始负责重新编练禁军。

接手任务后，赵匡胤很快转变角色，由战将转行做了人力资源部经理，干净利落地干了三件事。

第一件事是下岗分流。重新对殿前司士兵进行挨个测评，把一批体格弱的，吃干饭、混日子的直接遣散，打发回家。

第二件事是组织海选。发布招兵公告，从地方军队及社会上挑选优秀的士兵，要求逐个亮肌肉、秀才艺（主要是格斗水平、兵器熟练度），有没有搞50进30、30进20之类的事情不好说，反正是经过层层筛选，把一批体格健壮、武艺高强的猛男招募进了殿前司。

经过一番选优裁劣后，殿前司的实力得到空前增强（兵甲之盛，近代无比），成为后周最为精锐的一支部队。

不过，相比于前两件事，赵匡胤做的第三件事的影响更为深远。

第三件事：赵匡胤精心挑选了一批信任的将校充任到殿前司核心岗位。

这看起来似乎很平常，其实却很有玄机，玄机在于这批走上关键岗位的人。

高平之战后，石守信、王审琦、韩重赟等人先后进入殿前司，成为这支精锐部队的骨干力量。请大家留意一下这几个人的名字，因为这些新人的背后，隐藏着一个共同的身份——"义社十兄弟"。

在当时的军队中，要好的将士互相结拜为兄弟是很流行的一种做法，比如之前说过，郭威早年就曾"与十人约为兄弟"。

几个人凑在一起，烧黄纸、喝血酒，再念叨些"不求那啥啥，但求那啥啥"之类的口号，然后大家就成了好兄弟，以后有事也好互相照应，谁富贵了也别忘提携兄弟一把。

赵匡胤在初入行伍时，也结识了一些脾性相投的好朋友，其中最要好的十个人结拜做了兄弟，史称"义社十兄弟"。就这样，赵匡胤不动声色地在殿前司培植起一个属于个人的小集团，为自己积累了第一份政治资本。

剑指淮南

柴荣是个不知疲倦的人，刚完成内部整顿，就迫不及待地把眼光投向远方。这次他注意到的地方叫"淮南十四州"，属于南唐的地盘。

南唐，位于淮河流域及长江下游的一个割据政权，辖区主要包括现在的江西省及安徽、江苏、福建、湖南、湖北等省的一部分，它的前身是军阀杨行密开创的吴国（也是"十国"之一）。

公元 937 年，吴国权臣徐知诰篡夺国家政权，并把国号改为"大齐"。

公元 939 年，为了让篡权行为更加名正言顺，徐知诰在缺乏基因比对技术的情况下，成功将自己鉴定为唐朝宗室建王李恪（又说是永王李璟）的后裔，并宣布改名李昪（biàn），国号也由原来的"大齐"变成了"唐"，史称"南唐"。

此时，南唐的皇帝叫李璟，李昪的长子，于公元943年即位，史称"南唐中主"。

李璟性格比较文弱，平时喜欢写写诗词和文章（性柔顺、好诗文），他并非像乾隆这种附庸风雅的皇帝，一辈子写了几万首诗，结果有价值的半首都没有，而是确实极具文学天赋，写过不少优秀作品，如果不是因为被一个更有文才的儿子占去风头，他在文坛的知名度完全可以更高一点。

应该说，诗人的气质往往多愁善感、优柔寡断，这种性格的人最不适合做领导。让李璟去做皇帝，天天去处理打打杀杀、柴米钱粮之类的事情，还真有点超出其业务能力。

李璟即位之初，中原还在闹腾，南方的邻国闽、楚先后发生了内乱，李璟趁机派军灭了两国，将国家版图扩展到三十余州。此后，他不善于把握政局的缺点很快暴露出来。因为用人不当，大部分新占据的地区又陷入混乱，落入他人手中，几次征讨不但没占到实惠，还浪费了国力。

不管李璟是否适合皇帝这个岗位，南唐的国力却不容低估。它继承了吴国几十年的基业，又经过两代君主的打理，社会安定、人口众多、经济繁荣，成为五代乱世中一块相对稳定的乐土，堪称南方最具实力的政权。

正是因为有着雄厚的资本，加上地理位置的优势，南唐一直没向中原政权屈服，保持了独立的国号。

所谓"淮南十四州"，就是淮河以南、长江以北的十四个州，那里人口密集，物产丰富，地理位置尤其重要。

从地图上看，淮河、长江之间，河网密布、水系相连，这样的地形不利于骑兵的展开，北方政权一旦跨淮河南下侵袭，南方政权容易利用地形展开阻击。反之，南方一旦失去这块地方，就只有死守长江一线了。如果大家翻开史书，可以从西晋灭东吴、隋朝灭陈朝等案例中找到印证。所以，军事上历来就有"守江必守淮"之说。

总而言之，对南唐来说，那是"不可分割的一部分"，打死也不能给你。而在柴荣眼里，只要打不死，你就得给我。

显德二年（955）十一月，柴荣下诏讨伐南唐。

十二月，后周先遣军队架浮桥渡过淮河，兵临寿州（今安徽寿县）城下。

寿州，居于淮河中游南岸，是扼守淮南的要冲之地，素有"江南咽喉"之称。可以说，夺下寿州，攻取淮南的战斗就成功了一半。

负责守卫寿州城的，乃南唐名将刘仁赡。

刘仁赡，字守惠，彭城（今江苏徐州）人，时任南唐清淮军节度使。此人将门出身，骁勇善战，精通兵法，以治军严厉著称，在军队中威望极高。听说后周大军压境，他神色不改，部署城防有条不紊，很快稳定了城内人心，做好了应战准备。

　　显德三年（956）正月初八，柴荣宣布再次御驾亲征，率主力军一路杀向寿州。

　　南唐针锋相对，派军火速支援寿州。

　　为防止自己的围城部队陷入反包围，柴荣决定立刻派军打掉南唐的援军。

　　围城打援，就此开始！

　　为了保住寿州，南唐共派出了两路援军。第一路援军由东向西，沿淮河水陆并进。

　　这路援军的统帅名叫刘彦贞，此人最擅长的事情就是聚敛钱财。作为南唐资深贪官，刘先生不但长期忘我地奋战在贪污受贿战线，平时还兼职干一些投机买卖、放高利贷的行当，只要有钱可捞，什么招数都想得出来，而他最出名的是这么一件事。

　　刘彦贞曾在寿州担任节度使，当时州内有个蓄水的安丰塘，灌溉着万顷良田。刘贪官对良田垂涎欲滴，但又舍不得掏钱，就借口要深挖护城河，把塘中的水放入城濠中，搞得民田干涸，产量大幅下降。等时候差不多了，就又急着催收田税，逼得田地的主人纷纷低价出售农田。至于买主嘛……当然是我们拿着算盘的刘兄了。低价收购农田完成后，护城河疏通工程也就取消了，塘水又被放回去灌溉农田。经过这么一番倒腾，刘兄以极小的代价霸占了大量良田，堪称滥用职权、巧取豪夺的典范。

　　刘彦贞虽然已经富得流油，但依然没有放弃对贪贿事业的追求。为了在更好的位置上继续发挥敛财特长，他大肆贿赂朝中权贵，制造舆论吹捧自己，就这么一个废柴，愣被吹捧成了文武双全、韩信再世。

功夫不负有心人，刘彦贞的自我炒作终于得到了回报。战事一起，李璟最先想到的就是这个当世韩信，当即下令：刘彦贞出任北面行营都部署，率军两万支援寿州！

完了，这回把自己炒熟了。

刘彦贞再不济，两万军队还是货真价实的，尤其是他的水军，明显比后周的更占优势，战船在淮河上畅行无阻，严重威胁了后周军队架在淮河上的浮桥。后周的先遣部队为了确保浮桥的安全，一面向柴荣奏报情况，一面开始收缩撤退，暂缓进攻。

柴荣连忙阻止先头部队后撤，并命令侍卫司马步军都指挥使李重进（高平之战后晋升）前去增援，率骑兵日夜兼程奔袭刘彦贞。

寿州城头。

刘仁赡焦急地等待着援军的到来，当他听说刘彦贞的队伍径直去迎击后周军队时，急忙派人前去劝阻。

刘仁赡战场经验丰富，他告诉刘彦贞：后周军队远道而来，最希望速战速决，如果正面作战，肯定占不到便宜，最好的办法是静待各路援军集合，以坚固的城池和军寨磨损敌人的锐气，然后寻找机会，实施内外夹击。

但刘彦贞并不理解刘仁赡的心思，自从听到后周先遣军撤退的消息，他就像打了兴奋剂，一不进城，二不筑寨，只顾埋头前进，谁都拉不住。就在正阳（位于寿州西南）附近，他遇到了李重进。

选择在陆地上和后周军队正面对决，相当于用自己的短处拼别人的长处，本来就是一个错误的决策。但如果刘彦贞此时能拿出点血性，死磕李重进，说不定也能给后周军队带来一点麻烦。

可进入战场后，刘彦贞的热情又似乎被江面的冷风吹醒了，见到李重进凶悍的骑兵部队，又怂了起来。

在阵前，刘彦贞一下子抖落出了一大堆东西。他在阵前设置了拒马（一种阻止骑兵冲击的障碍物，为交叉固定的木架子或铁架子，上面挂有锋利的尖刀），在地上撒满了铁蒺藜（一种铁质尖刺的撒布障碍物，主要用于扎马蹄）。为了讨个吉利，还在阵前竖起了木牌，上面刻了猛兽，自称为"捷马牌"（据说用这玩意可以吓唬战马）。

说实话，我每次看到这里，再联想刘彦贞的个人爱好，总怀疑这位老兄拿出这套"设路障、扎轮胎"的行头，不像是为了打仗，更像是为了收点过路费。

李重进惊讶地看着对手的滑稽表演，马上做出了一个准确判断：今天运气好，碰到一个饭桶。

战斗的过程实在乏善可陈，史书上只记载了一个简单的结果：

"（李重进）大破之，斩彦贞……斩首万余级，伏尸三十里，收军资器械三十余万。"

就在这一结果发生前，在城头伫立观望的刘仁赡早就做出了准确判断——"果遇，必败"。

唉，果不其然。

只能指望第二路援军了。

滁州之战

南唐的第二路援军正风尘仆仆地赶来。

统帅此路大军的也是一位名人——皇甫晖。

皇甫晖，老家在魏州（今河北大名县东北），原是北方人，应该算是南唐的引进人才。

后唐庄宗时期，皇甫晖在军队当兵混饭吃，所属部队服役期满后，正要轮换返乡，却因为上面的一道命令，又留在了边镇。一天晚上，他在军中赌博，输了不少钱，就撺掇那些心怀不满的大兵们造反。皇甫晖赌技不怎么样，人品更不怎么样，为了不让自己背黑锅，竟劫持一个军官带头谋反。人家也不傻，死活不肯。他二话不说，就把那人给剁了，接着再推举另一个小军官做首领，这人也不肯，他继续手起刀落，又为阎王送去个冤魂。

皇甫晖很执着，又去找了另一名副将，也不多废话，把两个脑袋往地上一扔，答不答应你看着办？那名副将看得脖子发凉，双腿打战，只能同意带头造反。

靠着这种凶悍的玩法，皇甫晖混到了州刺史的位置，后来在北方混不下去了，又跑到南方混饭吃，居然混成了节度使。

如此看来，刘彦贞和皇甫晖实在是南唐两朵不可多得的奇葩。

皇甫晖正抓紧向寿州进发，但是，人还在半路上，就听到了刘彦贞兵败身死的消息。一看架势不对，他连忙转头，向寿州东南面的滁州（今安徽滁州）撤退，溜进了滁州城外的清流关。

滁州，位于江淮之间的军事重镇，正所谓"环滁皆山也"，此处地势险要，易守难攻。皇甫晖想依仗滁州的地理优势，避一避后周军队的锋芒。

就在皇甫晖跑路的同时，一支后周军队正在火速追击而来。

赵匡胤，是你一展身手的时候了！

柴荣率军南下的时候，赵匡胤率殿前司主力跟随左右。这次，他领命前去阻击皇甫晖。

从前面的履历看，皇甫晖似乎是个杀人不眨眼的猛人，但其实只是个欺软怕硬的角色，自从被盯上以后，赵匡胤成了他挥之不去的噩梦。

皇甫晖一路狂奔，赵匡胤则跟在他后面一路猛追。皇甫晖好不容易躲进了清流关，气都没喘几口，赵匡胤又从山后抄小路过来了。放弃清流关后，皇甫晖连滚带爬地向滁州撤退，回头一看，赵匡胤依然跟在后面。他拼着老命跑进了滁州城，还派人砍断了浮桥，赵匡胤却压根儿没把那破浮桥放在眼里，直接跨马越过了护城河，一直追到城下。

需要特别说明的是，皇甫晖此时统帅的军队有三万人，相比之下，赵匡胤的军队也就是他的零头，才两千人。

三万人被两千人像狗一样撵着走，皇甫晖面子上实在挂不住，虽然人家是无赖出身，可无赖也是有自尊心的啊。

于是，为了面子，皇甫晖决定雄起一次。

皇甫晖站在滁州城头，边喘粗气，边对赵匡胤吼道："每个人都有自己效忠的人，能不能等我摆好阵势，决一死战（人各为其主，愿容成列而战）。"

估摸皇甫晖的心理，觉得自己人多，群殴起来应该不会吃亏，就算打不过了，背靠城门，溜进去也来得及。

出乎意料，对于皇甫晖的请求，赵匡胤笑着就答应了（笑而许之）。

见到赵匡胤一口应允，皇甫晖那个高兴呦，要说年轻人还是没经验嘛。

皇甫晖打起精神，骑马出了城门，他很想见识一下这个跟在他后面穷追不舍的人到底有多大能耐。而当他和赵匡胤四目相对时，却感到了阵阵凉意，那更像是饥饿已久的猛兽所发出的目光，在那道目光里，没有丝毫的犹豫、恐惧，只能读到逼人的杀气！

皇甫晖正被这种目光盯得心里发毛，眼前的一幕却让他彻底惊呆了。

但见赵匡胤屏气凝神，忽然俯下身子，一手紧紧抱住马脖子，一手握住利剑，只身一人，突然骑马冲出阵来，一声怒吼霹雳般响起：

"我只要皇甫晖的首级，其他人靠边（吾止取皇甫晖，他人非吾敌也）！"

皇甫晖刚缓过神来，但已经来不及了，他甚至还没做出一丝反应，就被击中脑部，应声栽下马来（手剑击晖，中脑，生擒之）。

　　应该说，赵匡胤俯身、抱颈、冲刺、击杀，整套动作衔接连贯，一气呵成，难度系数高，完成效果好，极具观赏性，如果像体操比赛一样，有地方申报动作名称的话，似乎可以命名为"匡胤刺"，绝对堪称冷兵器时代阵前"点杀斩首"的绝佳案例。

　　由于伤势过重，皇甫晖不久身亡。赵匡胤乘势击溃南唐援军，攻占滁州城，以区区几千兵马完成如此战功，创造了一个战场奇迹。

　　一时间，赵匡胤威名远播。此后，他每次临阵，都要特意把战马和自己打扮得鲜亮瞩目（繁缨饰马，铠仗鲜明）。有人提醒他，这样容易被敌人一眼认出来，会招来危险。赵匡胤却报以轻松一笑：

　　"我就是要让他们知道（吾固欲其识之耳）！"

　　赵匡胤的军队进驻了滁州城，可他并没有太多的时间欣赏战果，不久之后，朝廷将会派来接管的官员，他必须率主力迅速撤出，投入新的战斗。

　　就在驻守滁州的短短几日里，他等来了两个重要人物。

　　第一个人是他的父亲赵弘殷。

　　赵匡胤和父亲同在禁军任职，由于分属不同系统（赵弘殷在侍卫司任职），加上战事繁忙，父子并没有太多的时间相聚。此时父亲正在别处征战，因为身体患病从战场撤回，路过滁州，想要进城休息。

　　然而，当父亲到了城下，赵匡胤却告诉守城将士：不准开门。

　　主要是因为时间问题。赵弘殷抵达滁州的时候，已经是晚上。为了防止敌人夜袭，晚上不开城门是战场上的规矩。

赵匡胤已经成长为独当一面的将领，平时一直对属下管理极严，这次，他也不愿徇私，只能让父亲等到天亮后再进城。

进入滁州后，赵弘殷的病情开始加重，赵匡胤却必须马上回去，为此，他将父亲托付给了一位信得过的人。

此人也刚到滁州不久。

此人便是第二个重要人物——赵普。

赵普，字则平，生于后梁龙德二年（922），祖上曾做过县令、州司马，属于小官吏家庭，家里共有兄弟五人，他是长子。

这种家境，只够勉强度日，年幼的赵普甚至没有机会得到系统的教育，所以文化水平不是很高，更不用说考取功名。

赵普老家在幽州，按照现在的行政区划，属于北京地区。放在当下，这户口绝对是个香饽饽，多少人为它抓耳挠腮、寝食不安。但如果换成那个时候，估计白给你都不想要。

从唐末起，幽州地区成了几个军事集团的主战场，朱温、李克用、刘仁恭、刘守光……这些你听到过或没听到过的人物，不厌其烦地在那里厮杀，搞得遍地狼烟。

赵普出生的时候，后唐李存勖统一了北方。不幸的是，人们并没过上几天安稳的日子，北方的契丹人又来了，战争再次打破了平静，人们饱受战乱之苦（幽、蓟之人，岁苦寇钞）。

后晋天福三年（938），"幽云十六州"被割让给了契丹，十六岁的赵普不得不背井离乡，举家向南迁移。

没办法，再不走，都要成外国人了。

奔波辗转，赵普一家来到了常山（今河北正定），可仅仅过了六年，又住不下去了。

当时，率军驻守常山的是成德节度使安重荣。你可能不熟悉这个名字，但是他的一句名言，你肯定听说过：

"天子，兵强马壮者当为之，宁有种耶！"

光听这句话，大家就可以猜到他是一个怎样的人物。

后晋天福七年（942），安重荣因为看领导不顺眼，下决心反了，然后败了、挂了。

间接后果是，赵普又要搬家了。

赵普二十一岁时，全家搬到了洛阳，总算安顿下来。

局势动荡、颠沛流离是赵普青少年时代的主要记忆。从此，他少年老成，遇事心思缜密，考虑问题深沉有谋，练就了极高的政务处理技巧。

在复杂的世界中洞悉世态人心，在夹缝中求取生存之道，这是岁月赋予赵普的本领，而他一生的毁誉，都集中在这个特点之上。

搬到洛阳不久，赵普先后在几个节度使的幕府供职。

所谓幕府，就是高级官员带有私人性质的服务机构，在里面工作的人，我们一般可称为幕僚。

按照许多人的想法，幕僚是个比较牛的称呼，能够成为幕僚的人物，一般是摇着扇子，端着茶杯，捋着长胡子，随便说几句话就能顺手把钱挣了的人。

其实，这是一个错误的认识。

残酷的事实告诉我们，幕府供职人员的主要工作只是起草文书、处理行政事务之类的杂事，出谋划策这种高端的事务并不是每个人都轮得到。干这种工作的人往往三教九流、各色人物都有。有些人会有一个朝廷正式任命的行政职务，有些人甚至连个名头都没有，至于高收入、高地位，梦里想想就好。

赵普埋头做幕僚，一干就是十多年，如果照此情形发展下去，赵普很可能步祖上的后尘，成为一名不入流的小吏，默默无闻地过完一生。

然而，命运之神开始眷顾赵普了。

显德二年十二月，赵普的领导节度使刘词死了，死前将赵普推荐给了朝廷。显德三年二月，经宰相范质推荐，赵普被任命为滁州军事判官。

我们知道，当时驻守滁州的，正是赵匡胤。

来到滁州后，赵普展现了出色的吏治才干，全权负责日常行政事务，得到赵匡胤的赏识。

都生长于小官吏之家，都曾有过漂泊的岁月，相似的家境和经历，让他们很容易找到共鸣。在短暂的相处时间里，赵匡胤和赵普经常促膝长谈，共同感慨世事，畅谈古今未来。两人一见如故，相见恨晚。

一个三十岁的青年将领，一个三十五岁的精明官吏，从此结成了紧密的政治同盟。以滁州为起点，他们的命运开始紧紧联系在一起，同时捆绑在一起的，还有一个帝国的命运。

铁血统帅

三月，赵匡胤率军回师北上。

这段时间里，后周军队打得很顺，一月之间，连续攻下扬州、泰州、光州、舒州、蕲州，占领了淮南大半土地。

眼看形势越来越糟，李璟坐不住了，他一边向北方的辽国求援，一边向柴荣讨饶请降。

说起这两档子事，李璟那个心酸哦。

向辽国请援的事一共干了两回。第一次使者好不容易跑了大半个中国，都快要进入辽国境内了，结果被后周边防军队逮了个正着。第二回觉得陆路不保险，冒着喂鲨鱼的危险走海路，好歹到了目的地。无奈国际形势发展太快，此时辽国的皇帝是个有名的懒虫（这位兄弟的具体情况下面再说），对趁火打劫之类的事情没什么兴趣，别说支援，连发个通报，声援一下都没兴趣。

向柴荣请降的事一共干了三回。出使官员级别越来越高，赠送的礼品越来越多，做出的让步越来越大，结果还是啥协议都没带回来。李璟开出的条件是取消帝号、割让六个州、每年贡献财物，柴荣的想法是必须把淮南十四州给我，不许还价，没得商量！

请又请不到，谈又谈不拢，那就硬着头皮扛下去吧。

李璟决定拿出血本和后周干一仗，他派出了一支两万人的南唐精锐部队，奔赴淮南战场。

这支军队的统帅名叫李景达，人家可不是一般人，考察一下他的头衔，那是相当有身份、相当有规格——李璟的弟弟、齐王、诸道兵马元帅、中书令。

李景达不但有身份、有地位，而且仪表非凡、风度翩翩、气质极佳（神观爽迈），可以说浑身都是优点。唯一的缺点就是没什么领兵打仗经验。

都什么时候了，高富帅有什么用啊？

四月，李景达的部队渡过长江，逼近六合（今江苏省南京市六合区），也算他运气好，驻扎在这里的部队，正是"打援"专业户赵匡胤。

其实赵匡胤倒不是特地来和李景达见面的，在此幸会，纯属巧合。

此前，后周军队攻占了扬州，但遭到南唐军队强力反扑，扬州守将韩令坤怕顶不住，想弃城跑路，柴荣派赵匡胤赶来当督军，督促韩令坤坚持到底。

赵匡胤算是领到了一个很尴尬的任务。韩令坤和赵匡胤私交很好，两人从小一起玩到大。韩令坤年长几岁，赵匡胤见面还得叫他声哥哥。从级别上讲，韩令坤当时比赵匡胤要高一点，而且还是赵匡胤老爸赵弘殷的上级。

如此看来，这个监军还真不好当。

但是，问题到了赵匡胤这里，解决起来相当简单。他把军队带到了扬州以西的六合县，管住了这个扬州守军撤退的必经之地，紧接着就下了一道命令：

"扬州占领军有经过六合的，一律剁脚！"

什么兄弟、人情，军法无私！

韩令坤非常熟悉这个小老弟的脾气，他知道，赵匡胤执行军纪向来六亲不认，搞不好真会被他整成残障人士，而且还不一定配发轮椅。

因此，虽然南唐的反攻十分凶狠，但想想后面这位兄弟，两相权衡，韩令坤决定还是拼命死守比较好。

在赵匡胤的帮助（威胁）下，韩令坤终于挺住了，扬州城没有得而复失。赵匡胤完成了监督任务，本准备马上撤回，这不，又等来了不速之客李景达。

四月中旬，李景达来了，正好与赵匡胤在六合相遇。

交战结果依然没能给我们带来太多意外，尽管李景达所率的是南唐的看家部队，尽管他在人数上占据绝对优势，但结果还是有力地证明了"兵熊熊一个，将熊熊一窝"这句至理名言。

史载，赵匡胤"大破之，杀获近五千人"。李景达哪见过这么生猛的人，赶紧溜了回去。

战斗过程固然简单乏味，但之后发生的一个细节却值得一提。

战斗结束后的第二天，赵匡胤突然要求所有的士兵都脱下头上所戴的皮笠（皮革制成的斗笠状帽子），接受检查，发现有剑砍痕迹的，当即宣布：

拉出去斩首！

原来，赵匡胤挥动令剑指挥作战的时候，有意砍到几名作战不力者的皮笠，留下剑痕，就是为了到时候严明赏罚，整肃军纪。如此严厉的治军手腕，让人们对这位青年将领刮目相看。

史载，此事发生以后，凡是赵匡胤麾下的将士，作战时人人拼死效命，再也没有畏战不前的。

所谓慈不掌兵，大致如此。

如果说，高平之战时，赵匡胤还仅是一名优秀战将的话，那么此时，他已变成了一位铁血统帅！

正当赵匡胤在淮南所向披靡的时候，战场的形势却发生了戏剧性变化。

刘仁赡不愧为难得的名将，在南唐各路军队纷纷溃败的时候，他依然坚守着寿州孤城。

寿州牵制了后周大量军队，严重制约了他们的进军步伐。在这里，后周军队遇到了真正的对手。

大家都知道，在没有火炮、导弹等现代化武器的情况下，排除城墙是豆腐渣工程等特殊因素，要想攻占一座城池，那是相当困难的。

一般来说，城下的人属于仰攻，只能抬着头爬梯子、啃墙砖，体格差一点的，估计没人拦你，爬一趟也要累得够呛。而城上的人显然不会太好客，推个梯子、射个冷箭是必选动作，如果你运气好，还可以收到石头、滚木、热油等登城纪念品，不死也得把你玩残废。

为此，古人创造性地发明了许多攻城器械，让我们的战争更加多姿多彩。在今后的故事中还要经常碰到这些器具，乘此机会，我带大家逛一下后周的军营，了解一下当时的攻城设备：

石炮：此设备又名"投石车""霹雳车"，光听名字就能理解，就是用杠杆原理向城内扔石头的器具。据说这玩意儿在春秋时期已开始使用，由于制造技术简单，搜集弹药方便，后来逐渐成为攻城的一大神器，深受广大战争发动者喜爱。

云梯：字面意思可以理解为"爬上云朵的楼梯"，可如果你只把它当作一把长梯子的话，那就有点小看它的技术含量了。据说此物为鲁班发明（又据说夏商周时代就有了），经过不断的技术改良，云梯开始出现了"车轮""钩援"等配件，车轮方便移动，钩援用来挂住城缘，灵活方便。据说更高级的云梯还具有升降功能，战时攻城，平时还可以用来修房子，军民两用，性价比不错。

洞屋：这个设备可有说头了，就是在木车上装了小房子，里面可以躲藏一些士兵，士兵们既可以拿根巨木撞城门，又可以拿锤子、铁锹之类的工具挖城墙，反正有东西罩着，也不怕上面乱扔生活垃圾。就是体形太笨重，运转不灵活，如果被扔个火球、火把什么的，里面的人很容易变成"烤番薯"。

竹龙：这里要表扬一下后周军队的创新精神了，此物为后周军队的原创性发明。由于寿州临水，后周将士就用竹子编成了巨大的木筏，连接成串，上面还盖起了竹房子，里面藏着穿盔甲的战士，用来靠近城墙作战，很有创意。

为了拿下寿州城，柴荣集中禁军主力，发动十万民夫，倾尽全力发动进攻。

但事不遂人愿，尽管后周军队运用了不少先进设备，几路大军发扬连续作战精神，二十四小时不间断围攻（数道齐攻，填堑陷壁，昼夜不息），可顽强的寿州城依然像钉子一样扎在淮水南岸，无法撼动。

围城已经足足有四个月，正当柴荣望城兴叹的时候，一场大雨的到来又给战争增加了变数。

大雨使后周军营积水数尺，许多攻城武器经雨水浸泡，损耗严重。更要命的是，雨水使后周的粮食供应也出了问题，军队战斗力大打折扣。

形势总是此消彼长，就在后周军队陷入困境的时候，南唐开始在全国范围内重新募集兵力，组织反攻。

南方军队比北方军队更适合在湿热环境下作战，趁着后周军队立足未稳，南唐军队四处出击，接连打了几个胜仗，舒州、蕲州、和州等地相继收复。

出于战略考虑，柴荣下令放弃一些已经占领的城池，主动收缩战线，将大部分主力用于继续围困寿州，自己则率军北返，做休息调整。

于是，自显德三年五月起，双方以争夺寿州为焦点，在战场上出现了对峙的局面。后周攻不进寿州城，南唐也打不破包围圈。

那就耗着吧。

这一耗，居然耗了半年。

胜利者

显德四年（957）正月，后周南征大军已经围困寿州达十五个月，却依然无法攻下寿州。与此同时，刘仁赡的坚守也到了最后的时刻，除了兵力消耗殆尽之外，城里的粮食也快吃完了。

刘仁赡苦苦地等待，总算等来了一丝希望，李璟又派出了一支庞大的援军北上，兵力达到了五万人！

这支援军在紫金山（寿州东北十里处）扎营，连珠式地排列了十几个大营寨，一到晚上，灯火通明，绵延几十里，很有气势，让后周军队颇为忌惮。

平心而论，战争打了一年多，李璟的运气还算不错了。最关键的寿州城，有猛将刘仁赡坐镇，这才坚持那么久，换成别人，早就歇菜了。本来大势已去，湿热的天气又出来帮忙，老天爷也够意思了。现在双方都已打得筋疲力尽，谁在最后一刻咬紧牙关，就可能赢得决定性的胜利。

可李璟的用人水平远远不如他的诗词创作水平，在最最关键的时刻，他又犯了一个大错误。

他把五万援军的指挥权，交给了刚刚败退下来的李景达，并授权他全权指挥淮南战局。

没错，还是那个熟悉的配方，还是那种熟悉的味道。

李景达虽然手握重兵，却十分胆小保守，来了这么久，始终不敢主动发动攻击。

作为援军，既然来了，不积极进攻，那干什么呢？

李景达倒也没闲着，他来了以后，专心致志地干了一件事——修筑甬道。

所谓"甬道"，就是两旁有遮蔽物的通道。修这个玩意儿，主要是为了向寿州城输送粮草。这个想法看似很人性化，可事实上让人啼笑皆非。后周军队会不会放任你搞建筑先不说，人家寿州城里的人早就饿得眼冒金星，正在苦苦地支撑，哪里还等得到你修好甬道？

刘仁赡见李景达那么不靠谱，就提出要率众出城决战，请他一起配合。结果，方案到了李景达那里，被拒绝了。

李景达的愚蠢使南唐失去了最后翻盘的机会。

在后周军队的侵扰下，李景达的甬道终究没有修成，寿州城的粮草始终无法得到补充，饥饿开始成为寿州城守军最大的敌人。随着时间的推移，胜利的天平逐渐向后周倾斜。

摊上蠢人李景达，刘仁赡只能仰天长叹，他已经无计可施，支撑他的信念，不再是胜利的希望，而是忠诚。

刘仁赡忧愤过度，病倒了。他以一己之力困守孤城，以一座孤城，支撑着整个淮南战场。现在，这种坚持，已经走到了最后一刻。

在后周征讨淮南的过程中，兵败、弃城、出降，似乎一直是南唐的主旋律，只有刘仁赡的寿州，是个例外。一开始，我不明白这位老将究竟神奇在哪里，直到我看到这样一件事情。

正月下旬，寿州城内。

南唐巡逻官员抓住了一名乘着黑夜出城逃跑的青年将官，查明该人的身份后，他们大吃一惊，这人是刘仁赡最小的儿子——刘崇谏。

为谨慎起见，巡逻官将刘崇谏押送到了刘仁赡处，请他亲自处置。

刘崇谏跪地俯首，瑟瑟发抖，他不敢抬头看一眼自己的父亲，他知道，父亲执掌军队，从来铁面无私，他更知道，临阵脱逃，是死罪。

刘仁赡静静地伫立着，面无表情，让人察觉不到他内心的半点波动。他一直沉默着，凝固的气氛告诉每一个人，此时此刻，没有父亲和儿子，只有统帅和逃兵！

传令——腰斩！

听到决定后，刘崇谏伏在地上战栗，身旁的人呆呆地看着这一幕，却没有一人站出来求情。

不是不想，是不敢。

终于，监军使（负责监督军队的官员，军队二把手）周廷构实在不忍心，站出来向刘仁赡痛哭求情。

平心而论，以寿州城守军的实力，能坚持到这个份上，已经竭尽全力。别说放过自己的儿子，即便举城投降，也不算太过分。

但周廷构的求情并没有奏效，刘仁赡不为所动。

万般无奈，周廷构想起了另一个人，现在能救刘崇谏的，只剩下一个人——刘仁赡的夫人、刘崇谏的母亲。

这回，周廷构得到了一个母亲的答复：

"军法不可私，名节不可亏。如果宽宥了他，刘氏就不再是忠良门第，我与仁赡有什么面目见众将士呢？"（若贷之，则刘氏为不忠之门，妾与公何面目见将士乎？）

说完，下令推出处斩。然后，她从容地为儿子办理丧事。

"军法不可私，名节不可亏！"

我相信，这也是刘仁赡的回答。

仅此一点，他完全配得上名将的美誉，他的夫人也值得尊敬。

对南唐而言，拥有一个刘仁赡，是它最大的幸运，不幸的是，它仅有一个刘仁赡。

三月，柴荣再次亲征，抵达寿州城下督战。

李景达依然毫无作为，就在相持过程中，一员大将因内讧而叛降，不但献出了营寨，还带走了一万多军队，这成为压垮他们的最后一根稻草。

柴荣把握战机，果断突破紫金山大营，沿着淮河向东，水陆并进追击残敌，大败南唐军队，"唐兵战溺死及降者殆四万人，获船舰粮仗以十万数"。

刘仁赡听说最后一支援兵溃败，便一病不起，昏迷不醒。

三月十九日，坚守了十七个月的寿州城陷落。

不久，刘仁赡病死。

尽管后周和南唐在战场上打得死去活来，但在听到刘仁赡的死讯后，双方都做出了相同的反应。

柴荣"追赐爵彭城郡王"。

李璟闻之，"亦赠太师"。

有气节的人，无论敌我，都将给予其最高的尊重，从来如此！

显德四年十月，又临冬季。

经过半年的休整，柴荣再次出发，对南唐发动第三次亲征。

刘仁赡死后，南唐再无御敌之将，淮南成了后周的囊中之物，后周军从此势如破竹，作战更像是收割胜利的果实：

十二月三日，攻克泗州；

十二月九日，收服濠州；

十二月二十九日，攻克泰州；

显德五年（958）正月初五，攻克海州；

正月二十五日，攻克楚州；

…………

李璟见大势已去，再也没有抵抗的勇气，连忙派遣使者向柴荣请和。这次，他对柴荣提出的要求不再讨价还价。

最终，"淮南十四州，六十县"尽入后周版图。

历经三年苦战，后周终于取得了淮南之战的胜利！

柴荣扩大了帝国版图，对外展现了强大的实力，对内树立了绝对的权威，他无疑是这场战争的胜利者。

却不是唯一的胜利者。

就在这三年里，赵匡胤凭着勇敢和智慧，取得了一个又一个成功。

因为南征中表现出色，显德三年十月，赵匡胤升任定国军节度使、殿前都指挥使。

对于武将而言，这是一次非同寻常的升迁。

"节度使"（"节"，就是象征最高权力的"符节"），是当时一名武将的至高荣誉，一旦成为节度使，不但地位和权力显著上升，还有权建立自己的幕府，许多人奋斗一生都无法获得。

赵匡胤官拜节度使时，年仅三十岁。

随后，赵匡胤又先后转任义成军节度使、忠武军节度使，名望越来越高。

尽管地位攀升，他并没有志得意满，而是更加谨慎小心，平时注意吸收各种人才，结识各色人物。几年的埋头经营，赵匡胤积累了三方深厚的人脉：

兄弟。经过几年打拼，石守信、王审琦等"义社十兄弟"也因战功而得到升迁，他们分任禁军各个重要职位，与赵匡胤联系紧密，始终是他最为倚重的力量。除了结拜兄弟，亲弟弟赵匡义已经长大成人，他也来到赵匡胤的身边，辅助赵匡胤。

幕僚。有了地位后，赵匡胤搭建起了自己的幕府，有了一帮替他出谋划策的人。这支队伍最为特殊，没有准入门槛，也没录取标准，具体操作中还有些双向选择的意思，考验的是双方的眼力和运气。赵匡胤招人的原则是海纳百川、多多益善，精于吏道的、做学问的、善于理财的、能掐会算的，只要有一技之长，都可以为我所用。除了熟人赵普外，吕余庆、李处耘、沈义伦、王仁赡、楚昭辅等人先后来到他身边，构成了他的智囊团。让我们记住这些名字吧，他们都是赵匡胤今后的得力助手。

朋友，也可以说是同事。赵匡胤与一些文臣武将有着良好的私交，有的甚至称兄道弟。这是最易为人忽视、最为隐秘的力量。鉴于他们的隐秘性，具体是哪些人物，我们还是等下面再揭晓。

几年里，除了得到，也有失去。

在事业上顺风顺水之时，赵匡胤接连失去了两位最重要的亲人。

显德三年，父亲赵弘殷在北归开封的途中，病重不治去世。

显德五年，结发妻子贺氏因病去世。

两位亲人逝去的时候，赵匡胤都在征途之上，无暇顾及。几年里，这是他最大的遗憾。

悲哀，喜悦，得到，失去，这就是人生吧。

不管怎样，跟随柴荣的五年里，赵匡胤毕竟得到了施展抱负的空间，实现了人生的重大飞跃。

于国于家，你都已经是中流砥柱。

继续走下去吧。

走下去。

第四章 黄袍加身

北 上

"幽云十六州"一直是柴荣的心病。

自从失去这块屏障以后，北方辽国侵扰日益加剧。每次辽国入侵，骑兵纵横驰骋、呼啸来回，所过之处，尽是残破的村舍，哭嚎的百姓，大量人口和财富被野蛮地劫掠到北方。

面对一幕幕惨剧，中原军队却很难有所作为，本身骑兵实力比不上别人，漫长的边境线更让他们防不胜防。

后周建立之初，忙着稳定内部，对辽国一直采取消极防御的政策。在国力有所增强后，柴荣迫不及待地想解决这一问题。

显德六年（959）三月，刚结束南征一年，柴荣便决定挥师北上，志在夺回"幽云十六州"。

这次，他将直接面对北方的敌人——契丹。

契丹，原本栖居在西辽河一带，是我国北方一个历史悠久的民族，早在西晋、南北朝时期就已出现，曾经先后依附突厥、唐朝、回纥等势力，在夹缝中求得生存。

契丹人主要依靠畜牧、渔猎谋生，练就了高超的骑射本领。他们实行军民一体的制度，下马就是平民，上马就是战士，平时各自生活，战时接受统一指挥，迅速高效，机动性极强。

进入十世纪，契丹人有了自己的天才首领耶律阿保机，在他的带领下，契丹族逐渐强盛起来。公元916年，耶律阿保机正式废除部落联盟制度，在上京（今内蒙古巴林左旗）称帝，宣布建国，定国号为"契丹"。

至此，"契丹"由一个民族称谓变成了国名。要特别说明的是，此后他们的国号又几经变化，先变成"辽"，又改回"契丹"，最后又回到"辽"，为了防止大家头昏眼花，我们还是统称其为"辽国"。

立国后，契丹人建都城、造文字、定法律，不断吸收汉文化，还仿照汉人建立了一套完整的国家机构和政治制度。与此同时，他们也加快了对外拓展的步伐，利用中原政局的混乱，拼命扩张版图。

取得"幽云十六州"后，辽国实力空前强大，成为中原政权的劲敌。

柴荣选择在这个时候出击，除了南征胜利带来的鼓舞外，还有一个重要因素是敌情的变化。

当时，辽国的皇帝叫耶律璟，他在历史上小有名气。

一个皇帝名声比较大，要么是正面业绩多（比如唐太宗），要么就是负面新闻比较多（比如隋炀帝）。耶律璟先生属于后者。

耶律璟最大的爱好就是睡觉，平时除了饮酒、打猎，就是蒙头大睡，养成了昼伏夜出的良好生活习惯（每夜酣饮，达旦乃寐，日中方起），人送绰号"睡王"。

碰上这样一个活宝，实在是柴荣的一大福音。

显德六年四月，柴荣率军抵达沧州，径直杀向辽国境内。

这是他即位以来的第五次亲征，也是最后一次。

拜"睡王"所赐，柴荣的这次出征异常顺利。

仅仅一个多月，宁州、莫州、瀛州、益津关、瓦桥关、淤口关等地守将纷纷投降。几乎没费什么周折，柴荣就取得了幽州以南的大片土地（史称"关南之地"）。

而在另一边，当十万火急的情报送到"睡王"耶律璟床前时，老兄撑开睡眼，表达了自己的态度："那里本来就是汉人的地方，现在还给他们，谈什么失去呢（三关本汉地，今以还汉，何失之有）？"

如果排除说梦话的可能性，耶律璟先生真堪称伟大的国际主义者，值得大家点赞。

五月二日，柴荣在瓦桥关大宴众将领，决定再接再厉，马上集中兵力攻打核心城市——幽州。

就在那个夜晚，一个偶然事件的发生，彻底打乱了他的部署，也影响了整个历史的进程。

我们知道，历史的发展是有其自身规律的，这种规律，我们叫作必然性。但历史还告诉我们，它又是一幕没有剧本的演出，其中也有许多偶然性。

小时候翻连环画，这种"偶然"经常让我浮想联翩。比如荆轲刺秦王，那一刀如果再扔得准一点会怎么样？又比如项羽兵败，如果他忍辱负重，渡过乌江卷土重来，楚汉之争还会持续几年？直到老师的粉笔飞到脑袋上，我才会停止这种想象。

显德六年五月二日晚，历史又安排了一个偶然事件，就在大宴群臣之后，柴荣病倒了。

柴荣的病来得很突然，不知道究竟是什么病，更不知道病因是什么，唯一确定的是，那绝不是一场小病，种种迹象表明，病情已经直接威胁到他的生命！

病发当天，后周停止了军事行动。

六天后，全军开始撤退返回。

在封建社会，君主暴病而亡往往会影响政权稳定，更何况这本身是一个充满变数的时代。

柴荣的病情越来越不乐观，车队马不停蹄地向开封挺进，可在返回的途中，一个谜案发生了，使事情变得更加诡异。

神秘的木牌

谜案由一块木牌引发。

所谓历史谜案，就是一个疑问发生了，但找不到标准答案，成了问答题；或者说答案太多，成了选择题。

研究历史，少不了遇到几个这样的谜案。如何破解这些谜，是一件非常有意思的事情。如果你能从中琢磨出一些门道，提出一些见解，对茶余饭后吹牛皮、侃大山是极有帮助的。

好了，回过来。我们先来看木牌事件的来龙去脉。

史料记载：柴荣在回来的途中，发现了一块木牌，长三尺左右，上面写着"点检作天子"五个字。

"点检"，是个职务名称，指禁军殿前司最高统领——殿前都点检。此时担任这个重要职务的人是张永德。

也就是说，木牌隐约向柴荣传达了一个信息——"张永德要做皇帝"。

收到这块木牌，柴荣的第一反应是觉得很奇怪（异之），当然了，收到这么一封匿名举报信，不奇怪才奇怪呢。

好的，那么问题来了。

一、为什么有人要放这块木牌？

二、是谁放了这块木牌？

　　为了解开这两个疑问，我们有必要把史册中的人物请出来，来一次座谈调查。

　　套用刑事侦查学的方法，先从分析行为动机入手，研究第一个问题。

　　可以肯定，放这么一块木牌，目标是为了抹黑张永德。如果谁说放木牌纯粹是为了开个玩笑，给枯燥的旅途增加一点乐趣，估计会被张永德暴揍一顿。

　　再考察张永德的履历，该同志长期在殿前司工作，除了偶尔有点经济问题外，大多数时间勤勤恳恳、兢兢业业，说他要谋反，还真有点冤枉。所以，永德先生就不要哭了，要相信组织，事情总会调查清楚的。

　　好，再看第二个问题。这个问题已经有很多人免费替柴荣做了研究，结论五花八门，主要嫌疑人集中在两个人身上，都是我们的熟人，李重进和赵匡胤。嗯，两位请不要激动，我说的只是嫌疑。

　　之所以两位先生会背起这口黑锅，要从后周禁军系统复杂的权力变革和人事关系说起。

　　先从一个名词解释开始。

　　问：什么是禁军？

　　答：禁军就是担任皇帝护卫或首都警备任务的军队统称，也可以称为"亲军""御林军"等。通俗点说，就是直接服务于最高统治者，比较能打的军队。

五代皇帝都是军阀出身，能够登上皇位，所依仗的就是自己的禁军。随着一个军阀的不断壮大，他的禁军也不断壮大，而军队的战斗力和向心力却往往同比下降。

倒也很容易理解，哪有扩招不影响质量的呢？

因此，有些军阀往往会在禁军中再设新机构（一般是夺取皇位后），重新拣选精锐士卒，以心腹将领统领。

广顺二年（952），基于同样的原因，郭威在禁军系统中新设"殿前司"。从此，后周的禁军开始由侍卫司、殿前司两部分组成。殿前司人数少，却更精锐，和皇帝的关系更紧密。

李重进曾经是殿前司第一任统领。柴荣即位后，张永德取代了李重进的位置，李重进转而统领侍卫司（高平之战后升任"侍卫指挥使"）。

显德三年，柴荣在殿前司新设了一个最高职位，这个职位在历史上的存在时间很短，却有着很高的知名度——"殿前都点检"。张永德就是首任殿前都点检。

争权也罢，性格不合也罢，作为后周军队中两个最有权力的人，张永德和李重进的关系一直很僵。在征伐南唐的战斗中，张永德曾经多次扬言李重进要叛变，甚至向柴荣秘密检举。

两人的矛盾闹得过于激烈，连南唐皇帝李璟都有所耳闻，觉得有机可乘，就送了蜡丸信给李重进，许诺给予好处，挑唆他叛变。

李重进没有上当，转手把李璟送来的蜡丸信交给了柴荣，还单枪匹马到张永德处消解其猜疑，缓解两人的紧张关系。

所以，从一贯表现来看，李重进还是比较厚道的，说木牌是李重进放的，似乎有点冤。

从时间上看，柴荣发现木牌，是在显德六年五月。当时，李重进还在与北汉作战，要在短时间内得到确切消息，再捣鼓出一块木牌，也不太可能。

好了，重进同志把纸巾放一放，我们知道你背了很久的黑锅，有点委屈，可以理解，但现在请保持冷静，我们的调查还要继续。

再审查下一个嫌疑人赵匡胤。

赵匡胤一直和张永德关系很好，不是小好，而是大好。

赵匡胤能在高平之战后快速蹿升，得益于张永德在柴荣面前大力举荐。赵匡胤娶第二任妻子时，手头有点紧，张永德还在经济上资助过他。

既然关系这么好，赵匡胤怎么就背上了这口黑锅呢？在此只能提前剧透一下了。

木牌事件发生后不久，张永德被调离殿前都点检这个岗位，取而代之的正是赵匡胤。

作为最大受益者，赵匡胤想撇清干系就很难了。

但是，这个推理若要成立，前提是赵匡胤必须是张永德的唯一替代者。

可这个前提显然是不存在的，当时朝廷中有资格担任这个职务的将领还有很多，只要智商正常，就不会赌这种小概率事件。

总而言之，赵匡胤更不可能放那个木牌，也很冤枉。

当然了，其他张三、李四等，似乎也没什么作案动机，可以排除。

到这里，大家可能会问，谁都不当这个"木匠"，那块破木牌难不成是从天上掉下来的？

没错，木牌就是从天上掉下来的。换句话说，压根儿就没有这块木牌。

这就是我的答案。没开玩笑。

别急，请大家放下手里的砖，等我慢慢讲完。

说到底，还是要怪封建迷信。

前面提到过，在古代史书中，但凡大人物出场、大事情发生，都少不了描写点稀奇古怪的事件，比如天象变异，符瑞出现，等等。

这些神神道道的事件，有些是当时用来做舆论宣传的，有些是史官写在书上用来忽悠读者的。没办法，当时人们流行这一套。

木牌事件最初出现于《旧五代史》，此书写成于宋朝初年。监修这本书的则是赵匡胤府上的幕僚——薛居正。

之所以这么写，当然也是为了神化一下刚坐上皇帝宝座的赵匡胤。元朝人编的《宋史》不怎么严谨，稀里糊涂把故事保留了下来，还添油加醋了一番，也就传成了真事。

木牌事件，大致如此。

真相应该就是这样，至少我认为是这样。

当然，绕了一大圈，不光是为了告诉大家一件没影的事。木牌尽管是子虚乌有的，但"点检做天子"的预言却是真实存在的。只是，它没有出现在柴荣的营帐里，却飘荡在开封城中。

显德六年五月三十日，柴荣抵达开封。

经过一路舟车劳顿，他终于又回到了帝国的心脏，牢牢掌控着这个庞大的政权。

目前，他还能支配这里的一切。

然而，留给他的时间已经不多了。

柴荣堪称一个伟大的君主，从坐上皇位的那一天起，他就没有停歇过，先后夺取后蜀秦、凤等四州（事情太小，所以没写），南唐的淮南之地，辽国的关南之地，使五代乱世出现了结束的曙光。很多史学家认为，如果柴荣的寿命长一点，极有可能完成全国统一，重建一个强盛的王朝，那也就没有后来赵匡胤什么事了。

但历史并不慷慨，只给了他六年时间。现在，仅剩下最后二十天。

柴荣感到大限将至，他拼尽最后一点精力对身后事做出安排。

显德六年六月，柴荣发布一系列人事任命。

第一项任命：封天雄节度使符彦卿的女儿为皇后（史称"小符皇后"），封长子柴宗训为梁王，确立其皇位继承人身份。

柴宗训当时只有 7 岁，母亲刚刚去世，也是符彦卿的女儿（史称"大符皇后"，是小符皇后的姐姐）。也就是说现在的皇后，就是皇子的姨妈。

如此安排，是为了保证儿子能够继续得到皇后一族的支持。

第二项任命：命宰相范质、王溥、魏仁浦共同参管枢密院。这又是一个超乎常规的任命。在平时，宰相并不参与军事，这种安排，是以文官加强对军人的制约。

第三项任命是对军队将领的调整，也是至关重要的一环：

罢去张永德殿前都点检的职务，由赵匡胤取而代之。

任命韩通为侍卫副都指挥使，成为禁军侍卫司的统领者。李重进虽然名义上还是侍卫都指挥使，但被安排出任淮南节度使，失去了对禁军的实际掌控权。

通过一番调整，几位资深文官掌握了最高决策权，几位资历较浅的将领掌握了禁军指挥权，几位实力雄厚的老资格将领外放镇守地方。朝廷上下基本形成了文武相互制约、内外相互制衡的权力格局。

这是一个极其考验政治智慧的布局，一个极其精妙的布局。但，并不是无懈可击。

它忽视了一个人的能量。

赵匡胤。

抉　择

赵匡胤几年来一直埋头做事，从不显山露水，但这只是表象，事实上，他几乎和朝中所有重要人物都有或明或暗的联系。这些人物围绕在他周围，已经形成了一个强大的政治集团。

撕开表象，我们可以看到一份令人震撼的人事关系图谱，在此，我简单罗列一下他们和赵匡胤的关系：

符彦卿的女儿成了皇后，但他还有一个女儿嫁给了赵匡义，也就是赵匡胤的二弟。

殿前司副都点检慕容延钊，与赵匡胤关系密切，亲如兄弟〔太祖（赵匡胤）……常兄事延钊〕。

殿前司都指挥使石守信、副都指挥使王审琦，前面说过，他们是"义社十兄弟"成员。

侍卫司马步军都虞候韩令坤，儿时玩伴。

侍卫司马军都指挥使高怀德，亲密好友，此后他娶了赵匡胤的妹妹为妻。

侍卫司步军都指挥使张令铎，亲密好友，此后把女儿嫁给了赵匡美，也就是赵匡胤的三弟。

宰相王溥与赵匡胤私下交往密切（阴效诚款）。

唯一和赵匡胤不对路的是侍卫司副都指挥使韩通，该人性格火暴，容易发怒，和谁都合不来，喜欢瞪着眼睛骂人，人送绰号"韩瞠眼"，属于"李逵"式人物。

宰相范质和魏仁溥比较中立。范质资格最老，很有威信，但性情耿直，人缘很一般。魏仁溥为人宽厚，人缘不错，是个好好先生。

经过短暂的人事动荡后，我们依稀可以看到，赵匡胤的力量已经渗透到朝廷的每一个角落，成为帝国炙手可热的人物。

一代雄主柴荣终于走到了生命的最后一刻。

显德六年六月十九日，周世宗柴荣崩于万岁殿，年三十九。

梁王柴宗训继位，史称后周恭帝。

就在新帝登基后不久，赵匡胤又得到了一个新的头衔——检校太尉、归德军节度使。

按照传统，每一个节度使都会有一个治所（名义上的办公所在地）。

归德军节度使的治所位于现在的河南商丘，当时称为"宋州"。

这是一个需要我们记住的地名，作为赵匡胤的发迹地，此后它将成为一个新王朝的国号。

对于柴荣，赵匡胤心存感激。柴荣的去世，让他心绪不宁……

在我默默无闻的时候，是你给了我充分的信任，给了我施展抱负的机会。

我感念追随你的那段岁月，从高平血战到淮水河畔，从寿州城下到边境烽火，一路走来，你身先士卒、指挥若定，我纵横奋战、拼死效命！

我佩服你的勇气和魄力，愿意继续追随你，去实现统一天下、重建太平的宏愿。

从无名小卒到全军统帅，在你这里，我得到的不仅仅是官位和权力，还有韬略和智慧。

人非草木，孰能无情。

柴荣的离去，赵匡胤是感到悲痛的，至少曾经悲痛过。

说这句话，可能有很多人不以为然，那是因为他们看到了之后的故事。

但是，我始终相信，人是至为复杂的。

没有人天生暴虐，也没有人天生仁爱；没有人天生奸恶，也没有人天生纯善。

是人，就会有无穷的欲望，物质的欲望、权力的欲望、名利的欲望。有的人能够驾驭欲望，有的人为欲望所俘虏，前者堪称圣人，后者可称为蠢人。但更多的人，两者兼而有之。

帝王将相、平民百姓，皆是凡人。

赵匡胤也是凡人。

柴荣的突然离世，让整个帝国陷入了短暂的震颤，直到尘埃落定，人们才从惊愕中苏醒过来。

赵匡胤也清醒过来，放眼内外，他蓦然发现，自己已经走到了舞台的中央，上天将一个巨大的考验放在了他的面前，只等他做出决定。

在翻阅一些野史文献时，我曾发现这样一则故事：

当年，赵匡胤四处漂泊的时候，无意中走入一个庙宇，有感于前途渺茫，他拿起桌上的竹签来占卜自己今后的功名官位。

我可以做一个小校吗？赵匡胤一边自问，一边掷出竹签，下签！

可以成为军将吗？他再次掷出竹签，仍是下签！

可以成为刺史吗？还是下签！

防御使、团练使，一路问下去，都是下签。

赵匡胤异常恼怒，一把将竹签扔在案上，发狠说道："难不成要做天子吗?"

上签!

我不相信这是一个真实的故事。

但我相信,此时,这是他心中的决定。

在今后的一段时间里,赵匡胤和赵普等亲信官僚进行了一系列精密的筹划,静待时机到来。

陈桥兵变

显德七年(960),正月初一,京城(今河南开封)皇宫,大庆殿。

符太后和小皇帝柴宗训正接受百官的新年朝贺。

突然,北部边关传来一份急报,辽国、北汉合伙入寇镇州、定州。

后周群臣对于辽国放弃节假日,坚持加班打劫的行为相当愤慨,但愤慨归愤慨,骂完以后还是要有所应对。

范质、王溥等人经过商议,决定由赵匡胤领军北上抵御侵略。

正月初二,殿前副都点检慕容延钊领军先行出发。

一天后,赵匡胤亲自率殿前司主力离开京城北上。

大军缓缓地步出京城爱景门,军队队列严整、铠仗鲜明,行进有条不紊。

此次出征,赵匡胤不再意气风发,脸上增添了一份凝重,一如十三年前他离家出走的那一刻。他知道,随着大军的出发,计划已经开始实施，而结局则是他所不能预知的。

按照惯例，但凡干大事，还是要先从舆论工作开始。通俗点说，此时得有一个人站出来，把你要干的事说成是上天的旨意，是非常合理、相当可信、必成无疑的，然后忽悠着大家跟你一起干。能办这种事情的人，往往有一项技术特长——观天象。

在古代，天文学是一门非常吃香的学问。诸葛亮、刘伯温之类的历史名人都曾对这门学问深有研究，受到人们顶礼膜拜。

根据古人"天人合一"的说法，任何刮风下雨、星辰变化都是上天给予人间的警示。皇帝再至高无上，也得给"老天"面子，否则就要遭受惩罚。为了随时能够获取老天爷的想法，朝廷还特地设立了研究天文的专门机构，叫作钦天监或者司天监，算是老天派驻人间的办事处。

此时，一个天文学家恰到好处地出现了，但他却并非专业人员。

军校苗训是禁军中很不起眼的一员，难能可贵的是，他在砍人剁人之余，一直把研究天文学当成业余爱好，这回，总算找到了发挥特长的机会。

大军刚出城门，苗训突然停了下来，若有所思地朝天上看着。看了一会儿后，他气沉丹田，指着天上忽然一声大喝："看，天上出现了两个太阳，一前一后，黑光激荡，真是奇怪啊。"

苗训向大家宣布自己的新发现后，一堆大兵开始围到苗训周围，跟着抬头望天，加入天文爱好者的行列。

当大家将信将疑地欣赏天文奇观时，赵匡胤的幕僚楚昭辅也凑了过来。

楚昭辅见苗训身边的观众围得差不多了，捋着胡子，煞有介事地对这一天文奇观做出了解释："后面的太阳正在取代前面的太阳，所谓'一日克一日'，预兆江山易主啊，点检要做天子了！"

我对天文学知识完全是个门外汉，但是，天上有几个太阳还是搞得清楚的。对于两位的倾力表演，我只能说一声——可真难为你们了。

苗训、楚昭辅的宣传工作起到了较好效果，经他俩一顿忽悠，"点检做天子"的传言开始在军中迅速扩散开来。

一时间，军中人心思变。

正月初三，夜，陈桥驿。

陈桥驿是位于开封东北四十里的一个驿站，承担着传递政令、军事情报的功能，同时负责安排过往官员的住宿，是军队北上必经的落脚之地。

赵匡胤率军离开京城，行军一天，驻营陈桥驿。

这注定是一个难眠的夜晚。今夜，赵匡胤将迎来人生最大的考验。

深夜寒气沁人，月光轻盈洒落，附近的军营依然星火点点，隐约还能听到士兵沉闷的脚步声。赵匡胤独自伫立在驿舍窗前，默默推演着计划的每一个细节。

就在不远处，一场精心策划的兵变正徐徐开启。

经过前期的舆论准备，个别将士已经蠢蠢欲动。

当天晚上，一群将士聚在一起喧哗，有人提议："当今皇上年幼，不能亲政，我们现在拼死干活，谁知道以后会怎样呢？不如今天拥立点检（赵匡胤）做天子，然后再出征！"

既然是大兵们商量事情，自然不需要举手表决、唱票通过之类的民主程序。大家充分发扬了敢说敢干的良好作风，抄起家伙直接付诸行动。

为了顺利办成这件事情，他们决定先去找两个人。

赵普和赵匡义。

当时，赵普担任归德节度使掌书记，赵匡义担任内殿祗候供奉官都知，虽说官职不高，但分别作为首席幕僚和亲弟弟，两人最受赵匡胤信任。

赵普和赵匡义正在帐中筹划，一群将士一拥而入。

看到将士满脸怒容，赵普暗自高兴，他知道，计谋已经开始奏效了，但他表面上依然不动声色。

将士们一时被赵普的冷静震住了，但沉默很快被打破，一名将士吼道："皇上年幼，我们要拥立点检（赵匡胤）做天子！"

随后，是一片附和声。

赵普压制住自己内心的真实想法，故意表现得非常愤慨："太尉（指赵匡胤）赤胆忠心，你们做这种事情，必定不会宽赦你们！"

将士们依然聚集在赵普和赵匡义的周围，个别性子急的已经亮出了明晃晃的兵刃："既然在军中说出这种话，如果办不成，就必然要被诛杀，现在我们已经商量好了，太尉如果不听从，我们又怎么肯退让，让自己遭受祸害！"

赵普继续佯装愤怒："策立皇帝是大事情，应该谨慎谋划，你们怎能如此放肆狂悖？现在北方尚有敌人，不如先击退敌人，再回来商议不迟。"

将士们也知道夜长梦多的道理，不吃这一套："现在朝廷政出多门，若等击败了辽国回来，事情不知道会发生怎么样的变化，必须马上返回京城，策立太尉做皇帝，到时候再派军队北征，击败敌人也不迟。太尉如果不接受策立，军队决不前行！"

眼看气氛调动得差不多了，赵普语气开始和缓下来，他看了看身边的赵匡义，悠悠说道："事情既然到了这个地步，也没办法了。改朝换代，虽说是天命，其实也在于人心。前军昨天已经渡过黄河，各地节度使都占据一方，如果再发生变乱，不但外敌入侵加深，各地也将发生叛乱。若要拥立新的皇帝，必须严格约束将士，不许趁机劫掠京城，如果各地能保证平稳，那么你们也可以长保富贵。"

赵普这番话更像是和将士谈条件，各位闹事的将士当然满口允诺。

将士们刚退去，赵普急忙派人连夜赶回开封找石守信和王审琦，密报事变情况，做好应对准备。

石守信、王审琦是赵匡胤最为亲密的兄弟，当时二人正负责着京城开封的守卫工作。

安排妥当一切后，赵普、赵匡义和众将士列队站立，只等天亮（环列待旦）。

与此同时，赵匡胤坐卧不宁。

他正经历着痛苦的煎熬。

还记得吗？九年前，也是这样一个冬天，大帅郭威黄袍加身。那是一面撕裂的黄色旗帜，一袭特殊的黄袍。那时，我只是一个看客。现在，我将成为主角。

还记得吗？几年来柴荣的知遇之恩。是的，我何曾忘却！我将继承你的衣钵，不，我将展示出比你更加强大的力量。

成为至高无上的皇帝，成为主宰众生的天子，一切都将匍匐在我的脚下……这种诱惑，真的无法拒绝。

那是诱人的皇位，也是烫手的火炉。我将因此面对无数敌人，在北方，有虎视眈眈的辽国；在南方，有割据称雄的军阀；在身边，有骄横跋扈的地方节度使和各怀心思的大小官吏。坐上这个位置，就意味着接受挑战。

畏惧吗？这几年，命运跌宕，却赢得了富贵尊荣，走出这一步，我可能获得至高的荣耀，也可能瞬间失去已经得到的一切。

上天还会眷顾我吗？

我还在犹豫什么，我还有其他选择吗？

喝点酒吧，只有酒，才能帮助我度过这漫长的夜晚。

深夜静得出奇，似乎所有人都在享受这最后的宁静，只等那雷霆万钧的一刻。

正月初四，晨，赵匡胤所住驿舍。

士兵的喧哗声打破了黎明的寂静。

一群将士身穿铠甲、手执兵器，把驿舍团团围住，有人开始猛烈叩击大门，更多的人在外面大声呼喊。

外面的呼喊声刚开始还相当嘈杂，让人分辨不出在说些什么，后来则逐渐变得整齐、清晰：

"诸军无主，愿策太尉为天子！"

"诸军无主，愿策太尉为天子！"

…………

经过一夜的紧张、纠结，赵匡胤的心情已经有所平复，但当听到门外整齐的吼声时，心中还是不免惊悸。

九年前，他们向郭威呐喊："天子须侍中自为之！"

今天，他们朝我呐喊："愿策太尉为天子！"

何其相似。

我不是已经想好了吗，还畏惧什么？

我也曾一无所有，现在还有什么可犹豫的呢？

天与不取，反受其咎！

今日之事，已无退路，更无须退路！

门外喊声越来越大，拍门声越来越急促。

还是去开门吧。

打开这扇门，我就是天子！

大门缓缓打开……

赵匡胤一脸肃然，他的目光和将士们的目光碰撞在一起，喧闹声顿时停止下来。

短暂的平静后，"愿策太尉为天子"的喊声再次响起。

将士们又鼓起了勇气，一哄而上，把赵匡胤拥入房内，说明来意。

表面上，赵匡胤还是做了几番拒绝。

可将士们已经情绪激昂，早就按捺不住了。喧哗之中，众人将赵匡胤拥逼到大厅里，把他按在座椅上。

正当赵匡胤还想从座椅上站起时，一件黄袍已经披到了他的身上。

"万岁！万岁！万岁！"

"万岁！万岁！万岁！"

"万岁！万岁！万万岁！"

…………

众将士齐刷刷地跪拜在面前。

"万岁"之声刺透驿舍，传遍军营，声震天地……

历史记录了这一刻：公元 960 年，陈桥兵变，赵匡胤黄袍加身。

赵匡胤终于披上了那件明黄色的龙袍，但他没有太多时间去欣赏。
他必须马上率军返回京城，去掌控帝国的心脏。

在战马上，赵匡胤向将士们发出了第一道命令：

"不得欺辱少帝、太后及公卿大臣，不许大肆抢掠钱财。事成之后，一定给予丰厚赏赐。若不从命，一定族诛（当族诛汝）！出发！"

目标开封，回师！

由于事前谋划周密，赵匡胤大军入城时几乎没有遇到什么阻碍。

唯一试图起兵反抗的是韩通，但也很快被剿灭。宰相范质懊悔自己仓促之间派赵匡胤出征，略微表达了不满，但他手无寸铁，只能接受现实。

就在进京的当天，赵匡胤在崇元殿接受禅让，正式登基称帝，接受群臣拜贺。

坐在龙椅上，赵匡胤第一次如此真切地感受到做皇帝的威严。金碧辉煌的大殿、庄重典雅的仪式、威风凛凛的侍卫、俯身跪拜的群臣……这里的一草一木都感受着他的呼吸，没有人敢质疑他的权威，没有人敢正视他的目光，整个大殿，不，是整个帝国都充盈着他的气息。

从流浪汉到皇帝，从军营到皇宫，他只用了十二年。放眼历史长河，如果只计算汉、唐、明、清之类的大一统时代，他是唯一一个出身于底层职业军人的皇帝，这一华丽转身，宛如梦幻。

正月初五，赵匡胤诏谕天下：

定国号为"宋"！

改年号为"建隆"！

一个新的王朝就此诞生，一个流光溢彩、繁华富庶、人文鼎盛的传奇时代就此开篇。它的奋斗、光荣、挣扎、屈辱、坚持，将成为我们共同的印记，它留下的精神财富将永远流淌在我们民族的血液里。

记住这一刻吧。

公元960年——大宋建隆元年！

遵循惯例，为显示新朝新气象，赵匡胤下诏加封群臣：

慕容延钊为同中书门下二品、殿前都点检；

韩令坤为天平节度使、侍卫马步军都指挥使；

石守信为归德节度使、侍卫马步军副都指挥使；

高怀德为义成节度使、殿前副都点检；

张令铎为镇安节度使、侍卫马步军都虞候；

王审琦为泰宁节度使、殿前都指挥使；

赵普为左谏议大夫、枢密直学士；

赵匡义为殿前都虞候、睦州防御使；

吕余庆为给事中、端明殿学士；

沈义伦为户部郎中；

…………

除了加封这些有功之臣外，赵匡胤在人事安排上最大限度考虑了新生政权的稳定性。

称帝的第一天，赵匡胤就封小皇帝柴宗训为郑王，封太后为周太后，迁居洛阳，以范质为首的旧官僚全部留用，职位不变。各地节度使都获得加封，尽量予以笼络。

更值得一提的是，赵匡胤虽然对自己的亲信从属有所提拔，却很有分寸，没有让他们突然大富大贵，以免引起其他人的抵触。这种务实低调的措施使赵匡胤在短时间内赢得了人心。

赵匡胤小心翼翼地平衡着各方利益，尽量维持着国内的稳定。然而，平静的表象之下，还是有一股暗流在涌动。

第五章　平叛

急性子

赵匡胤当上了皇帝，但皇帝不是商标、专利，只要你抢先注册了，你就可以成为权利人。

那些掌握地方军队的节度使并非个个心悦诚服，他们普遍都是刀山火海里过来的，向来自我感觉良好，平时出来一趟都要闹个鸡飞狗跳。赵匡胤想摆平这些人，光靠发个荣誉职位肯定不够。

很快，叫板的人来了。

"吾乃周朝宿将，与世宗（柴荣）义同兄弟"，昭义节度使李筠是也。

李筠，并州太原（今山西太原）人，后唐时就开始从军，后在郭威麾下效力，脾气火暴，作战勇猛。后周建立后，李筠长期担任昭义节度使，驻守潞州（今山西长治），他的管辖区域位于太原下方，主要职责就是防止北汉南下入侵。

在这个重要岗位上，李筠一直保持着"我的地盘我做主"的工作信条，什么私自征税、包庇罪犯（擅用征赋、颇集亡命）之类的事情，基本上都干过，甚至还拘禁朝廷派来的监军使，平时连柴荣的面子也不给，完全是一个上下通吃、里外不认的角色。

此等人物，赵匡胤当然不敢怠慢，称帝后不久，就派人去加封李筠为中书令。

当朝廷使者来到潞州的时候，李筠还在气头上。

我跟着郭威南下的时候，你还不知道在哪里扛旗呢。我贵为节度使的时候，你还只是个屁大的军官。现在就凭一张破诏书，告诉我你是皇帝了，我还要向你领工资，向你汇报工作，给你磕头？

你是哪路神仙？算老几？

看着朝廷使者，李筠压根儿就懒得搭理，恨不得立刻把诏书拿去当抹布，好在他身边还有几个比较清醒的人，一堆人围着他讲形势、摆道理，总算把这个祖宗稳住了。

经过周围人做思想工作，李筠勉强下拜，接了诏书，并宣布安排酒宴招待使者。

酒席一开，歌舞一起，整个气氛顿时变得和谐起来。酒过三巡，双方紧绷的神经开始有所放松，宾主之间互相举杯致意，倒也其乐融融。正当大家刚把吊起来的心放下时，李筠的情绪却在酒精的作用下再度亢奋起来，紧接着，一声震耳欲聋的吼声在大堂响起：

"把画像给我拿上来！"

大家循声望去，只见李筠醉眼蒙眬，一手撑着酒桌，一边挥手致意身边的侍卫，像是让他们去拿什么东西。不久，侍卫们哼哧哼哧地把一幅画像抬到了大堂之上。

当大家看到那幅画像时，顿时脸都变绿了。

画上之人——郭威。

李筠喷着酒气，跟跟跄跄地走到画像前，眯着眼睛盯了好久，突然放声号哭起来，眼泪鼻涕说来就来，止都止不住。

当着新朝使者的面，哭前朝领导人画像，这不是明摆着叫板吗？

酒席的气氛顿时降到了冰点，所有人都尴尬地看着李筠的表演，面面相觑。下属们心中叫苦不迭，宋朝来使更是脊背发凉，心里发毛。

经过短暂的冷场后，李筠的下属们开始打圆场，向使者解释："（李筠）酒喝高了，有点失态，别见怪，别见怪。"

使者当然也不敢较真，只好打哈哈，只盼着宴席一结束，赶紧抹嘴走人，再不走，这顿饭估计就会吃成断头饭了。

经过这么一闹，"造反"两个字算是已经贴在李筠额头上了。

李筠的态度让赵匡胤感到非常被动。

从道义上讲，李筠哭一下前朝皇帝，算是不忘旧主。更何况，赵匡胤自己也是后周的旧臣，如果现在兴兵讨伐李筠，道义上说不过去。

况且，李筠其实只是个出头鸟而已，其他节度使很可能也不服气，一旦处置不当，极易引发各地群起叛乱，后果不堪设想。

直接讨伐不行，坐等李筠做好准备工作也不行，为解开这个两难问题，赵匡胤展开了政治攻势。

使者回朝后，赵匡胤再次下手诏对李筠进行安抚，并将李筠的儿子李守节任命为皇城使。

这是一个极其巧妙的任命。

李守节是李筠的长子，当时在父亲身边担任一个从八品的小官。皇城使则是一个正七品的职位，算是给予破格提拔。而且，皇城使是负责宫门出入管理的职位，要接受这个职位必须进京上任。

给李守节一个如此重要的职位，既能对外体现对李筠的优宠，又能继续试探他的底线。

接到任命后，李筠决定让李守节接受这个职位，并即刻入朝，顺便再看看朝中的动静。

不久，李守节如期来到开封，面见赵匡胤。

平心而论，李守节是没有反心的，他本来就不支持父亲造反，还曾数次哭着规劝李筠，无奈没能改变父亲的态度。当他步入大殿时，心中忐忑不安，甚至不敢抬头张望一眼，只能尴尬地伫立在那里。

李守节尚在低头思索，赵匡胤主动走下台阶，迎上去朗声说道："太子，你怎么到这里来了啊？"

听到赵匡胤呼他为"太子"，李守节吓得连忙跪拜磕头，他再没有见过世面，"太子"是属于谁的称呼还是知道的。

李守节伏在地上浑身战栗，额头汗水涔涔，紧张得连声音都开始颤抖。他连忙为自己的父亲辩白，坚称是有人挑拨了君臣关系。

赵匡胤从容说道："我也听说你数次规劝父亲，但反贼并不听你的，而且毫无顾忌，现在派你来，想让我杀你吗？你回去告诉你父亲：我没做天子时，任你自己作为，我既然做了天子，你就不能稍微让我一点吗（我未为天子时，任自为之；既为天子，独不能臣我耶）？"

赵匡胤的一番话刚柔并济，既表明自己已经完全掌握了他们的动态，又提醒李筠悬崖勒马，准确估计不利后果。等于向李筠摊了牌，逼着他立刻表态。

李守节听了这番话，立刻赶回去告诉了李筠。

李筠可没改主意，他觉得儿子能够活着回来，是老天保佑，造反的信心反而更足了。

李筠造反的新闻一传开，有一个人非常高兴。

此人就是北汉皇帝刘钧。

刘钧，刘崇的次子，刘崇死后，刘钧继承了皇位。说起来，刘钧其实是李筠的老对手，李筠的主要任务就是遏制北汉，两人平时少不了搞点军事摩擦。

刘钧一直牢记父亲遗愿，做着重新入主中原的美梦。早在宋朝刚建立之时，就主动写信鼓动李筠造反，自己也好趁机浑水摸鱼，只是当时李筠还没拿定主意，直接把信上报了朝廷，搞得刘钧很尴尬。

当然，按照"敌人的敌人就是我的朋友"的原则，曾经的不愉快都已成了过去。

李筠遣使向北汉称臣归附，并逮捕宋朝派来的监军，押送到北汉，表明诚意。刘钧当然求之不得。

至此，两个昔日的对手走到了一起。

毁 灭

建隆元年（960）四月，李筠先声夺人，派军急袭泽州（今山西晋城）。

泽州位于太行山脉南端，出太行山向西就可威胁洛阳，向东则可以威胁开封，位置很重要。占领泽州，李筠抢到了一个先手，正式竖起反叛大旗。

在谋划下步行动时，李筠的谋士间丘仲卿提出了一条建议："西下太行山，抢占虎牢关（今河南荥阳西北），进而占据洛阳，再争天下。"

虎牢关是著名的险要关隘，也是历来兵家必争之地，六国大战秦国、李世民击破窦建德等战争都在此地发生。可以说，一旦占据这个险关，赵匡胤将很难在短时间内击败李筠。

间丘仲卿的建议虽然看上去保守，实则更为务实。

李筠本身实力并不强，直接奔着开封去，胜算并不高，但若占据洛阳和虎牢关，只守不出打持久战，其他地方节度使没准也跟着凑热闹，宋朝毕竟刚建立，耗个一年半载，肯定吃不消。

可惜的是，建议虽好，但我们知道，李筠办事，从来都不走寻常路。什么虎牢关、什么"东向争天下"，有这耐心，那还是我李筠吗？

闾丘仲卿苦口婆心地比画了那么久，李筠很不以为然，大笑说道："我乃周朝宿将，与世宗（柴荣）义同兄弟，禁军将校都是我的老熟人（皆吾旧人），我一去，他们还不都倒戈归顺我？我有儋珪枪（儋珪，是李筠的爱将，善于用枪）、拨汗马（一匹好马），还有什么可担忧的？"

这是一番极度自信的表白，一番荡气回肠的宣言，一番相当扯淡的逻辑推理。

禁军将校都是老熟人？如果各位还记得的话，十多年前，有位叫李守贞的同志也说过类似的话，结果如何？

儋珪枪、拨汗马就更不值一提了，战争胜负岂可押宝在一个人、一匹马上？七百多年前，还有个搭配叫吕奉先（吕布）、赤兔马呢，结果又如何？

李筠自信满满地踏上了征途，与此同时，刘钧也调集北汉军队南下与李筠汇合。

五月，李筠与刘钧在太平驿会师。

尽管有着共同的目标，但这次会晤并没有给双方留下愉快的记忆。

李筠向来很自负，当他看到刘钧带的人马又少又弱时，感到十分失望。在他看来，北汉来的那几个人，也就扛个旗、叫声好，基本没啥战斗力。

更没劲的是，刘钧送给李筠的三样东西也很不实惠："西平王"的封号一个；监军卢赞一名（竟然还搞出一个监督自己的人）；军马三百匹（确实少了点）。

对于这三样礼物，李筠都看不上。

刘钧也不满意李筠，主要是因为李筠的性格。

李筠心直口快，想啥说啥，没事嘴里老念叨着"世受周祖厚恩"之类的话，这些冠冕堂皇的话说给赵匡胤听是很占理的，说给刘钧听就不大合适了。因为，对于刘钧来说，郭威和柴荣是杀父（间接杀害）杀兄的大仇人，估计平时做梦都想冲上去咬上几口，听了这话，心里很别扭。

但不管怎样，大敌当前，谁都别矫情了，日子还是要凑合着过，造反工作还要继续。

当月，李筠命李守节留守潞州，自己亲率三万军队南下。

李筠不但自己主动出击，还开始了广泛的外交活动，到处派使者游说各路节度使。

那些节度使对这种凑热闹的行为很有兴趣，个别胆子大点的，已经开始整军备战，就等着时机成熟，也掺和一把。

在李筠的眼里，赵匡胤是唯一的敌人。而在赵匡胤的眼里，李筠的背后还有无数隐藏的敌人，他们正用阴鸷的目光注视着即将发生的战斗，就等赵匡胤露出破绽，给予致命的一击。

赵匡胤一边拉拢、分化各地节度使，一边紧急调动精锐部队平叛。他现在所需要的不仅仅是一场胜利，还要是一场酣畅淋漓的速胜，不仅要彻底消灭李筠，更要借此震慑那些摇摆不定的地方势力。

为赢得这场关键之战，赵匡胤集中禁军主力，迅速做出一系列军事部署。

命石守信、高怀德率先头部队加速行军，由南向北截击李筠，阻止其东出太行山。

命慕容延钊、王全斌率部由东向西越太行山，与石守信、高怀德部汇合，夹击李筠。

命韩令坤部屯兵河阳（今河南孟州，位于黄河北岸，太行山南麓，属于战略枢纽），作为机动力量。

命赵光义、吕余庆留守开封。

同时，另遣两路军队驻守边境要地，分别牵制辽国及北汉。

光看名字就知道，禁军的主将，几乎都到齐了，堪称豪华阵容。

李筠没想到，赵匡胤会这么给面子。让他更没想到的是，这些部队其实只是来暖场的，不久，他又收到了一份惊喜大礼。

五月二十一日，赵匡胤率军从开封出发，开始了即位以来的第一次亲征！

重新跨上战马，赵匡胤走上了这条熟悉的道路。

六年前，柴荣北上抵御北汉入侵，走的正是这条道路。

那场艰险的战斗，我还记得。

就是在这里，我一步步走向辉煌。

我相信，今天，胜利依然会属于我！

在战场的另一头，李筠想必也在重温六年前的那场恶战吧。所不同的是，当时他是后周阵营中的一员，算是赵匡胤的同事。

同样的道路，不同的角色，历史有时就是这么戏剧性吧。

赵匡胤的亲自出征，让宋军备受鼓舞，他的自信，让人依稀看到了柴荣的影子。

李筠这才意识到自己此前的想法是多么幼稚浅薄。各路节度使采取了观望态度，禁军将士阵前倒戈的情况也没有出现，那些往日的"熟人"不但没有念及旧情，反而个个跃跃欲试，希望在新皇帝面前邀功露脸，而自己，竟然成了他们眼中志在必得的猎物。

当李筠有点清醒时，他已经陷入了孤军奋战的境地。

晚了。早知今日，何必当初？

这是一场实力很不对称的战斗，宋军志在必得，李筠的军队明显不堪一击。在泽州附近，石守信、高怀德连胜两阵，轻松击溃李筠主力，并斩杀北汉监军卢赞。李筠一路溃败，退至泽州城内死守。

六月一日，赵匡胤抵达泽州，指挥军队将泽州团团包围，发动猛攻。

困守泽州城内，李筠感受到了前所未有的压力，早已失去往日的神采和威风。

想反击，已经毫无还手之力。想突围，希望渺茫。即使跑出去，恐怕仍然无处藏身。回到潞州又如何，也就苟延残喘而已。

这时，他才感受到，当年那名"小将官"有多么恐怖。

赵匡胤为求速战速决，下令不惜一切代价攻下泽州城。

殿前司控鹤左厢都指挥使马全义主动请战，组织了一支攻城敢死队，冒死攀登城头。

控鹤军是殿前司步军系统中最能打的部队，马全义更是以一当百的猛将。他亲自带头架梯登墙，即使不幸被飞箭射穿手臂，鲜血流满全身，他拔出箭头后，仍继续作战（飞矢贯臂，流血被体，全义拔镞临敌），搏命的劲头堪比《三国演义》里的夏侯惇。

前面有敢死队玩命冲锋，后面有皇帝亲自督战，宋军攻势如潮。泽州守军在坚守十二天后，再也无法支撑。

六月十三日，泽州城破，李筠自焚而亡，他为自己的鲁莽付出了惨痛的代价。

六月十九日，李守节献出潞州投降。

自此，李筠之乱彻底平息，从开始到结束，仅两个月。

听说投资失败，刘钧赶紧撤资走人，马上把军队缩回北汉境内。

正在围观的节度使继续发扬见风使舵、欺软怕硬的优良作风，纷纷表示要入朝觐见新皇帝，接受朝廷统一安排。

赵匡胤见好就收，表示只要大家不当李筠，一切都好说。出来混，谁都不容易嘛。

建隆元年，赵匡胤用一场压倒性胜利，稳固了新生政权，成功镇住了众多观望分子。

但他知道，还有一个人，是不会不反的。

慢性子

第二个造反的人，是我们的老朋友李重进。

李筠是个急性子，李重进恰恰相反，是个慢性子。

陈桥兵变之时，李重进正驻守扬州，名义上，他仍是侍卫都指挥使。

赵匡胤称帝后，给了李重进一个中书令的虚衔，削去了他的其他职务。这好比别人用空头支票换走了自己的真金白银，李重进心里很不舒服，但他的表现还算克制，没发牢骚，还主动上表请求到开封觐见新皇帝。

奇怪的是，李重进的请求报上去以后，并没有等到进京许可证，而是等来了一份诏书，具体内容我就不啰嗦了，最关键的是这么几个字："修朝觐之仪，何须此日？"

归纳起来就一个意思：你不用来了。

李重进向赵匡胤俯首称臣，实在是一大好消息。赵匡胤为什么要拒绝呢？

说到底是个信任度问题。毕竟，李重进在军中资历和威望实在太高，一到京城，即使本人没什么心思，也保不准被人撺掇闹出点事情来。如果趁机对李重进下黑手，又难免让其他节度使兔死狐悲，不利于收服人心。

遭到赵匡胤拒绝后，李重进疑心重重，动起了起兵造反的念头。

此时，刺头李筠已经第一个跳了出来，李重进听说后，派亲信翟守珣去和李筠联络，看看有没有合作的可能性。

也怪李重进所托非人，偏偏这个被自己视为亲信的翟守珣很不地道，觉得跟着他混没前途，果断出卖了他。

翟守珣离开扬州，没有去潞州找李筠，却到开封去求见了赵匡胤。见面后，翟守珣原原本本地介绍了李重进的情况，还积极替赵匡胤想办法。

赵匡胤唯恐李重进和李筠同时作乱，让自己陷入两面作战的境地，要求翟守珣回去想尽一切办法稳住李重进，拖延起兵时间。

于是，翟守珣回来后一个劲儿地劝李重进保存实力，不要轻易动兵（养威持重，未可轻发）。

如果说在用人上，李重进不在行，在军事上他总该是个老手。造反这种事情最讲究时机，本来就是弱势的一方，还养什么威，持什么重，再不动手，等着被各个击破不成？

可事情的发展很邪门，翟守珣这番拙劣的说辞居然真的起了作用。

总之，不管你信不信，李重进反正信了。

就这样，从得到赵匡胤称帝的消息起，直到李筠被剿灭，这小半年里，李重进一直在"养威"，一直在"持重"，说白了，就是一直在犹豫。

到了六月，李重进再也没法犹豫了，他收到了朝廷传来的消息，将他调任平卢节度使（驻地青州）。

调离自己的防区，就好比老树被拔根，成活概率接近于零，李重进当然不肯就范，又开始整军备战。

而就在这个节骨眼儿上，他又犹豫了。

因为朝廷发布调令后不久，派人给他送来了一份"铁券"。

所谓"铁券"，可以看作是皇帝写给大臣的一种书面保证，只是载体不是纸张，而是一块铸铁，据说只要谁获得了这么一块铁券，哪怕犯再大的错，也不会掉脑袋。此券发行量少，一经问世，深受广大文臣武将喜爱。

但仔细思量一下，这铁券还是有缺陷的，唯一的缺点就是万一发券人（皇帝）不打算履行承诺，你也拿他没辙。反过来说，若皇帝看你顺眼，这铁券也用不上；若看你不顺眼，就算不让你死，也可以搞得你生不如死。

综合前后形势分析一下，我们完全可以得出这样一个判断：李重进收到的，基本上就是一张废纸，不，就是一块废铁。

李重进打仗在行，玩政治不在行，捧着铁券，又开始出现了选择性障碍。

磨蹭了几天后，想想实在躲不过这一关，李重进还是决心造反。

此时，已经是九月。

李重进一再错失良机，又自知实力不行，所以绞尽脑汁找盟友，万般无奈之下，他向邻近的南唐求援。

要说他的这个举动可太不靠谱了。南唐国主李璟只要不失忆，就应该还记得，当初自己被柴荣打得没脾气的时候，曾经暗中写信拉拢李重进，结果李重进二话不说就把信交给了柴荣。

这回你挨揍了，还有脸来找我？

李璟也很实在，直接把信转交给了赵匡胤。

李重进彻底绝望了，还未动一兵一卒，便已经毫无斗志。

李重进在犹豫，赵匡胤却没有。

十月，赵匡胤命石守信、王审琦、李处耘等人率禁军出征扬州。

同月，赵匡胤再次下诏亲征。

十一月十二日，宋军抵达扬州，张灯连夜攻城，当天即攻克扬州。

李重进败得毫无悬念，甚至比李筠更加脆弱，他最终选择了和李筠一样的方式结束生命——赴火而死。

扑灭两股反抗势力后，新生的宋朝完全站稳了脚跟。

大宋建隆元年，赵匡胤登上皇位以后的第一年，终于在有惊无险中度过了。

喘口气吧，后面还有更加艰巨的任务等着你呢。

第六章 目标：统一

雪夜定策

赵匡胤的雄心绝不止于过一把皇帝瘾。

结束战乱，统一全国，是他接下去最想办的事。完成此举，必将名垂青史、千古流芳，这是一份极大的荣誉和挑战！

前面说过，此时的中国是一个砸碎的盘子，境内政权林立。宋朝当时的疆域大致包括现在的河南、山东两省以及山西、河北、陕西、湖北等省的一部分，充其量是一个较大的碎片。要成就一个大一统王朝，赵匡胤必须把旁边的碎片捡起来，然后重新拼好这个盘子。

在赵匡胤开始拼盘游戏前，我们再帮他数一数大大小小的碎片，看看他要过几关才能完成这项任务。

"北汉""南唐"是我们的老熟人了，不再重复介绍。在四川一带有一个"后蜀"，在两广一带有一个"南汉"，在浙江地区有一个"吴越"，其中只有吴越和宋朝的关系不错。这几个政权实力相对强点，算是重点对象。

除了以上几个大块外，在湖南、湖北南部、福建南部还分别有三个半独立的小政权，具体情况相当复杂，我会随着宋朝的统一进程，边走边介绍。

好了，搞清楚任务后，我们就要开始统一征程了。

哦，不行，好戏还不能开幕。

出发之前，赵匡胤还要思考一个战略问题：先南后北，还是先北后南？这个问题一直让他很纠结。

割据政权中只有北汉地处北方，但它的背后是可怕的辽国；南方的几个政权情况不熟，贸然南下，又怕北汉和辽国在背后捣乱。为此，赵匡胤曾向许多大臣征求意见，得到的回答不少，能说出些门道来的却不多。

真正让他下定决心的，是一次冬天的夜谈。

建隆二年（961）的第一场雪，比以往时候来得更晚一些。

赵匡胤微服出宫私访，目的地，赵普家。

此时，赵普已经担任枢密副使，朝中许多事情，赵匡胤都要和他商量。两人的关系比在滁州时更加亲密，俨然是一家人。

赵普见赵匡胤在大雪纷飞的时候来到自己家，连忙起身迎接，马上烧起炭火，又是烤肉，又是热酒。两人边吃边聊起来。

赵普知道，赵匡胤在这个时候过来，肯定不是为了来蹭一顿夜宵。于是，他开门见山问道："天寒夜深，陛下为何要到这里来？"

赵匡胤接茬儿："我睡不着，我睡床的四周都是别人（一榻之外，皆他人家也），所以来和你商量一下。"

赵匡胤貌似打趣的一句话，其实是一语双关，所谓床边的"别人"，当然是指那些独立政权。

赵普立刻明白了赵匡胤此行的目的，不觉会心一笑，但他没有立刻表达自己的观点，而是继续试探赵匡胤的意图："陛下如果觉得国土狭小，大可南征北伐，现在正是用兵的好时候。只是，不知道陛下心中是否已经有所筹划？"

赵匡胤呷了一口酒，盯着赵普，悠悠说道："我想先拿下太原（指北汉），你觉得怎么样？"

赵普没有即刻回答，而是陷入沉默之中，很久。

攻伐北汉，意味着实行"先北后南"的统一战略。赵普内心并不赞同这一方案，直觉告诉他，这也不是赵匡胤的真实想法。想到这里，赵普委婉地回答："如此做法，我就不知道是否正确了。"

赵匡胤继续追问理由。

赵普从容分析："太原地处西北，即使可以一举拿下，那么，辽国和西北（指党项人）的威胁，就要由我们直面应对了。不如先灭取南方诸国，壮大实力之后，再行北伐。那个小地方，能逃到哪里去？"

赵普的战略是"先南后北"。

听完赵普的话，赵匡胤一饮而尽杯中的热酒，大笑道："我的意思也是这样，刚才试探一下你的意见罢了（吾意正尔，姑试卿耳）。"

英雄所见略同！

对于这个决定，后来的专家、学者是多有不同意见的，认为是先拣软柿子捏，磨损了军队的锐气，导致后面的北伐不利。如此观点，多少有点马后炮的意思。

回头来看，究竟是"先北后南"还是"先南后北"，关键取决于如何看待"北汉"政权。

赵普和赵匡胤都关注到了北汉的特殊性。

北汉背靠辽国和党项，比较难对付，但正好也可以成为宋朝西北边境的缓冲地带。有这根鸡肋杵在那里，可以让宋朝和这些冤家少打几次照面。

除了地理因素外，北汉的政治地位也很特殊。

表面上，北汉是宋朝的敌人，是辽国的盟友。但是，北汉和辽国的关系并不亲密无间。

辽国向来以老大自居，动不动就向北汉要这要那，还时不时干涉一下北汉的内政，甚至在过境劫掠宋朝边民时，还经常"误劫"一些北汉民众，让北汉的头头脑脑们既怕又恨，敢怒不敢言。但辽国人完全不把自己当外人：你就是我的一个小附庸，还跟我谈什么条件？

赵匡胤和赵普都认为，北汉与辽国有很多隔阂，如果强行进行军事逼迫，反而会促成二者的团结，不利于统一进程。此后的实践证明，这个判断是基本正确的。

赵匡胤和赵普的这次夜谈在历史上很有名气，史称"雪夜定策"。

今夜过后，大宋将正式开启统一之路！

一封求救信

确定战略方针后，赵匡胤开始抓紧整顿军队，准备一旦时机成熟，就果断出手。

当赵匡胤在地图上比画来比画去的时候，突然发现自己还缺少一样东西。

理由，出兵的理由。俗话说，打架的借口。

其实，大多数政权对中原王朝一向很尊敬，视中原王朝为正统（学名"奉正朔"），甚至隔三差五还送点东西（学名"纳贡"）。人家和你往日无冤，近日无仇，总不能说翻脸就翻脸。

也算赵匡胤运气好，想什么来什么。

建隆三年（962）十二月，一封求救信放到了赵匡胤的办公桌上。

信件来自湖南。

趁赵匡胤还在看信，我们来简单了解一下这个政权的来龙去脉。

这个政权的开山鼻祖叫马殷，本来是个木匠。唐朝末年天下大乱，他果断放下刨刀，拿起屠刀，转行当起了军士，后来居然混出了名堂。经过一番打拼，马殷斗倒了湖南境内的大小势力，在这个地区建立了一个楚国，史称"南楚"或"马楚"。

马殷死后，他的几个儿子开始了旷日持久的内斗史，你来我往，杀得不亦乐乎，搞得湖南境内兵连祸结、民不聊生，长达二十几年，没怎么消停过。

公元 951 年，老马家的人终于不用再斗了，因为邻居南唐看到南楚国势衰弱，趁火打劫，灭了马氏政权。但战火并未就此熄灭，老马家的人虽然没了，下面的将领也是相当能斗，南唐军队还没怎么享受胜利成果，又被这些将领斗回了老家。

老马家完了，南唐赶跑了，没关系，咱们接着来。那些将领没了主心骨，各自圈地做军阀，继续斗得不亦乐乎。

公元 956 年，一名叫周行逢的军阀在残酷的内斗淘汰赛中胜出，成为这一地区的新主人。由于长期内耗，这个政权早就没有多少实力，周行逢很识时务，安心臣服于中原王朝，名义上只是个节度使，算个有实无名的半独立政权。

建隆三年十月，周行逢身染重病，临死前指定年仅十一岁的儿子周保权继位。他告诉儿子：自己已经把一起并肩战斗的老战友诛杀光了（够狠），只有衡州刺史张文表还没来得及下手，等他死后，张文表肯定谋反，到时候一定要派亲军指挥使杨师璠讨伐，实在不行，就坚守城池不出战，主动归降宋朝（如不能，则婴城勿战，自归朝廷可也）。

未出周行逢预料，张文表对他的遗嘱十分不满，放出话来：本来就不怎么服你，现在还要让我向一个未成年人称臣吗（今日安能北面事小儿乎）？

张文表有这想法，手下也投其所好，一名小校煞有介事地告诉张文表，他在昨天夜里做了一个梦，梦见有一条龙从张文表的衣领里钻出来。唬得张文表连声赞叹："这就是天命啊!"

有了天命的支持，张文表干起造反事业就更不要命了。在周行逢死去的当月，他以奔丧为名，起兵造反。

也是奇怪，天命似乎还真起了作用。

本来张文表的实力并不强，却在起兵途中，赶巧碰上了一支正在调防的军队，他连哄带骗截下这支军队，一下子壮大了自己的实力。

好运还不止这些，当张文表率领"奔丧"军来到重镇潭州（今湖南长沙）的时候，潭州守将偏偏是个马大哈，明知张文表不怀好意，却未加防备，只管吃饭喝酒。等张文表杀到桌前，他居然还喝得烂醉如泥。

张文表果断砍了这个饭桶，占了潭州。

白捡了一支军队，又不费吹灰之力拿下了潭州，想不信天命都不行了。张文表心情大好，一路杀向周保权的大本营——朗州（今湖南常德）。

张文表气焰越发嚣张，周保权坐不住了，再这么搞下去，估计这支奔丧军恐怕要直接替自己奔丧了。

危急关头，周保权想起了老爹的遗嘱，一边派杨师璠率兵讨伐张文表，一边向宋朝发出了求救信，恳请宋朝派兵维护和平。

表面上看，周保权这么做完全是在执行老爹的遗嘱，一点问题都没有。但仔细考究，里面有个小纰漏，一个足以让周保权拼命想找后悔药的纰漏。

　　我们帮周保权回忆一下，他老爹的遗嘱说了两个方案：一个是派杨师璠讨伐，一个是向宋朝求援。这没错。

　　可这两个安排是有先后顺序的。所谓"如其不能"，是说如果第一个方案没奏效，再启动第二个方案。

　　保权小朋友显然没领悟老爷子的良苦用心，一着急，两服药同时下了锅。

　　那药效就过猛了。

　　收到周保权的求救信后，赵匡胤很开心，以救援为名出兵，趁机消灭这个实力较弱的小政权，再好不过了。

　　可在正式实施计划之前，还有一个技术问题必须解决。

　　此时的宋朝与湖南并不接壤，按照当时的科技条件，赵匡胤是不可能把军队空投进湖南的。

　　宋朝军队要想进入湖南，必须经过一个叫作"南平"的小政权。

假虞灭虢

　　南平，又称荆南，所辖地区主要位于今湖北南部，由军阀高季兴一手创建。

　　从地图上看这个政权，第一个印象就是"小"。所辖区域仅有江陵（又称荆州，今湖北荆门一带）、归州（今湖北秭归县）、峡州（今湖北宜昌）三州之地，是"十国"中最小的一个。

南平虽是个袖珍型王国，但历史悠久，生命力顽强。

南平的创建者高季兴本是家奴出身，靠依附大军阀朱温起家，一路打拼，先后获封荆南节度使、南平王，逐渐在这块地盘站稳脚跟。此后，高家几代人长期把持南平政权，至今已经长达五十余年，在改朝换代频繁的五代乱世，堪称生存的奇迹。

南平赖以生存下来的最大资本是它所处的"地段"。

南平所辖的三州之地，东连江南（南唐），西接巴蜀（后蜀），北靠中原（宋朝），南通湖广，也就是说，这地方正好处在几个强势政权的夹缝中间，是联通几个政权的交通要道。

几个大政权都想把这地方当缓冲区，加上这么小点地方，似乎也没什么侵略的价值，自然谁都没心思打它的主意。

所以，最危险的地方，反而成了最安全的地方。

从创业者高季兴开始，南平几代统治者长期实施灵活务实的对外政策。

军事上，基本奉行敌进我退，敌退我进的伸缩战术，有机会时就在边境上敲几榔头为自己拓展一点生存空间，等打不过时就赔礼道歉，溜之大吉。

外交上，老高、小高们彻底摈弃了长幼尊卑的封建束缚，为了能和各派势力巧妙周旋，先后向多个政权称臣，转换起角色来居然丝毫不存在心理障碍。

更让人不齿的是，高家由于自身地狭人少，财力不足，就充分利用交通枢纽的优势，劫掠其他政权贡奉中原王朝的贡品，兼职当起了土匪路霸。

　　更更让人不齿的是，抢了也就抢了，劫完后一旦被人问罪，立刻又怂了，不但立刻归还物品，还致以无比真诚的歉意。抢都抢得那么没骨气，实在跌份儿。

　　鉴于其屡犯屡改、屡改屡犯的个性，各国都亲切地称其为"高无赖"。

　　能在以不讲原则为基本原则的五代乱世得到这个绰号，说明高季兴和他的后继者都是蛮拼的。

　　无赖地生存了五十多年以后，南平高氏的生存奇迹即将走到终点。

　　说来也巧，此时南平的状况和湖南的情况极为相似，刚刚完成了权力交替。

　　南平节度使高保勖于建隆三年十一月病逝（只比周行逢晚一个月），他的侄子高继冲匆匆继位。

　　二十岁的高继冲刚办完叔叔的丧事，就马上要处理一件比丧事还要丧气的事。

　　建隆四年（963）正月，赵匡胤任命慕容延钊为湖南道行营都部署，李处耘为都监，集合十个州的兵力，全力扶助周保权（名义上是这么说的），讨伐张文表。

　　李处耘，潞州上党（今山西长治上党区）人，出身军人世家，自小投身军旅，跟随赵匡胤后，屡立功勋，成为其重要的幕府成员，时任枢密副使。由于主帅慕容延钊在出征不久后就抱病了，李处耘担负起了实际指挥职责。如果大家还记得，在征讨李重进的战斗中，他和我们打过一个照面。

宋朝各路军队集中到襄州（今湖北襄阳，靠近南平边境）后，李处耘向高继冲提出了借道的"请求"。

南平君臣们收到宋朝借道的"请求"时，脑海里蹦出一个成语——假虞灭虢。

所谓"假虞灭虢"，说的是春秋时期的一个故事，当时晋国想要攻打虢国，但是中间隔着一个虞国，晋国就向虞国借了一条出兵通道，就在灭掉虢国后回来的路上，晋国顺手把虞国也给灭了。

南平怕自己成为第二个虞国。

李处耘的请求让南平很为难。一时间，说什么的都有，有的主张武力抵抗，有的主张早点投降，听起来似乎都有点道理。

想抵抗又没实力，想投降又舍不得，下面群臣吵得一塌糊涂，上面高继冲大脑里也是一塌糊涂。

借，还是不借？

真是个让人头痛的问题。

高继冲还在犹豫，李处耘却又派人来商量军需供应问题了。高继冲觉得可以乘此机会探探宋朝的真实想法，他派人告诉李处耘，不是不肯借道，就是担心宋朝军队到来引起百姓恐慌，要求宋朝军队别靠得太近，就在江陵城一百里外供应物资好了。

出乎意料，李处耘爽快地答应了高继冲的请求。这个答复让高继冲喜出望外。

保住位子有望了！

高继冲派衙内指挥使梁延嗣和叔父高保寅带着牛肉美酒前去宋军军营犒劳。

等梁延嗣、高保寅乐呵呵地赶到军营，迎接他们的是满面春风、热情洋溢的李处耘。双方寒暄之后，李处耘拍着胸脯向他们保证，军队保证不进城，纯粹就是路过一下，让他们明天就可以安心回去了（翼日先还）。

梁延嗣、高保寅被李处耘的爽快感动了，高兴得手都不知往哪里放，会谈一结束，赶紧派人飞骑跑回江陵，向高继冲报告"好消息"，让他第一时间分享喜悦。

晚上，宋朝主帅慕容延钊设宴热情款待了梁延嗣和高保寅。由于白天双方沟通得很愉快，晚宴的气氛非常融洽。尤其是梁延嗣和高保寅，想到此行外交成果巨大，真是心花怒放，两人频频向慕容延钊举杯致意。

如果梁延嗣和高保寅够细心，他们可能会质疑，这回代表宋军抛头露面的怎么突然换成了慕容延钊（带病完成接待任务）？

李处耘呢？他去哪儿了？

答案：去江陵的路上。

当梁延嗣、高保寅喝得满面红光的时候，李处耘早就离开军营，星夜率数千轻装精锐骑兵，急速前进，直扑江陵。

所有的一切，都是李处耘和慕容延钊的精心安排。

什么"城外经过"，什么"翼日先还"，想得美！你们就慢慢吃吧。

江陵城内。

高继冲正伸长脖子，等着梁延嗣和高保寅回来，没承想，亲人没等来，却等来了宋朝军队。

直到宋军已经跑到江陵城下，南平君臣才发现他们被结结实实地忽悠了一回。面对突发状况，他们都慌了手脚。这回连开会讨论一下的机会都没有了。

事到如今，其实已经没有选择。高继冲诚惶诚恐地出来迎接李处耘，在江陵城北十五里处，两人相遇了。

李处耘收起了前日的热情，高傲地站在阵前，连正眼看一下高继冲的兴趣都没有。他只是象征性地回了个礼，便命令高继冲就地等待宋军后续部队到来，自己则率领军队继续向江陵进发。

江陵城早已群龙无首，当然不可能有所应对，李处耘自北门进入，迅速控制了城中各个要点。

二月九日，高继冲纳牌印、册籍，奉表投降。

其实，高继冲应该明白，生存在大国的夹缝之中，就好比在几个鸡蛋上跳舞，最大的安全保障并不是自己的刀枪，而是大国之间的势力均衡，当这个均衡被打破时，他也就失去了生存下去的条件。

建隆四年二月，宋收复南平，南平所辖三州，十七县，十四万两千三百户尽入宋朝版图。

收湖南

　　收复南平后，李处耘继续向湖南进发。这个时候，湖南内部却发生了戏剧性转折。

　　张文表一开始打得很顺手，但在潭州碰到杨师璠所率的主力军后，一败涂地，自己也丢了性命。典型的高开低走。

　　张文表没了，却给宋朝出了个难题。

　　从名义上讲，宋朝军队是来帮助讨伐张文表的，现在人都死了，自然失去了出征的借口。

　　果不其然，周保权连忙派人告诉赵匡胤，说我们的问题已经自己解决了，就不再麻烦你们了，你们从哪里来，还是回哪里去吧。

　　开玩笑！让我们来就来，让我们走就走，连来回路费都不报销，哪有那么容易！

　　赵匡胤授意李处耘，别跟周保权废话，抓紧时间调动部队，加速向他们的大本营朗州进发。

　　降？还是不降？

　　前不久南平君臣们所面临的选择题，又放到了湖南君臣面前。

　　虽然南平的教训就在眼前，但周保权和湖南群臣的意见还是不能统一，仍然是有人主降，有人主战。指挥使张从富是最坚定的主战派，他甚至还派人拆掉桥梁、砸沉船只、堵上道路，摆出了一副死守到底的架势。

周保权也舍不得自己的宝座，没有个明确的态度。

消息传来，赵匡胤非常愤慨，立刻派人告诉湖南的君臣："本来就是你们请我们来的，现在叛乱平定了，我们对你们有再造之恩，你们为什么反而要拒绝朝廷军队，这不是自取灭亡吗（何为反拒王师，自取涂炭）？"

客观地说，这话有点强词夺理。张文表毕竟是人家自己搞定的，不是被宋朝军队吓死的，人家凭什么要对你感恩戴德呢？叛乱都没了，军队还要长驱直入，看样子也不像短途旅游，一副打算长期定居的样子，谁受得了？

当然，战场不是讲理的地方，不管别人怎么想，宋朝的进攻是不会减缓的。

宋军兵分两路进入湖南，一路从江陵出发，沿长江而下，指向岳州（今湖南岳阳）；一路由李处耘亲自带领，径直攻击朗州。

湖南军队根本不是宋朝的对手，一触即溃。

宋朝东路水师率先告捷，在三江口（今岳阳北）一举击败湖南水军，缴获战船七百艘，斩首四千余人。

三月，李处耘所部在澧州（今湖南澧县）以南和张从富的军队相遇。张从富虽然架势做得足，但也就是煮熟的鸭子——嘴硬而已，其实压根儿没怎么抵抗就被打得四散溃逃。宋军一路攻到朗州城外。

为了彻底摧垮湖南政权，压缩行动成本，李处耘又使出了一条狠计。具体操作方法如下（以下场景过于血腥，请胆小者自动略过）：把一批俘虏就地集中起来，挑选出一批膘肥体壮的人，处死后一顿烹煮，再让宋兵分着吃掉（令左右分食之）。同时还邀请另一批俘虏免费参观这恐怖的一幕，参观完后，又在这些观众脸上刺字，然后放了回去。

那些心胆俱裂的士兵跑回朗州后，一个消息便在朗州迅速传播开来——宋军要吃人！

顿时，城内人心涣散，军队开始瓦解，平民开始四散逃跑。一时间，方寸大乱。

朗州城，已经无人可守。

宋军兵不血刃地进入朗州城。不久，周保权被俘，张从富被杀，宋军再获全胜。

建隆四年三月，宋收复湖南旧地，所辖十四州，一监，六十六县，九万七千三百八十八户尽入宋朝版图。

消息传到开封，赵匡胤很兴奋。

连续吞并两个政权，宋朝实力大增。更重要的是，占领这块地方，就意味着掌控了长江中游地区，后蜀和南唐这两个最有实力的政权，从此被切断联系，为下一步计划的实施创造了有利条件。

第七章　平后蜀

后　蜀

乾德二年（964），赵匡胤又开始寻找新的进攻目标。

老天似乎特别不喜欢赵匡胤做选择题，再次替他做了决定。

又一封信送到了赵匡胤的手里。

信件来自后蜀。

后蜀，军阀孟知祥建立的政权，所辖疆域包括现在的四川、重庆大部以及甘肃东南部、陕西南部、湖北西部，也就是常说的巴蜀地区。

这块地方的核心部分就是四川盆地，盆地四周山脉纵横密布，形成了一个完整的封闭区域，盆地内部则是肥沃的平原，特别适合农业耕作，物产极为丰富，故有"天府之国"的称谓。

在历史上，巴蜀地区和中央政权有着天然的"离心力"，但凡碰到时局动荡，很多枭雄把几条入川道路一堵，再给自己封个名号，巴蜀版皇帝就这样诞生了（比如有名的刘备）。

"天下未乱蜀先乱，天下已平蜀未平"，并非虚言。

生逢五代乱世，碰上这么一块宝地，不捣鼓出几个割据政权自然对不起"乱世"这个名号。

孟知祥所建立的政权称为"后蜀"，在它之前还有个"前蜀"。

公元907年，军阀王建在这里建立了前蜀，才传到第二代，就因为经营不善，被后唐所灭。公元925年，后唐派孟知祥管理这块地区。不久，中原政局再度混乱，孟知祥也产生了自立为王的念头。经过一番打拼，孟知祥削平境内反对势力，于公元934年正式称帝，国号"蜀"，定都成都府。

孟知祥辛苦奋斗大半辈子，占了一块风水宝地，但却是有命做皇帝，无福来消受，称帝后只过了半年，就因病去世了。

继承帝位者叫作孟昶，后蜀的第二代统治者，赵匡胤将要面对的敌人。

孟昶，原名孟仁赞，孟知祥的第三个儿子，即位时年仅十六岁。

少年天子不好当，孟昶也遇到过成长的烦恼，主要还是老员工和新老板之间的矛盾。

孟知祥死后，留下了一批老臣。既然是老臣，当然就特别有资格摆谱，特别有资格耍横，很多人都仗着以前的军功，占田夺地，违禁犯法，完全不把自己当外人。有几个特别嚣张的，对孟昶也不讲什么君臣礼数，动不动还教训他一句"想当年，我和你爹如何如何，你爹和我怎样怎样"，仿佛自己比他亲爹还有资格教训他。

马步军都指挥使李仁罕最为出格，本来官已经当得很大，却仍不知足，孟知祥一死，就伸手向孟昶要官要军权（求判六军），想把小皇帝彻底架空。

此时，孟昶表现出了超出年龄的成熟和老到，面对咄咄逼人的李仁罕，他怒火中烧，表面却平静如水。孟昶先是满足了李仁罕的要求，还额外加了官，把他暂时稳住，然后找了一个和他关系不好的老臣给他当副手，从中分权牵制，并开始派人暗中搜集他的罪证，准备围剿行动。

后蜀明德元年（934）十月，孟昶借一次朝见的机会，将李仁罕一举拿下，当场斩杀，并彻底铲除了他的党羽。

李仁罕倒掉后，效果立竿见影，那些喜欢摆谱的老臣的工作作风来了个一百八十度转弯。

有个叫李肇的节度使，以前自称年老，腿脚不便，长期享受殿前免跪的特殊待遇。自从听到李仁罕被杀的消息后，病也好了，腿脚也利索了，再去朝见孟昶，老远就扔掉拐杖，一路小跑着跪地请安。

树立威信后，孟昶清理了一批旧臣，引入了一批信得过的新人，逐渐掌握实权，开始了他对后蜀长达三十一年的统治。

回顾孟昶三十一年的统治史，属于典型的先紧后松，在当政初期还比较勤快，到后期就开始懒惰了（似乎很多帝王都这样），什么打球跑马、贪恋女色、奢侈享受之类的事情也没少干。但后蜀境内战乱较少，加上物产丰富，百姓倒也能安居乐业，国库积累了不少钱粮。

孟昶在政治上作为不大，在文化发展上却功不可没。他喜爱文学，确有真才实学，能作诗，能填词，也留下了一些有名气的诗词作品。

"冰肌玉骨清无汗，水殿风来暗香满"，这是孟昶的著名词作《玉楼春》中的名句。词作写的是他和花蕊夫人池边一起洗完澡，纳凉歇息的情景，内容格调虽然香艳了点，文采还是一流的。

一百年后，这首词作的内容，被大词人苏轼用另一个词牌演绎，形成了一篇更有名的《洞仙歌》，再现了孟昶和花蕊夫人当时的浪漫情景。如果哪位朋友有兴趣研究词学什么的，完全可以带着学术研究的态度比较学习一下，当然我说的只是遣词造句。

说到花蕊夫人，再多嘴一句，据说该女人不但长得国色天香，而且多才多艺，是孟昶最为钟爱的妃子。因为花蕊夫人喜欢芙蓉花，孟昶就在成都遍植芙蓉，也使成都有了"芙蓉城"的美称。

民间关于她的各类传说相当丰富，如果放到现在，编一部肥皂剧是绰绰有余的了。

扯远了，打住。我们还是回到孟昶身上来。

在孟昶的庇佑下，后蜀成为乱世中的文化绿洲，许多文人骚客在这里找到了创作的空间。特别是唐朝以来的诗词文化得以延续，涌现出了很多词人，中国词史上著名的"花间词派"就得名自后蜀词人赵崇祚所编的《花间集》。

在当时，后蜀的整体实力虽不如宋朝，但文化水平却绝对远胜之，在五代十国所有政权中，完全可以排名第二。

除了诗词等风雅之事，孟昶还开创了"贴春联"这一古老的中华传统。

此前，每到春节，人们都要在桃符上写神仙名号，挂在门前用来辟邪。孟昶一日忽发奇想，想搞点创新，他没在桃符上写神仙的名字，而是题了一句"新年纳余庆，佳节号长春"的吉利话。

从此，用来驱魔吓鬼的桃符逐渐被对仗工整的联语取代，春联由此产生。孟昶的这副对联，是我国历史上第一副春联，让他没想到的是，这副充满喜气的春联，最后竟成了象征他宿命的谶语。

就这样，孟昶在后蜀的土地上从容理政，诗意生活，过得很滋润。然而，平静终究要被打破，率先打破平静的并不是虎视眈眈的宋朝，而是孟昶身边的一位牛人。

在南方割据政权中，有两个政权未向宋朝称臣，后蜀是其中之一。

赵匡胤征服南平、湖南之后，后蜀朝廷中一些有远见的人开始劝孟昶，及早向宋朝称臣纳贡，免得招来入侵的口实。

孟昶一开始也准备接受这个建议，还派遣使者向宋朝示好。毕竟，"称臣"只是名号上的一点让步，没啥实质损失。

此时，有一个人跳了出来，义正词严地表示，必须坚决维护蜀国尊严，决不向宋朝屈膝弯腰！

这还没完，他不但反对称臣，甚至还表示要领兵出击，讨伐宋朝，完成一统中原的大业！

拥有如此豪情壮志者，王昭远是也。

王昭远，成都人，自小家境贫穷，是个孤儿，十三岁的时候做了一个僧人的童子，到处云游要饭吃。

不得不说，有时候要饭也是项有前途的工作，改变王昭远人生轨迹的事件正是一次看似平常的要饭活动。

一天，一个官员在府署内做善事，施舍僧人。小昭远捧着饭碗，跟着师父跑去蹭饭。完事后，那位官员见王昭远长得很机灵，把他留了下来，让他陪自己的儿子读书。

那位官员就是当时镇守四川的孟知祥，王昭远所要侍奉的小主人正是孟昶。

长期的要饭生活使王昭远练就了察言观色的本事，办事很讨孟昶欢心，两人关系非常要好。孟昶当上皇帝后，不但给王昭远官做，还一再提拔，让他做了知枢密院事。

从此，要饭小和尚一下子咸鱼翻身，成了炙手可热的重臣。

如果到此为止，王昭远最多也就算个时代幸运儿，自己偷着乐就是了，但他的人生抱负显然不止于此，他希望自己像心中的偶像一样，取得彪炳史册的业绩。

王昭远的偶像，是一代名臣诸葛亮。

榜样的力量是无穷的，在诸葛亮高大形象的感召下，王昭远平时喜欢翻翻兵书，琢磨琢磨兵法，读着读着，自我感觉更加良好。

蜀国重臣，深得皇帝信任，志向宏大，胸怀韬略（自己这么认为），王昭远这么一对比，越发觉得自己就是诸葛孔明在世。

一个人有理想、有志向本身并不是坏事，问题是你必须对自身能力和外界形势有一个准确的判断。如果你明明开着一辆拖拉机，连上高速公路的资格都没有，现在却非要上赛车跑道，不散架才怪。

很可惜，王昭远对自己的水平缺乏准确认知，没有金刚钻，愣是要揽份瓷器活。

说服孟昶后，王昭远开始积极准备出师北伐。在开展行动前，他决定联络北汉一起动手，以便南北夹攻宋朝。

在王昭远的授意之下，三个人秘密启程，离开成都，赶赴太原向北汉送信，表达共同讨伐宋朝的意愿。

关于王昭远的安排，让我很摸不着头脑。按理说，这种信件绝对属于机密文件，贵在速度和保密，一个人去办也就够了，为啥要弄出三个人？是怕有人迷路走丢，还是担心旅途寂寞？搞不懂啊。

三人行，必有我师。这句话王昭远肯定听说过。

三人行，容易出叛徒。这句话王昭远肯定没听说过。

就在送信三人小组里，有人多了个心眼儿，偷偷把信送到了开封。至此，赵匡胤又神奇地得到了出兵的托词，看完信，不禁感慨道：

"我终于找到扁人的借口了（吾西讨有名矣）！"

兵分两路

乾德二年十一月，赵匡胤决定先下手为强，出兵讨伐后蜀。

要进攻后蜀，宋军面临的最大困难还是交通问题。

蜀道之难，难于上青天。蜀地自古山川险固，要想从外部入蜀，只有北面、东面两个方向可走。

北面是陆路，又细分成几条路径，但无论走哪条道都要翻山越岭，不好走。最常走的一条路线叫"金牛道"，以剑阁（今四川广元剑阁县）为门户。

东面是水路，要从湖北西部出发，经长江三峡，沿江西上，才能进入腹地，夔州（今重庆奉节县）是此路的门户。

赵匡胤在两条道上各布置了一路军队，实施水陆并进战略，其中陆路是主力。在大军出发前，我们需要先认识一下两路军队的统帅。

北路（陆路）统帅是西川行营前军都部署（征讨西蜀行动总指挥）王全斌、都监（监军）王仁赡，下辖步兵骑兵共三万人。

王全斌，并州太原（今山西太原西南）人，出身于职业军人家庭，受家庭氛围熏陶，在后唐时就参军入伍，因勇猛善战而一路升迁。

王全斌为人大大咧咧，喜欢用钱财来激励将士，对部下比较放纵，大家都愿意跟着他干（这种领导没法不喜欢）。他的治军方法，可以简单地概括为一句话：

跟我混，有肉吃。

王全斌的团队管理理论非常类似于某些黑社会组织，负面效果肯定也不小。要发钱，就要另辟财路，朝廷那些常规军费是不够的。既然放纵下属，那么军队纪律肯定好不了，指不定闯出什么祸来，要知道，那可是一群手持刀枪的恶狼啊！

赵匡胤选王全斌做主帅是考虑到后蜀地形艰险，少不了打硬仗，鼓舞士气很重要。当然，赵匡胤也注意到了王全斌的缺点，做了预防。

王全斌的搭档，军队的二把手，叫王仁赡。

王仁赡，唐州方城（今河南南阳方城县）人，年轻时游手好闲，先在节度使刘词的幕府内供职，后又进入了赵匡胤的幕府。宋朝建立后，他当上了枢密副使。王全斌对钱财看得很淡（钱都分给别人了），王仁赡恰恰相反，他最大的缺点就是爱钱。从人性角度看，这也不算稀奇。只是摊上这份任务后，他的缺点被充分地暴露了出来。

说完第一路，再看第二路。

东路（水路）统帅是西川行营前军副都部署刘廷让、都监曹彬，下辖马步军两万人。

刘廷让，字光义，涿州范阳（今河北涿州）人。他的曾祖父是五代时期赫赫有名的卢龙节度使刘仁恭。早年为避免家族内斗，刘廷让随父亲南下避难，后在郭威手下谋到一份军职。毕竟是将门之子，刘廷让在军旅中充分展露他的军事天赋，官职升迁比较快，此时担任宁江节度使。

曹彬，字国华，真定灵寿（今河北灵寿）人，他也出身军人世家，还与后周太祖郭威有亲戚关系，时任枢密承旨。尽管出身优越，曹彬却是个难得的厚道人。

有一个事例很能说明他的特点。

后周显德五年，曹彬奉命出使吴越，从事外交工作。以大国使者的身份出使小邦，绝对是个肥差。回来时，吴越果然赠送给曹彬很多私人礼物。照理说，这是一份别人求之不得的额外收入，而曹彬却一点儿都没拿。

曹彬不收，但架不住吴越人民热情，人家干脆派船跟在曹彬后面送礼（轻舟追遗之）。送礼送到这个份儿上，曹彬再不收就矫情了，他只好暂时收了下来，但回去复命后却把礼物一一登记封存，如数上交了朝廷。

要知道，那可是一个官场风气极差的时代，很多将领恨不得挖地三尺搞点外快，曹彬这样的清廉官员，绝对属于稀有物种。

曹彬拒礼的消息传到周世宗柴荣那里，把领导都感动了，柴荣干脆把礼物重新赏赐给他。结果曹彬还是不要，转手把东西分给了朋友、亲戚。

除了不贪财以外，曹彬从不自夸、从不张扬、从不结党，办事四平八稳，待人不偏不倚，甚至赵匡胤任职禁军时想拉拢他，他也没上钩。

确实是个实诚人。

人都到齐了，就此出发吧。

在大军出发前，赵匡胤为将领设宴饯行，席间特别对总指挥王全斌"约法三章"：

第一，要积极争取主动投降的人，回来给予重赏。

第二，不准烧房子，不准抢掠百姓，不准开挖坟地，不准糟蹋农作物，违者军法从事。

第三，凡是攻克城池，只登记封存武器、铠甲、粮草，缴获的钱财、布帛都分配给作战的士兵。

赵匡胤叮嘱上述内容，主要是想提醒他们，要千万注意军队纪律，不能胡作非为，以防激起民愤。

听了赵匡胤的提醒，王全斌狠狠地点了点头，郑重表示：俺记住了，牢牢记住了！

尤其是第三条后半句。

也难怪，但凡纪律规定这种东西，制定的人都是正面看的，遵守的人往往都是反着看的，何况是以违规发放福利为主要管理手段的王全斌先生。

不准烧抢百姓？那么意味着抢官府是可以的。钱财既然是分给我们的，那抢了以后就没必要交公了。

太好了，我完全理解皇上的良苦用心了。

当然，这事也不能怪赵匡胤法律没学好，留下了漏洞。在规定上开个小口子，本意也是为了激励一下将士。你想让人卖命，一点儿甜头都不给，也说不过去。只是，这个小口子所造成的严重后果，完全超出了他的预料。

赵匡胤似乎很有幽默感，为了显示必胜的信心，他提前在开封为孟昶备好了一处住宅，真正做到了黄金地段（汴水河畔，江景房）、超大面积（凡五百余间）、高标准、精装修（供帐什物皆具），拎包即可入住，就等大军获胜，把孟昶俘虏过来安置在这里。

见皇帝这么有信心，王全斌等众将领也不甘落后，一位将官口出豪言：

"后蜀如果在天上，当然够不着，只要在地上，绝对可以踏平（西川若在天上，固不可到，在地上到即平矣）。"

一番话说得大家热血沸腾。

这边宋朝君臣很有信心，另一边，王昭远先生比他们更有信心。

孟昶安排了两路阻击军队，王昭远作为北路统帅率军御敌。

出发前，后蜀宰相李昊为王昭远饯行。几杯酒下去，王昭远体内热血奔涌、豪气干云，仿佛真的已是诸葛亮附体。李昊本还想嘱咐他几句，却被王昭远阻止了。

醉眼蒙眬的王昭远一手拿着铁如意（一种吉祥物件），一手挽住李昊，喷着酒气，信口说出一句气壮山河的承诺：

"此次出征，不仅是要击溃敌人，领着这二三万凶猛勇敢的将士（雕面恶少），夺取中原也是易如反掌的事情（取中原如反掌耳）！"

李昊盯着满嘴酒气的王昭远，只能摇头叹息。

顺利超乎想象

十二月初，双方正式开战。

从参战双方的情况来看，宋军作战经验丰富，斗志高昂，战斗力较强；蜀军物资充足，地形险要，便于防守，可谓旗鼓相当。

如果战前做一个民意测验，相信很多人都会认为这必将是一场空前激烈的恶战，搞不好还会弄成一场持久战。

而事实证明，这又是一场一边倒的战争。

坦率地说，在宋朝的统一进程中，确实没发生什么精彩的战斗。这种情况有人欢喜有人忧，对于赵匡胤来说，显然是一件非常惬意的事情，却为难了码字的我。

其实我也希望战斗进行得异常曲折、异常惨烈，最好双方斗得飞沙走石、昏天暗地、鬼哭狼嚎，我写的料也好多一点，大家看得也过瘾一点。

但是，我写的是历史，真实的历史。它不是八点档，不是肥皂剧，这里没有穿越过来的美女，没有飞檐走壁的大侠。

该怎么样它只能怎么样。

历史的精彩，就在于它的真实。

宋军的战斗进行得异常顺利，为了不让大家打瞌睡，我简单介绍下进军过程。

王全斌、王仁赡所率的北路军首先发动攻势。一个月内，相继攻陷兴州（入蜀道路上的第一个重要城池，今陕西略阳县）和几十个兵寨，击败蜀兵两万人，缴获粮食七十余万斛。

其他也没什么好说的，唯一值得提一下的是那"七十余万斛粮食"。我查了一下，当时的粮食计量方法是十升为一斗，十斗为一斛，每斛约合现在的粮食 120 斤。如此算来，七十余万斛粮食大致相当于现在的 8400 多万斤粮食。

蜀地是著名的产粮区，囤积了大量的粮草，宋军此后一路过来，还不断有所缴获。那么多粮食吃又吃不掉，带又带不走，扔掉又可惜，最后竟成了宋军幸福的烦恼，只能另外调配人手，把粮食运出去。

　　自从失去兴州后，王昭远开始认识到战争的可怕，立刻现出了懦弱无能的原形。统一中原的伟大理想早就被抛到脑后，他命令军队一律龟缩到利州（今四川广元）城中，摆出了一副打死我也不出来的姿态。

　　利州城北接秦岭，南接剑门，位于嘉陵江东岸，是一个易守难攻的城池。为巩固防守，王昭远一把火烧掉了栈道。

　　栈道，是古人在悬崖峭壁上凿孔、架木，生造出来的一条道路。走在栈道上，抬头望是一线青天，向下看要么是深不见底的山谷，要么是滔滔江水。这种道路，别说行军打仗，胆小点的，站一会儿都要心惊肉跳。

　　碰到王昭远的乌龟战术，王全斌倒也不急，主动揽下工程队的活儿，开始派人为后蜀免费修理栈道。

　　事实上，修栈道只是个表象。王全斌打听到，在利州城的东南面，有一条隐蔽的小路，可以通往嘉陵江渡口，渡过嘉陵江，就可以迂回包抄利州城。他已经亲自率领主力走小道，发动迂回攻击。

　　修栈道，只是为了麻痹一下王昭远。

　　这一招应该叫"明修栈道，暗度陈仓"，并非王全斌所首创，版权应该归几百年前的韩信所有。

　　唯一不同的是，当年韩信是为了出去，这回王全斌是为了进去。

让王全斌哭笑不得的是，他费尽心机想了这条妙计，却成了多此一举。后来的情况证明，不管王全斌在外面干什么，王昭远始终缩在利州城内，毫无反应。什么修栈道，什么迂回攻击，通通无视。

宋军直到修好栈道，也没遇到任何骚扰。

唯一觉得可惜的是王全斌，他亲自摸石头、爬山路，跑了一圈，喘着粗气到达目的地，发现自己居然比修栈道的队伍还晚了几天。

遇上如此对手，王全斌想不打胜仗都难。

短短数日，利州城破。

王昭远虽然打仗不行，但跑起路来颇有天分，利州城破后，又撒腿跑到了剑州（今四川剑阁县）。在那里，他还有一份最后的资本——剑门关。

乾德三年（965），剑门关成了两军争夺的焦点。

剑门关隶属剑州，是古蜀道上最著名的险隘。关口处于大剑山中断处，两边悬崖峭壁，山壁似剑，相对成门，所以有"剑门天险，一夫荷戈，万夫莫当"的说法。

王昭远连吃几个败仗后，彻底由"进攻中的冒险主义"变成了"防守中的保守主义"，继续窝在里面不出来。纵然实力大损、士气不振，王昭远似乎也不怎么着急。

王昭远不急，孟昶不能不急。面对越来越糟的战势，他派出了一支一万多人的精锐部队驰援剑门关。

别看这支部队人数不多，却是由太子孟玄喆任统帅、两名宰相级的大臣任副统帅，算是蜀军压箱底的一支队伍。

孟昶对他们寄予厚望，在出发前赏赐了大量钱帛，勉励他们奋力御敌、力挽狂澜。

从成都到剑门，直线距离 260 公里左右，就算当时交通条件差点儿，紧赶慢赶十多天，一般也能跑到。

王昭远眼前的任务就是守住剑门关，十天。

按照当时的情况，只要守关的人不是特别蠢，完成这个阻击任务应该不成问题。但我们知道，王昭远先生在让人失望这一点上是从未让人失望过的。

在攻打剑门关前，王全斌从一个俘房口中，获取了一份有价值的报告：从宋军驻地出发，渡过嘉陵江，往东越过几座大山，可以找到一条叫作来苏的小道，经此小道可迂回到剑门关以南的清强店，然后可从后面发起突然攻击，实现南北夹攻。

王全斌采纳了这个建议，并派人迅速实施，不惜跋山涉水、披荆斩棘，一路急行军扑向清强店。

从军事常识上讲，守关最怕的事情就是背后遭黑枪，既然是蜀军降卒提供的情报，说明当地有不少人知道这条偏僻小道，如果王昭远稍微多个心眼，分兵驻守或是打个埋伏都不成问题。

当然了，我说过，人家是王昭远，是不能按常理来讲的。还是简单说结果吧。

正月，宋军南北夹击，攻陷剑州。蜀军一万多士兵被斩杀，副帅被俘。此时，他们的援军还在路上。

王昭远输光了所有本钱，狼狈地成了一个光杆司令，但他的闹剧还没结束。在败退过程中，他随乱军四处逃窜，最后藏匿到一户百姓家里，企图蒙混过关。

宋军似乎特别想见一见这位神奇的对手，一路尾随追击。最终一队宋军士兵在一个民房仓储间的角落里发现了王昭远。

此时，王昭远面挂泪痕，双眼红肿，蜷缩着身体，瑟瑟发抖，早已经没有了两个月前的神气，口中倒还念念有词："时来天地皆同力，运去英雄不自由……"

宋军将士对他所念叨的东西毫无兴趣，只是亮了一下明晃晃的刀枪。

王大人，起来吧，没事走两步。

本来，王昭远同志在短短两个月之内由"诸葛亮"变成了俘虏，已经很可怜了，一路下来，我们也批评了不少，不应该再落井下石。但鉴于他的表现，还是忍不住要再多批评两句。

"时来天地皆同力，运去英雄不自由"是晚唐诗人罗隐诗作《筹笔驿》（主题为感慨诸葛亮生平）中的名句，意为一人运气来时天地都来相助，时运去时纵然英雄也无可奈何。很显然，王昭远先生把蜀军的家底败得一干二净，不但没检讨自己，还继续比附诸葛亮，埋怨时运不济。

所以说，别人是不撞南墙不回头，王先生堪称撞了南墙也不回头。

不管怎样，王昭远的闹剧结束了，对于这个人的神奇表现，我曾有所怀疑，是否真的有这么一个蠢材？他是否被后来者刻意"抹黑"，用来证明宋朝吞并后蜀的正当性？

带着种种疑问，我查阅各种史料，小心推敲细节，认真比对所载事实，最终得到了答案——他确实是个如假包换的蠢材。

史官没冤枉王昭远，却可能冤枉了另一个人。

当王昭远兵败的时候，后蜀太子孟玄喆所率的援军仅赶到了绵州（今四川绵阳），从距离上看，才走了一半路程。听到前方剑门失守的消息后，这支军队又退回了成都。

孟玄喆，字遵圣，孟昶的长子，当时二十九岁。

按照传统说法，他是一位足可以和王昭远比肩的蠢人，不少史书津津乐道这样一件事情：孟玄喆所率的援军很不像样，旗帜均由饰有刺绣的绢帛做成，连旗杆也缠上了织锦，这样一支彩旗招展的队伍不像是赴前线打仗，更像是为当地织锦产品"蜀锦"做植入式广告。

如此看来，皇子孟玄喆应该是个如假包换的纨绔子弟。很多人对他的印象停留在这一则简单的史料片段上。

事实上，根据《宋史》记载，孟玄喆归降宋朝后，曾在贝州、定州等临近辽国的边境重镇任职，并且先后参与攻打太原（北汉）、幽州（辽国）的战斗，屡立战功。

试想，孟玄喆在后蜀尚是太子，但归降宋朝后也就是一个普通人物（甚至还有俘虏身份）。如果此人真是纨绔子弟，宋朝为了显示大度，封个一官半职也就够了，绝不会把防守边境的重任交给他。

所以，小人物孟玄喆被误解的可能性更大。

在浩瀚的历史中，他虽是个不起眼的人物，但秉持公正客观写史的原则，在此特做说明。

兵　祸

自从战事开始，孟昶就在接受一连串坏消息，利州丢了、剑门破了、后援团提前返乡了。现在，宋军正在加速向成都杀来，失败只是时间问题。

孟昶不想做徒劳的抗拒，决定出城投降。

正月十七日，孟昶封藏府库，派遣使者向王全斌奉上降表。

十九日，王全斌率军进入成都接受投降。

后蜀所辖四十六州、二百四十县、五十三万四千零二十九户尽入宋朝版图。

宋军从出发到占领成都，仅仅六十六天。

赵匡胤对战斗成果很满意，为了保证蜀地的稳定，他连续发布几道命令，主要内容包括：减免税赋，救济灾民，招抚流亡人员，安排旧有官吏继续担任官职，搜寻聘用当地人才，等等。

从内容看，这些措施充分考虑了后蜀战后重建的各方面问题，堪称无比周全、十分到位、极有远见、非常及时。

但是，执行不了。

赵匡胤满怀热忱的诏令一路递到蜀地后，转眼就变成了废纸。

王全斌的特点前面已经介绍过了，率军打仗他在行，行政管理压根儿就不在其业务范围之内。占领蜀地后，他安心当起了甩手掌柜，啥都不管，只顾自己饮酒享受。

主帅王全斌很清闲，监军王仁赡却很忙，他忙着向蜀地大小官吏勒索钱财，一门心思搞创收，至于其他事务，数钱都来不及呢，哪有时间对付？

领导都这样了，将士们当然不客气。他们充分发扬了自己动手、丰衣足食的精神，纷纷四处抢掠女子、钱财。什么公家的、私家的，什么你的、他的，统统打包带走。

四处抢掠之下，蜀地立刻乱成了一锅粥。

这个时候，宋军内部也出现了矛盾，北路军和东路军起了纠纷。

当王全斌率领北路军勇猛地攻入四川的时候，刘廷让、曹彬率领的东路军正在赶过来。由于后蜀朝廷的注意力都被王全斌吸引，东路军一路过来几乎没遇到像样的抵抗。他们从归州沿长江溯江而上，一路轻松杀到成都。

对于孟昶来说，来的都是爷，谁都不敢怠慢。为此，他向两路军队馈赠了同样数量的财物。

这种"分赃太均"的行为让北路军将士大为不满。

更要命的是，就在孟昶赠送财物后，赵匡胤给两军的锦旗、赏赐也到了，居然也是一模一样。

这就更不对了！

北路军非常不满。

我们一路越高山、摸小道、攻险关，率先杀入成都，你们坐着船一路晃晃悠悠过来，活像观光旅游，拿得却和我们一样多？

到底还讲不讲按劳分配了！

东路军也很委屈。

路线是上面定的，钱物是别人给的，关我甚事，有种你找皇帝评理去。

两路军队的将士互不相让，争功争赏，谁也不服谁。就连王全斌和刘廷让也不大对付，许多事情你说东，我说西，相互扯皮、拆台，也没个准主意，搞得后蜀基本处于无政府状态。

三月，奉朝廷命令，孟昶及后蜀皇室、重要官僚开始被押赴开封。

孟昶一走，宋军将士更加肆无忌惮，乱况愈演愈烈。后蜀军民成了最大受害者（蜀人苦之），怨念在人群中滋生发酵，危险不断积累生长，愤怒的火焰即将喷薄而出。

乾德三年三月，绵州。

一群后蜀士兵的怨愤达到了顶点。

"朝廷发的饷银他们也敢克扣！"

"整日受他们欺凌侮辱，何时是个头？"

"在蜀地尚且如此，到了开封我们还不是任人宰割！"

"与其引颈待戮，不如反了吧！"

"反了他娘的！"

后蜀刚平定，赵匡胤就下诏，要求将后蜀的部分降兵迁移到开封。这么做，主要是想削弱后蜀的武装力量，保证对蜀地的控制。

赵匡胤为了办成这件事，特地嘱咐王全斌派可靠将领做好护送监督，并要求给每个蜀兵发放路费十贯钱，暂时没出发的，另发两个月伙食费，保证蜀兵人心稳定。

可赵匡胤的想法再好，执行者仍是王全斌。

王全斌本来就不待见这些俘虏，顺手把朝廷配发的钱饷给克扣了一部分。王全斌的部下也有样学样，继续克扣了一部分。当然部下的部下也是有需求的，再扣点儿也是情理之中的事情……经过层层过滤，一个馒头分到后蜀士兵手里，也就变成了一个酒酿圆子。

愤怒之火正越烧越旺，但王全斌似乎觉得还不过瘾，接着犯了一个更大的错误。

因为胜利来得太容易，王全斌非常瞧不起蜀军，在选派护送后蜀士兵的人选上很不上心。

本来，组织一群刚被征服的士兵长途跋涉，是一件极具风险的任务，无论如何，都应该派一个高级别、有经验的战将去负责护送。可王全斌的几位嫡系将领正忙着吃喝享受，恨不得在这里再住上个一年半载，谁都不舍得回去。

王全斌很体恤下属，和王仁赡一合计，决定把护送任务摊派给下属州县的一些低级将校。规定凡是蜀军走到哪里，就由当地州县的将校代理监管一下。

潘多拉魔盒就此打开！

一路上，蜀军将士饱受欺凌，不满情绪在军中迅速蔓延，加上应得的待遇被克扣，这种情绪到了引爆的临界点。

当走到绵州地界时，不满情绪终于变成了可怕的兵变，几个胆大的蜀兵开始武力反抗宋军。宋军派来执行监护任务的人本来就不多，又没有丝毫戒备，瞬间被打得丢盔弃甲。

绵州发生兵变后，在蜀地迅速引发了连锁反应。各处蜀军抢夺武器、攻占县城，四处截杀宋军，啸聚在一起发动叛乱，许多蜀地百姓也加入到乱军之中。

兵祸像洪水一样四处流溢，不可遏制。

蜀兵一开始各自为战，闹腾了一阵子后，他们开始筹划着寻找一个领头的人，好带领他们长期作战。

从古到今，领导岗位一直都是非常吃香的，多少人挤破了脑袋，苦熬了一辈子就是为个一官半职，哪怕手下只有两三个人，也能品尝出指点江山的味道。

这回是几万人军队的首领，如果换在平时，非搞个竞争上岗不可。

可今时不同往日，这回选出来的领导是要带领大伙造反的，那是把脑袋别在腰带的活儿，谁今天接了这个烫手山芋，明天就成了宋军的头号目标，绝对划不来。

所以在这个当口，只要精神正常，谁都不想出这个头。

正当蜀兵们苦寻无果的时候，他们发现，一个理想人选竟然自动送上门来。

全师雄，全将军!

全师雄，成都人，在后蜀曾担任文州刺史。

全先生搅进这浑水里，纯属巧合。

蜀兵叛乱的时候，全师雄作为后蜀旧官僚，奉命带着全家老小一起赶往开封，此时正好路过绵州。

全师雄曾在军中任职过，而且有点威信（尝为蜀将，有威惠），就成了蜀兵眼中的合适人选。

全师雄一开始没兴趣接受这份新工作。凭着以前的官职级别，他完全可以在宋朝再捞个小职位，就算没有昔日风光，混个小康绝对没问题，完全没必要冒险参与造反。

一看乱兵想推举他做统帅，全师雄立刻做出了准确判断——果断跑路。他连家属也顾不上了，一个人狂奔不止，溜进一间民房里，躲了起来。

蜀兵好不容易物色到一个人，怎肯轻易放过，于是耐心地和全大人展开了躲猫猫比赛。功夫不负有心人，几天后，他们把全师雄从民房里拉了出来，强行摁在了帅椅上。

其实，直到此时，全师雄还只是赶鸭子上架，并没有完全下定决心。

偏巧，王全斌又出招了，昏招。

听说蜀兵叛乱，王全斌派部将米光绪前去安抚。

米大人在蜀军面前作威作福惯了，角色一时没转换过来，把王全斌交代的任务当成了又一次发财机会。他一路小跑赶到绵州，把全师雄的家财全部没收，把人家的女儿强行纳为小妾，更令人发指的是，竟然诛杀了全师雄的全部亲属。

全师雄本来还摇摆不定，被米光绪一欺负，恼羞成怒，开始铁了心和宋朝为敌（师雄怒，不复有归志）。

可怜的王全斌，明明是派人去浇一桶水，结果却浇上了一桶油。

自此，大火越燃越旺。

全师雄率军向南挺进，很快占领了成都附近的大片领土，周边州县的军民因为长期受宋军欺压，也纷纷起兵响应。

占领一片地盘后，全师雄设置了指挥机构，委任了官吏，自称"兴蜀大王"，军队号称"兴国军"，一时间人数达到十几万。

宋军开始为自己的高傲买单，他们不得不再次跨上战马去讨伐蜀军。来到战场，他们惊讶地发现，此时的蜀军再也不是温顺的绵羊。

蜀军将怨愤和求生的本能转换成了巨大的战斗力，连续打退宋军进攻。短短几日之内，邛州、眉州、果州等十七个州都跟随全师雄发动叛乱，甚至一些顽劣的宋军兵痞也趁机占据州县，企图浑水摸鱼。

王全斌所在的成都处于四面包围之中，成了一座孤城。

救火队员

蜀地发生叛乱的消息传到开封，赵匡胤震怒，亲自下令处置了几个为非作歹的典型，同时派人查访宋军将领在蜀地进行的不法勾当，下令加以严肃整顿。

愤怒归愤怒，整顿归整顿，可蜀地的叛乱之火已经点燃，靠道个歉、处理几个人是糊弄不过去的，当务之急还是要迅速扑灭火苗。

为了迅速灭火，赵匡胤关键时刻依靠了三个人。

两个老实人和一个奇才。

第一个是曹彬。

曹彬确实是个老实人。在这次出征后蜀的宋军将领中，他算是一个异类，别人都在敛财享受，他还是一如既往地保持朴实作风，除了书籍，没趁机捞一分钱财。

曹彬严格约束部下，对后蜀军民采取怀柔政策，军队所到之处，秋毫无犯，大家很信服他（彬独申令戢下，所至悦服）。进入成都后，曹彬看见宋军越来越不像话，曾多次劝王全斌赶紧班师回去，只可惜他的建议没被采纳。

由于曹彬管束严格，东路军的军纪相对较好。当全师雄率兵进攻成都的时候，刘廷让、曹彬所率的东路军果断出击，在成都郊外的新繁击退全师雄军，解了燃眉之急。

因为表现突出，曹彬在回朝后得到了赵匡胤的赞许："吾任得其人矣。"

此后，曹彬升任宣徽南院使、义成节度使。

当然，一长串官职不仅仅代表赏赐和荣宠。在赵匡胤的心目中，他已成为下一次行动的主帅人选。

第二个老实人，吕余庆。

吕余庆，幽州安次（今河北廊坊西）人，原名叫吕胤，赵匡胤称帝后，因避讳而改名。

吕余庆也是赵匡胤的幕僚，而且进入幕府的时间最早，但他为人十分谦让踏实，从不摆老资格。眼看着赵普、李处耘等后来者跑到了自己前面，却也不急不争。

由于性格稳重，吕余庆一直被分配干些后方行政工作。讨伐李筠的时候，他被安排留守开封。平定南平、湖南后，他被委派去管理刚刚占领的潭州、江陵府，负责维护新占领区的稳定。

总之，吃香喝辣轮不到，扫地擦桌他有份，确实比较厚道。

乾德三年二月，宋军刚占领后蜀，吕余庆奉命前去管理成都。当时王全斌只管军队，不管行政，成都城内盗贼四起，乱兵横行，吕余庆用出色的政务才干稳定了局势，使成都这块核心地区重新恢复安定，为后来的平叛保留了一丝元气。

谈到吕余庆，我再把上面提到的那副春联说一下。

受时代局限性，古人经常会把一些八竿子打不着的事情联系起来，当作上天预言。这类东西，现在看来，也就当个笑话。

但那副题为"新年纳余庆，佳节号长春"的春联，实在邪门。孟昶写了个"新年纳余庆"，成都就真来了个"吕余庆"；写了句"佳节号长春"，恰巧赵匡胤的生日就叫"长春节"。如此巧合，不迷信一下都说不过去，也难怪民间都把这副春联当成了后蜀亡国的预言。

第三个人，康延泽。

曹彬和吕余庆都算高级官僚，康延泽在职级上要比他们差很多，在史书中，他连籍贯、年龄都没留下来，是个不折不扣的小人物。而正是这个小人物，最终却成了平定蜀乱的最大功臣。

康延泽原本的职务是成都府都监。都监，本是负责训练、后勤等综合事务的官职。叛乱发生后，赵匡胤直接下令给予康延泽一个新的职务——普州（今四川资阳安岳县）刺史。

当时的普州是叛乱最为严重的地区，那里除了大量蜀地叛军以外，还掺杂了不少宋军叛乱者，总人数达到五万人。到那里去当官，无异于探险。

康延泽并没有推托，只是在出发前，向王全斌提了个要求——派兵护送他去上任。

照理说，兵荒马乱的岁月，又是到敌占区去工作，怎么也得给几千人马。

不知是和康延泽有仇，还是确实无人可用，王全斌竟然只拨给他一百个人。就这么几个人，抓个蟊贼都够呛，更别说打仗了。大家都认为康延泽此去必死无疑，可他啥也没说，领着这一百来号人，头也不回地向普州进发了。

当时蜀地到处是散兵、强盗、盲流。一路过去，康延泽并没有光顾着研究战场形势、战斗方法，而是干起了招聘工作。他充分发挥工作特长，连哄带骗地招募一大批闲散人员，招募完后直接编成军队进行阵法演练。

一路边走边招、边招边练，等到了普州地界，居然已经凑到了一千人。

康延泽的神奇之处不止于此。就凭着这一千人，他多次和数倍于己的敌军作战，屡获胜利。每次打完胜仗也不闲着，继续干起招聘的老本行，搜罗被击溃的散兵游勇，补充壮大自己。

打完就开始招聘，招聘完了再继续找人打。靠这种滚雪球式的搞法，康延泽不但夺回了普州城，还顺便把占据普州的整支叛军都"招聘"了过来，一下凑齐了一支几万人的队伍。

如此奇才，当个普州刺史实在太委屈他了。不久，康延泽升任东川七州招安巡检使，在平定乱军中起到了更大的作用。

康延泽固然有他的神奇之处，但最主要的还是他的应对策略得当。他更多的是采取安抚的方法，而不是简单打压。

事实确实如此，对于蜀地的普通士兵和百姓而言，他们需要的仅仅是能吃饱饭，有份养家糊口的收入而已，至于皇帝姓孟还是姓赵，他们并不关心。

所谓"叛乱"，只不过是欺凌达到了极限后，被逼发出的怒吼。

经过初期的慌乱后，宋军开始主动纠正错误，一面维护军纪，一面想尽办法安抚、招降蜀军。

蜀军毕竟没有明确的政治目标，各地军队又缺乏统一协调的指挥，逐渐开始处于下风。

乾德四年（966）十二月，全师雄在宋军连续打击下败走，最终转战至成都北面的金堂（今四川成都金堂县）病死。

康延泽继续发挥他的神勇，一路追击残余蜀军，生擒叛军最后一名首领，为自己的神奇画上了一个圆满句号。

至此，宋军终于彻底平息乱兵。

六十六天攻下后蜀，却用近两年的时间才彻底征服。

事情办得实在窝囊，差点把赵匡胤的鼻子气歪。大军回来后，他立刻清算了王全斌、王仁赡等人的烂账，贬了他们的官职。

这场风波给赵匡胤带来了极大触动。他意识到，五代遗留下来的骄兵悍将之风，绝不是搞几次批评教育就能解决的，如果不从根本上予以纠正，那些将士就是无法驾驭的惊涛骇浪，既可以将他捧上浪尖，也可以让他淹没海底。

赵匡胤立志改变旧有的统治秩序，为帝国建立一套新的运行规则。

第八章 南征北战

征北汉

尽管平定后蜀的过程发生了些波折，但并不会延缓赵匡胤统一的步伐。

仅仅过了一年，赵匡胤就再次启动他的拼盘计划。这次，他改变了"先南后北"的既定部署，回头把目光盯向了老朋友"北汉"。

之所以改变原计划，是因为北汉国内的形势发生了变化。

乾德六年（968）七月，北汉皇帝刘钧死了。

说起来，刘钧也是个苦命人。

北汉所辖疆域位于现在山西省的中部和北部，面积不大、人口不多，从唐末开始，这里战争连绵不断，经济状况较差。

等刘钧接手后，北汉的日子一天比一天难过。

自从支持李筠失败后，宋朝就没有让他安生过，虽不发动大规模进攻，但长期在边境派小股军队骚扰，一会儿偷割你的庄稼，一会儿诱拐你的百姓，打了就跑，跑了再来，反正不让你过安生日子。

辽国是北汉的保护国，两国还约定为叔侄关系，刘钧辈分上是亏了点，可好歹有了个靠山。

但亲戚也不是白攀的，逢年过节，刘钧就算砸锅卖铁也要送上一份厚礼，平时大小事情都要汇报一下。可尽管刘钧把辽国当爷供着，还是经常被辽国隔三差五找碴儿训一顿，这侄子当得相当憋屈。

刘钧在外很憋屈，在内也威风不起来。财政那么紧张，又要养官养兵，当然开不起高工资，导致部下也不怎么待见他，干活的积极性普遍不高。

由于长期工作压力较大、精神高度紧张，刘钧病死在了岗位上（势力窘弱，忧愤成疾）。

刘钧死后，养子刘继恩继承皇位。

刘钧前脚刚走，刘继恩就和宰相郭无为闹起了矛盾。

郭无为，名无为，字无不为，青州千乘（今山东高青县）人。

此人的"名"和"字"加在一起就是"无为而无不为"，听上去很玄妙，结合其人生经历，我们可以将其翻译成"啥事都干不了，啥事都想掺和一下"。这是个比较适合靠嘴皮混饭吃的人。

郭无为最擅长侃大山、磨嘴皮，曾经做过道士，到处云游闲逛，但一直没什么大出息，一度躲到山里装高人，后来经人推荐到刘钧处办差。

北汉本来就招不到人才，看到郭无为居然当成了宝贝，把他当卧龙凤雏养着。

几年下来，郭无为靠一张嘴混到了宰相的位置，掌握朝廷大权。

刘继恩因为郭无为此前没有支持他当皇帝，对他很没好感。郭无为为人阴险，意识到危险后先下手为强，派人刺杀了刘继恩。

就这样，仅仅过了六十多天，北汉又换了一个皇帝。

九月，郭无为拥立刘钧的另一个养子刘继元为皇帝。

在郭无为看来，刘继元长得帅、口才好，平时还喜欢研究点佛学（美风仪，善谈论，颇通禅学），想必比较好说话，可以任自己摆布。

遗憾的是，郭无为口才不错，眼力却不怎么样，最终他也为这次走眼付出了生命的代价。

刘继元刚登上皇位，就撕下伪装。先是诛杀了与自己有过节的养母郭皇后，后又把刘姓皇族成员一个个囚禁起来，统统逼死。平时对待官吏也极其冷酷残忍，看谁不顺眼，就大开杀戒，甚至诛杀全族。在这个内外交困的国度里，他用一种恐怖高压维系着自己的统治。

从此，刘继元玩狠的，郭无为玩阴的，在这对黄金搭档的管理下，北汉国力每况愈下。

赵匡胤觉得平定北汉的时机已经成熟，决定改变计划，先行征讨北汉。

开宝二年（969）二月，赵匡胤下诏率军亲征北汉！

　　对于这个决定，很多人可能是有疑问的。北汉地盘远小于后蜀，而且又穷又乱，凭什么要让赵匡胤亲自跑一趟呢？莫非赵匡胤先生当了皇帝后，长期坐着办公，好久没有活动筋骨，希望借此出来呼吸一下新鲜空气？

　　其实，北汉是很难对付的。

　　许多历史事实告诉我们，一个政权的军事实力和它的经济文化水平并不完全一致，有时甚至会成反比。有的政权地处偏僻、经济落后，民风却很彪悍，人们打起仗来也比较狠。有的政权经济发达、百姓生活富裕，人们有了一亩三分地后，反而谁都不舍得在战场上丢命，战斗力不怎么样。

　　关于地理环境对一个国家经济文化、国民性格的影响，已经有不少人进行了专题研究，命题实在太大，在此不多啰嗦。总之，北汉地区长期大小战事不断，对国力确实有损耗，却也使军队一直处于实战拉练状态，战斗力不容小觑。

　　在开战前，赵匡胤先开始心理战。他向刘继元、郭无为等北汉君臣宣布了投降后的条件，希望他们抓紧时间享受优惠的俘虏待遇，并表示投降从速、过期不候。

　　面对宋朝开出的条件，刘继元和郭无为出现了分歧。郭无为主张立刻投降，还在一次酒宴上免费为宋朝当说客，激动起来又是哭天抹泪，又是拔剑抹脖，感情上非常投入。

　　刘继元表面上对郭无为很客气，但还是主张抵抗到底。他和郭无为毕竟不同，郭无为到哪里都是个臣子，向谁领工资都一样（宋朝可能还多点）。但当皇帝的就不同了，再穷的皇帝也是"一把手"，不到万不得已，谁都不肯走下宝座。

除了留恋权力，刘继元敢拒绝投降，手头还是略有资本的。他最大的资本是北汉都城——太原城。

太原一直是北方的历史名城，春秋战国时曾是赵国首都，唐朝时与长安、洛阳并称"三都"，经过几代扩建，太原城更加雄伟坚固。

当时的太原城，"东西十二里，南北八里多，城周四十里"，光城门就有二十四个，整座城池横跨汾河，由西、东、中三座小城池组成，为城中有城的格局。

在没有重武器的古代，要想啃下这个庞然大物，绝不是一件容易的事情。

三月，赵匡胤在太原城东西南北四面各驻一军，修筑堡垒、营寨，将太原城围得密不透风。

当赵匡胤兵围太原城的时候，刘继元向辽国请求支援。可是，辽国偏偏发生了内斗，自己家里乱得很，对救援北汉这事情没太上心。结果，两路援军被宋军轻松击破。

击退辽军后，宋军把缴获的铠甲、兵器放到太原城下，临时组织了一次成果展览，供守城的北汉将士免费参观，以此瓦解北汉军心。

在大好形势鼓舞下，宋军开始对太原城发起第一波攻击。一时间，太原城四周杀声震天。

太原的城墙高大、坚厚，冲车、石炮等一般的攻城武器根本无法奏效，为了进入城池，宋军只能发动人肉强攻。

一开始，宋军采取的是多点开花的战术。围绕各个城门，几路人马架着云梯同时出击，像潮水一般涌向城池，密密麻麻地攀附在城墙四周，企图登上城池，打开一个缺口。

北汉将士守城经验很丰富，待宋军将士稍一靠近，城上的箭就如飞蝗一样倾泻下来，什么滚木、热油之类的东西也是免费供应，管饱管够，把宋军生生压制在城下。

就这样，宋军仗着人多势众，玩命狂攻，北汉仗着城高墙厚，玩命死守，仗打得十分胶着。

事实证明，太原城的坚韧确实名不虚传。宋军几番围攻下来，除了在城下留下无数尸体外，始终一无所获。

久攻不下，宋军也是疲惫不堪，只得继续在城外扎营，准备和太原城一直耗下去。

就在宋军偃旗息鼓的时候，危险正在向他们悄然逼近。

坚兵城下

一日深夜，驻扎太原城东面的宋军正在营寨中休整，忙活了一天的宋军将士很快进入了梦乡，执行警戒任务的士兵也是一副无精打采的样子，放松了应有的警惕。

此时的太原城上，一名北汉将领密切注视着宋军军营的变化。看到城下的宋军陷入一片沉寂后，他立刻下城整束衣甲，跨上战马，点起一支精悍的骑兵队伍，迅速冲出太原城，径直向宋军军营杀去。

这支偷袭队伍闯入宋军营地后，二话不说，抄起家伙就砍。宋军对突如其来的攻击缺乏准备，被打了个措手不及，许多将士还没明白怎么回事，就成了刀下之鬼。更要命的是，他们在深夜里也摸不清对方的底细，甚至是敌是友都分不清楚，根本无法组织起像样的抵抗，只能任人宰割。

那名带队的北汉战将越战越勇，一马当先突入营地深处，一边挥刀砍人，一边沉着指挥骑兵四处奔杀。北汉骑兵受到鼓舞，个个如狼入羊群，杀得兴起。

宋军营地顿时一片鬼哭狼嚎，士兵四散奔逃，大有一触即溃之势。

好在宋军将领党进是一个有着丰富作战经验的猛将，他没有被眼前的情况吓倒，经过初期的惊慌被动后，开始奋力组织抵抗。

党进一面派人阻止将士溃散，收拢现有部队，一面率领亲军进行反击。宋军毕竟人多势众，经过一番苦战，总算稳住阵脚。

此后，越来越多的宋军开始聚拢过来，将这支偷袭部队团团围住。当一束束火把将军营照得透亮时，他们惊讶地发现，这支胆大包天的偷袭部队其实人数极少——仅仅是一支百来人的骑兵小队而已。

白天啃了一天墙砖，晚上还不让好好睡觉，还治服不了你了？

回过神的宋军将士个个咬牙切齿，把所有的怨愤发泄到了这支偷袭部队上，无须战斗动员，无须增发奖金，打得格外卖力。北汉骑兵终究寡不敌众，开始节节败退，大多数人突围不成，不是被生擒，就是被格杀。

而让人惊叹的是，那位北汉将领却未见丝毫怯战，但见他左冲右突，猛打猛冲，一群宋军愣是近身不得，最后居然单枪匹马冲出了宋军包围圈。

宋军将士怎肯放过他，一路跟杀过去，一直追到太原城下。夜里，太原城城门紧闭，那位猛将自己也进不去。

眼见他已经陷入绝境，只能束手就擒。此时，这位北汉猛将继续了他的神勇表现。只见他飞身下马，一跃跳入城外的壕沟中，一把抓住城上守军扔下的绳索，噌噌几下，敏捷地攀上城墙，就此遁去。

眼前的一幕让追击的宋军目瞪口呆、面面相觑，愤恨之余，不由得发出惊叹：

此究竟何许人也？

这场夜袭让宋军虚惊一场，同时也让他们记住了那位神勇的北汉将领。事后得知，那夜遭遇的对手乃北汉第一名将——刘继业，人称"刘无敌"。

在我们后来的故事中，这位将领会有一个我们更加熟悉的名字——杨业，在传奇小说《杨家将演义》中，我们尊称他为"杨令公"。

北汉的顽强超出赵匡胤的想象，围城一个多月，宋军毫无进展。

望着太原城，赵匡胤一筹莫展。这时，一个人来到他的身边，慢悠悠地提醒道："陛下身边有千万兵马，为什么不用呢？"

说话的人是左神武统军陈承昭。

赵匡胤不明白他的意思，疑惑地盯着陈承昭。

陈承昭没有直接说出答案，而是不动声色地用马鞭指了指太原城旁的一条河流——汾水。

水淹太原？

陈承昭曾经是南唐的官吏，柴荣攻打南唐的时候，战败被俘，归顺后做了个小官。他打仗虽不怎么样，却有项专业特长——治水。

在赵匡胤的队伍里，能打仗的猛人从来不缺，懂水利知识的人却不多，陈承昭属于专业技术人才。

自从做了宋朝的官后，陈承昭虽然品级降了很多，但业务专长得到了全面发挥，在运河疏通、黄河治理等方面取得了很大成绩，既为国为民做了实事，又得到了赵匡胤的赏识。

从老陈的人生经历中，我们可以得到一个结论：一个人要取得成绩，扬长避短非常重要。

现在，陈承昭又把专业知识用到了战争上。

其实，水攻的战术倒也不是陈承昭的专利，水淹太原的案例此前就发生过。

春秋末年，晋国国君势力衰落，国家权力落到了智、韩、赵、魏四家大夫手中，其中尤以智家最强。公元前 455 年，智家纠集韩、魏两家联合进攻赵家，攻打赵家的首府太原（当时称晋阳），打了两年攻不下，最后智家用了水淹城池的计策。眼看太原城将要陷落，赵家派人溜出城，暗中联络韩家、魏家，游说他们反戈一击，用水倒灌智家军营。取得成功后，韩、赵、魏三家瓜分了智家的土地，著名的"三家分晋"就此拉开序幕。

那一次，人们通过改变水的流向，改变着历史的走向。

一千四百多年后，汹涌的水流又将扑向太原城。

五月初，宋军将汾水导入新筑的堤防，引水淹灌太原城。湍急的河水一泻而下，很快填满了护城河，太原城顿时成了水中的孤岛。

既然太原城变成了威尼斯，宋军的进攻方式当然也要发生变化，战马、云梯之类的就歇菜吧，所有士兵统统改乘小船，划着舢板去登城，然后再在船上架起弓弩，很有点两栖快艇的味道。

太原守军身处困境，却没有丧失斗志，而且抵抗得愈发顽强，你射箭，我就和你对射；你过来，我就和你近身肉搏。从白天杀到黑夜，鲜血染红了大片河水，宋军依然无法攻进城去。

淹了近一个月，太原城东南部被冲出了一个缺口，大水穿过外城，注入城中。

缺口在不断扩大，北汉军一边抵抗攻过来的宋军，一边手忙脚乱地修城墙，场面极其狼狈。

啃了这么多天墙砖，总算看到胜利的曙光了！宋军集中所有箭弩，朝缺口一通猛射，决定拼死抢夺这个缺口的控制权。

此时，赵匡胤也亲自赶来督战。宋军玩儿命的劲头越发高涨，更加密集地向缺口放箭，阻止北汉军抢修城墙。

下面发大水，上面下箭雨，北汉的施工队根本就没法砌墙，整个太原城的防守体系到了瓦解边缘。

如果没有意外发生，这回真的顶不住了。

但是，老天似乎特别不给赵匡胤面子，邪门的事情还真就发生了。

就在北汉军将要放弃抵抗的时候，他们突然发现，从城中漂出了一堆堆草垛，顺着水流，径直漂向城墙决口的地方。

草垛从何而来，共有多少，已经不得而知，却成了名副其实的救命稻草。

北汉军抓住草垛，直接移到缺口，当起了临时墙砖。

草垛吸水性好，轻便管用，箭也穿不透（没准还能攒几支箭，参考草船借箭的故事），用来挡城墙缺口，再合适不过。

靠天降草包的保佑，北汉军顶住了宋军最猛烈的进攻，还顺便躲在草堆后面重新修好了城墙。

赵匡胤目睹着发生的一切，除了摇头苦笑，实在无话可说。

不可否认，北汉的命确实和太原城墙一样坚硬。

自从错失那次最佳机会后，战场形势开始朝着对宋军不利的方向发展。

当时的天气一直很糟，长期刮风下雨，给宋军攻城带来不便。到了五月（农历），天气愈发炎热，湿热的环境使许多宋军士兵染上腹泻的毛病，军队战斗力直线下降。

北汉小朝廷内部也发生了变故。宰相郭无为一直没心思抵抗，明里暗里都想投降宋朝，不料小算盘打得太明显，遭人告发，结果被刘继元果断处斩。郭无为死不足惜，而他的死却坚定了北汉将士的抵抗决心。

这还不是最坏的消息。

辽国新君即位，内乱平息，缓过劲来后，开始再次发兵援助北汉。新来的辽国骑兵就驻扎在太原城西面，夜里还在军营中敲起战鼓，点亮火把，为太原城内的守军加油打气。

现在轮到赵匡胤陷入进退两难的境地了。

经过一番考虑，赵匡胤采纳属下的建议，决定退兵。在退兵时，宋军把北汉境内大量的百姓迁移到了宋朝境内，尽量削弱北汉恢复实力的基础。

虽心有不甘，但也只能如此了。

赵匡胤踏上了回师开封的道路，令他想不到的是，这个看似摇摇欲坠的政权，他终其一生，也没有征服。

开宝二年的征伐北汉之战，实在是充满戏剧性。但老天似乎还不过瘾，就在宋军撤退后不久，又制造了一幕足以让赵匡胤和宋朝将士吐血的情景。

六月，宋军撤走不久，北汉开始排水泄洪，水位降下后，太原城墙开始大量坍塌（水已落而城多摧圮）。

我不懂建筑学知识，问了以后才知道，原来房屋最容易倒塌的时候并不是大水浸泡之时，反而是浸泡过后，墙体最为松垮。只可惜陈承昭只懂水利，不懂建筑学。如果宋军再坚持几天，北汉绝对难逃一劫。

刘继元长舒了一口气，不可否认，他是幸运的。可是，另一个刘姓皇帝就没有那么幸运了。

荒诞国度

我在前面提到过，在南方，有两个割据政权始终没向宋朝称臣，除了后蜀，就是南汉。

南汉所辖区域主要位于现在的广东、广西，都城设在兴王府（今广东广州）。当时，那块地方的经济、文化都不发达，属于边远穷困地区，有些官员犯了事，经常被发配到那个地方，所谓岭南烟瘴之地是也。

可远有远的好处，不管外面打得如何天翻地覆，战火都没烧到这块穷乡僻壤。南汉的几任皇帝在小窝里活得非常舒心，非常随心所欲。

在中国历史上，曾出过不少有名的昏君，这些人的"奇葩"事迹往往被史官大写特写，成为警示后代君主的反面典型。

可所谓"昏君"，其实也是可以分出档次的。从实际表现看，南汉的几任君主可谓"昏"出了特色，"昏"出了境界。本着奇人共欣赏的精神，我简单介绍一下南汉的几任君主，顺便让大家了解一下这个小政权的来龙去脉。

刘龑，南汉王朝第一任皇帝，政权的创立者。

刘龑的祖父是北方人，后来到南方经商谋生，在当地安了家。父亲在唐代曾担任广州牙将、封州刺史，刘家逐渐开始发达。哥哥刘隐因为善于打仗，在唐末乱局中脱颖而出，占据了广东、广西地区。

后梁取代唐朝后，刘隐向后梁称臣，被封为清海节度使、南海王。刘隐死后，刘龑继承了哥哥的地位。后梁贞明三年（917），刘龑宣布脱离后梁单干，正式称帝，国号"大越"。后来觉得自己姓刘，可以和老刘家的名人刘邦攀点关系，就又改国号为"汉"，史称"南汉"。

刘龑原名叫刘岩，他的一大爱好是给自己改名字，曾经给自己起名刘陟、刘龚，但都觉得不满意，最后向女皇武则天学习（武则天曾为自己独创名字"曌"），干脆为自己创了一个专用字出来——"龑"，取"飞龙在天"的意思，觉得够霸气了，不改了。

刘龑最大的特点是残暴，平时疑心病特别重，为了压服众人，创造性地将烹饪方法运用到了刑罚上，主要有灌鼻、割舌、肢解、刳剔、炮炙、锤锯、汤镬、铁床等多种名目，具体使用方法不用我多说，自己看名字就能懂。

除了喜欢滥施酷刑外，刘龑还特别喜欢任用宦官。在他看来，正常人都有子孙后代，办事容易有私心，宦官无牵无挂，比较靠得住。可怕的是，这种莫名其妙的用人逻辑还被他的子孙发扬光大，运用得登峰造极。

刘龑死后，长子刘玢继位，南汉王朝的第二任皇帝。

刘玢的最大特点是有"暴露癖"。别人的"暴露癖"是自己暴露，刘玢是喜欢看别人暴露。平时喜欢让宫里的男女脱得一丝不挂后进行文艺表演，自己边喝酒边欣赏，按照现在的刑法规定，属于组织淫秽表演罪。

此外，刘玢还将"暴露癖"灵活运用到了安保工作上，无论皇室成员，还是臣下官僚，要是想见他，就都得脱光衣服接受宦官检查，否则一概不准近身。

对于这位老兄，我们只能用两个字评价——变态。

估计是变态兄实在让人倒胃口，在位仅一年，就被弟弟刘晟所杀。

南汉应乾元年（943），南汉臣民终于送走变态的皇帝，迎来了更加变态的皇帝。

刘晟，南汉第三任皇帝。

和前面两任相比，刘晟用自己的行为很好地诠释了什么叫作"天外有天"。

别人是疑心病患者，刘晟则该算"疑心癌"晚期。父亲刘龑一共生了十九个儿子，刘晟杀掉了十五个。还有三个没被他杀，其中两个是因为病死得早，一个是因为战死得早。换句话说，能杀的都杀了，谁都别想碰我的皇位。

别人信任宦官，刘晟信任得更彻底。不但宦官数量翻了两番，官位也增设了不少。更难能可贵的是，刘晟还创造性地让宫女穿着朝服正式上班，在中国历史上开创了"宫女参政"的奇观。

别人喜欢整人，刘晟玩得更欢，而且特别喜欢在喝醉酒后玩各种惊险游戏。

如果你有幸参加刘晟先生组织的宴会，那么在赴宴前，绝对有必要先买好高额人寿险，谁都不知道你会被怎样玩死。

在很多影视剧中，我们经常看到有人表演蒙眼甩飞刀的绝活，刘晟也喜欢玩这种冒险游戏，具体方法是让人把水果放在脖子上，然后试着用刀去砍，结果经常是手起刀落、瓜裂头落。

刘晟还喜欢打猎，不同的是，他的打猎场所就在大殿上。往往是大家饭正吃到一半，刘晟招呼一声，侍卫便将装有猛兽的笼子抬到殿上，然后再把笼子缓缓打开，由他和侍卫们亲自表演当场斗杀野兽的节目。

即位以来，刘晟反正就是怎么折腾怎么玩，但这位老兄运气比较好，中原一直动荡不安，再怎么折腾都没人管他。反而是他趁着湖南内乱，派人抢占了郴州、连州、宜州等地方，扩大了自己的版图。

就在宋朝建立前的两年，荒唐了一辈子的刘晟寿终正寝，由他的长子继承皇位。

刘铼，南汉的第四任皇帝。

刘铼即位后，继续保持了刘家的家风，如果说前面几任南汉皇帝比较恶心的话，那么刘铼就是综合升级版本，堪称极品中的极品。

在刘铼的统治下，南汉的宦官数量达到了惊人的七千人，就这数字哪怕放到宦官闹得最厉害的唐朝、明朝，也有得一拼，要知道这两个王朝的统治区域可是覆盖全国的。

以上情况尽管荒唐，但如果比起刘铼的另一条规矩，那都不算个事。

在当时的南汉，如果你是个当官的，又有机会被委以重任，并不是件值得庆祝的事情，因为接下来你马上要接受一个痛苦的人生选择。

要仕途，还是要继续当男人？

为了保证大臣的忠诚度，刘𬬮规定，凡是有资格进入宫闱的重要官吏，都要和宦官保持相同的标准，在上岗前必须先接受那咔嚓一刀。

正因为有这种政策，南汉国内居然催生了一个新的产业——阉工。具体干什么的，也不说了，大家都明白。

再公布一个数字，宋朝灭掉南汉后，俘虏了该行业工作者五百人，光阉人的人就如此之多，被阉的人能有多少，继续发挥想象力吧。

估计是嫌朝堂上的邪气还不够重，除了宫女、宦官外，刘𬬮还把一些神仙、道士请来参与朝政，其中一个叫樊胡子的最受信任。

樊胡子，听名字，应是一个壮汉，其实，人家是个巫婆。每天的主要工作是穿着奇装异服跳大神，不仅负责替刘𬬮和老天爷沟通祈福，同时还兼职管理内外事务，堪称复合型人才。

为政尚且如此，刘𬬮的业余生活当然更加丰富。鉴于前面已经写了太多令人反胃的事迹，为了保证大家的身心健康，我就不再重复描述了。总之一句话，什么杀亲兄弟、奢侈享受、横征暴敛、大兴土木、荒淫好色、滥用酷刑之类的事情，他全干过，而且更夸张。

经过几任皇帝的折腾，南汉国内已经是漆黑一团、一团漆黑。

按说这种情况下，能够保住自己的老本就不错了，应该安心窝在家里少惹事，可刘𬬮偏偏自我感觉良好，事不找他，他却总琢磨着要惹出点事来。

比如宋朝占领湖南、攻打北汉的时候，刘𬬮就曾趁机在边境挑事，想顺手占点便宜。可时代不同了，赵匡胤绝不是好惹的，刘𬬮不但没占到半寸领土，自己反倒赔了点进去。

从北汉回来后，赵匡胤决定继续实施"先南后北"的战略，在确定下步目标时，刘𬬮以其恶劣的态度（拒不称臣）、猥琐的行径（经常挑事）不幸入选。

历经 53 年后，这个荒诞的国度将要走到终点。

平南汉

开宝三年（970）九月，赵匡胤宣布对南汉动兵，负责指挥这次行动的是潭州防御使潘美。

潘美，字仲询，大名（今河北大名东）人，周世宗柴荣担任开封府尹的时候，作为侍从官跟随左右，处事成熟谨慎。

潘美和赵匡胤曾经共事过，两人关系不错，潘美也参与了陈桥兵变，为赵匡胤当皇帝出过力。赵匡胤刚刚称帝后，按照规矩要指定一个人对外宣布旨意，有点新闻发言人的味道，潘美就是这位发言人。

宋朝平定湖南后，当地尚不安定，潘美被任命为潭州防御使，负责维持新收复地区的统治。到了那里后，潘美平抚了闹事的（当地少数民族"溪峒蛮"），赶走了挑事的（刘𬬮），很有政绩。

正因为潘美已经有过和南汉打交道的经验，所以赵匡胤把这个任务交给了他。

以上是潘美个人情况介绍，看上去，似乎很普通。

再剧透一个情况，就绝对不普通了，前面我已经交代了《杨家将演义》中重要人物杨业的历史原型。

潘美，则是另一位重要人物，大反派。

没错，演义中的头号奸臣潘仁美。

关于两人的恩恩怨怨、是是非非、真真假假都要暂时先搁一会儿，我们还是继续眼前的故事。

九月，宋军南下用兵，目标首先锁定"贺州"。

贺州（今广西贺州），位于广东、广西、湖南三省的交界处，是进入南汉的门户。

说是两国交战，其实南汉的国力早就被几任皇帝消耗殆尽，能打的将领没了（旧将多以谗死），装备又破又旧（楼舰器甲辄腐败不治），属于要人没人、要物没物的状况，士兵数量虽然看上去不少，但士气十分低落，也就凑个数、壮个胆。

事到临头，刘铄派心腹宦官龚澄枢去贺州给官兵们加油鼓劲。

去前线加油鼓劲，就是让大家提着脑袋替你卖命。历史一再告诉我们，办这种事情，是绝对不能空着手去的。

刘铄平时生活奢华，却偏偏舍不得这笔钱。原本指望拿笔奖金的官兵，只听到了龚澄枢的几句空口白话（空诏抚谕），士气更加低落。

碰到这样的对手，潘美自然打得得心应手。前后也就二十天时间，宋军击退南汉援军，扫清城池外围，兵围贺州。

宋军在贺州城下遇到了一些抵抗，潘美正在想办法，随军转运使王明向他提建议，请求由他率军马上发动攻击。

随军转运使，是负责军队后勤保障的官员，本来不用管正面战场的事情。可王明实在是位奇人，潘美和其他将领还在犹豫，他却已经带领辎重部队率先冲锋了。

于是，贺州战场上发生了奇怪的一幕。

王明带领着一百多个负责后勤工作的士兵向前冲，数千个民夫，拿着畚斗、铲子等劳动工具跟在后面跑，一下子就扑到了城下。

见过不要命的，也没见过这么不要命的，南汉守军不知道宋军葫芦里卖的什么药，彻底蒙了。

王明带领这群不要命的人冲刺到了城池跟前，一不攻城，二不爬墙。埋头只干一件事——填坑。

转眼之间，这支后勤部队已经填平了城墙前的壕沟，军队得以直抵贺州城池前。

原来如此，南汉守军终于明白过来了。

来不及了。

贺州守军本来就没多少工作积极性，一看这架势，顺坡下驴，迅速达成了共识——投降。

拿下贺州后，潘美又一口气攻下昭州（今广西平乐县）、桂州（今广西桂林）、连州（今广东连州），一路下来，基本没遇到像样的抵抗。

十二月，宋军逼近南汉的北部重镇——韶州（今广东韶关）。

刘𬬸输急了眼，忙派都统李承渥率十万大军在韶州附近的莲花峰下列阵，抵御宋军。

刘𬬸对这支军队寄予厚望，不仅因为数量可观，更因为其中还隐藏着一支特殊兵种。

宋军赶到阵前，惊奇地发现，与他们对峙的不再是一排排士兵，而是一些恐怖的庞然大物。

象兵！

布置在南汉阵前的是一列威猛的大象，每只大象背上都驮着几个全副武装的士兵，其他的步兵隐蔽在大象后面。如此架势，放到现代战争中，就相当于坦克突前，步兵在坦克的掩护下发动攻击。

用象兵作战，好处明摆着。大象皮糙肉厚，一般的刀枪伤不了它，强大的冲击力可以冲垮任何阵形，大象背上的士兵还可以居高临下攻击敌人。退一步说，就算不使用，那身段、那叫声，助威壮胆也是好的。

把大象运用到战争中其实也不算新鲜事，古印度、波斯就有过将大象运用到战斗中的先例，有的还成了军队中的正式编队。

南汉地处我国南端，容易得到大象这种资源。刘𬬮为了增强军事资本，命李承渥长期负责驯养、训练这支象兵部队，指望这支奇兵在关键时候派上用场。

刘𬬮和李承渥都把宝押在了精心调教的象兵上，但这份最后的赌注并没给他们带来惊喜。

还没等象兵冲过来，潘美就集中全部强弩朝大象猛射，大象受到了惊吓，转头四散逃跑，反而把南汉军队冲得七零八落（王师集劲弩射之，象奔蹂，乘者皆坠，反践承渥军）。

需要说明的是，潘美这里使用的"劲弩"和弓箭是不一样的，

"弩"是一种威力更大、射程更远的武器。在宋代，这种武器得到了改良和发展，在战斗中发挥着更加重要的作用，我们以后还要专门介绍。

这次战斗多少有点让人意外，不是结果，而是过程。

潘美似乎对南汉的象兵早有预知，已经做了充分准备，否则绝对不可能赢得如此轻松。按常理，如果等发现了象兵，再研究方法，再集中劲弩，再瞄准射击，估计自己早就成了大象脚下的肉饼了。

这也不难理解，开战前后，大量的南汉朝廷官员、百姓向宋朝投诚，不是一个个投降，也不是一批批投降，而是一城一城投降，其中不乏南汉曾经的高级将领、朝廷重臣。推理一下，很可能就是这些人告知了潘美，甚至提供了破解方法。

这虽是我的猜测，但也无须求证，因为有一条定律告诉我们：

决定战争胜负的，不是武器，不是兵种，也不是手段，而是人心！

开宝四年（971）正月，宋军攻克韶州，又接着攻克雄州（今广东南雄）、英州（今广东英德），逼近兴王府。

在攻占韶州前，刘铱还天真地以为宋朝只是想把原属于湖南的土地抢回去，直到现在，他才明白人家不是来吃霸王餐的，而是直接来砸场子的。

形势越来越糟，刘铱决定有所应对。

在离都城兴王府仅一百里外一个叫马迳的地方，刘铱命人在那里修起栅栏，把前方逃回的军队重新整编，拼凑出六万兵马，布好外围最后一道防线。

同时，刘𬬮还派人向潘美求饶，表示自己已经充分认识了此前不称臣、搞对抗的错误，对两国间发生的不愉快事件深表遗憾，如果宋朝能够撤军，将来什么都好说。

刘𬬮的要求被潘美断然拒绝。

平心而论，宋朝逼刘𬬮称臣也就是个说辞，赵匡胤志在统一，不管称不称臣，南汉辖区都将成为宋朝领土。何况刘𬬮之前的外交态度本来就不好，这种事绝不是认个错、请顿饭就可以过去的。

当月，潘美率军加速前进，来到马迳，在栅栏防线前与南汉军对峙。

到了这个地步，求和是没指望的，抵抗是不靠谱的，刘𬬮决定使出自己的终极绝招。

三十六计，走为上计！

逃跑？

这似乎是个很无厘头的主意。南汉全境都将被宋军占领了，再往南跑只剩下浩瀚的大海，想钻山入林当猴子都很困难，还能逃到哪里去呢？莫非还能下海出国？

答案是肯定的，还真就是出国。

广州当时已经是对外交往的重要城市，如果从这里乘船下海，到东南亚找个地方去做寓公，倒也不失为一个好选择。

刘𬬮是这么想的，也是这么做的。他特地准备了十多艘大船，随时准备起航跑路，船上装满了金银财宝、妃嫔宫女，以便保证自己后半辈子在海外的生活过得舒心。

　　刘铱对生活享受有充分考虑，可他没听过一句话叫作"树倒猢狲散"，还有一句话叫作"大难临头各自飞"。以他的所作所为，要有人对他死心塌地，很难。

　　很快，刘铱得到了消息，他的船队提前出发了——被最亲信的宦官和一群士兵偷偷开跑了。

　　绝望了，全面彻底地绝望了。

　　身处绝境，望洋兴叹，简称"绝望"。

　　刘铱还在望洋兴叹，而宋军已经来到了他的身边。

　　二月，潘美突破南汉最后一道防线，大败南汉守军，兵锋直抵广州城下。

　　二月五日，刘铱走投无路，出城投降。

　　五月，刘铱及南汉主要官员被带到开封。

　　至此，南汉所辖六十州，二百四十县，十七万二百六十三户尽入宋朝版图。

第九章 征南唐

文艺爱好者

自从南汉纳入宋朝版图，长江以南，有点实力的政权只剩下南唐了。

此时，南唐的君主已经换了人，名叫李从嘉。

李从嘉，字重光，南唐中主李璟的第六个儿子。

成为一代帝王曾是很多人的梦想。古往今来，多少人为了得到这个稀缺岗位，争得头破血流，到头来仍是一场空。可世事难料，别人争破头的东西，有些人却可以不费吹灰之力得到，还有个别人甚至自己压根儿都不想坐皇位，老天却非要把他摁在这个位置上。

李从嘉属于后者。

如果时光倒退十多年，他做梦也不会想到自己能成为南唐的君主。

李从嘉的父亲李璟和几位兄弟的感情很好，曾约定死后由弟弟李景遂继位，还给弟弟李景遂册封了一个历史上罕见的名号：皇太弟。

对于父亲的安排，李璟的大儿子李弘冀很不服气。李弘冀有长子身份，又很有抱负和才能，他时刻觊觎皇位，不断向李景遂的皇储身份发起挑战。

李景遂感受到敌意后，为避祸，主动推掉了皇太弟身份，李弘冀如愿当上了皇太子。可当上太子的李弘冀依旧不放心自己的叔父，找了个机会派人用毒酒害死了李景遂，彻底清除了威胁。

李从嘉本来就对皇位没什么想法，面对强势的兄长，一味埋头读书，置身事外。

俗话说，不属于你的东西，抢也没用，属于你的东西，别人抢也抢不走。就在毒死李景遂后的第二年，李弘冀却身染重病，没过几天就撒手人寰。忙了半天，自己却无福消受。

巧的是，李从嘉的其他四位哥哥，不是夭折就是早亡，李弘冀一走，他理所当然地成了太子。

就这样，李从嘉还没弄明白怎么回事，皇储的帽子已戏剧性地砸到了他头上。

老天似乎特别照顾李从嘉，让他在太子的位置上也没待太久。

李璟失去淮南十四州后，与宋朝只隔了一条长江，他觉得都城金陵离边境太近，不安全，就迁到洪州（今江西南昌）办公。搬过去后又嫌那里生活环境不好，和繁华的金陵没法比，一直很郁闷，半年后居然郁闷死了。

建隆二年六月，李从嘉登上皇位，复都金陵。

那年，他又为自己取了一个更为响亮的名字——李煜。

需要说明的是，自从向宋朝称臣后，为表示恭顺，南唐的君主已经不再自称"皇帝"，而是自称"国主"。

至此，皇子李从嘉变成了南唐国主李煜，史称"李后主"。

南唐中主李璟是一个非常具有文学才华的人。在这方面，李煜完全遗传了父亲的文学细胞，诗词文章非常了得，尤其是在作词方面，成就更大。

人们熟悉李煜，很大程度上是因为他那首凄婉动人的《虞美人》。其实，李煜的佳作，远不止于此，清代人舒梦兰编选的《白香词谱》收录了唐宋元明清五朝 100 首著名词作，李煜的词作入选了 6 首，创作水平可见一斑。

所以，若论文学成就，李煜无疑是最杰出的帝王，没有之一。

李煜的爱好十分广泛，除了诗词方面的惊人才华外，对于书法、绘画、音乐样样精通（工书画，知音律）。

当然，一位如此爱文艺、懂风情的人物，不配个女主角，发展出点风花雪月的浪漫故事，无论如何说不过去。

历史明确告诉我们，这个，可以有。

李煜生命中的女主角，有两个。

后周显德元年，当赵匡胤还在高平与北汉军队打群架的时候，一场盛大的婚礼正在南唐金陵城内举行。

刚满十八岁的李煜迎娶了一个比他大一岁的周氏女子。

能嫁给皇子的，当然不是普通女人。该女子是南唐大司徒（相当于宰相）周宗的大女儿，不但人长得漂亮，而且文化修养很高（通书史，善音律），史称大周后。

尽管两人是包办婚姻（父亲李璟安排），但李煜和大周后相处得非常融洽，生活安排得极有情调。史书曾记载这样一个场景：一个大雪纷飞的夜晚，李煜和大周后小夫妻两人在房间里，围着暖炉，喝酒聊天。一番对饮后，大周后已经醉意蒙眬、脸色绯红，她举起酒杯，半开玩笑地邀请李煜一起跳舞。李煜竟不顾君主的身份，说道："你若能马上创作一首新曲子，我就和你一起跳上一场。"大周后不愧是才女，但见她边吟唱边谱曲，一会儿就创作完成（喉无滞音，笔无停思，俄顷谱成）了一首新曲子，她还给曲子起了个动人的名字——《邀醉舞破》。

结婚十年，李煜和大周后的主要生活内容就是填词、作曲、唱歌、跳舞、下棋……鉴于两人实在太有才情、太会生活，以至于大家都不把他们当作国主、国后了，反而更像是一对明星情侣。

尤其是大周后，每当她捣鼓出一种新发型、穿一款新衣服，都会成为当时人们仿效的对象，她创作的词曲也像流行歌曲一样被传唱，引领了时尚潮流。

李煜和大周后一起生活得很幸福，但和言情剧一样，女主角没能逃脱红颜薄命的结局。

婚后第十年，大周后突然一病不起，很快就去世了。

大周后的离世，让李煜极其悲伤，又是哭天抹泪，又是写长文悼念。据说由于悲痛过度，瘦弱得连人都站不住了，要靠扶着拐杖才能起来（哀苦伤神，扶杖而起）。

当然了，李煜毕竟是一国之主，尽管"哀苦伤神"，尽管"扶杖而起"，伤完了，爬起来了，老婆还是要继续找一个的。

哦，我也许说错了，不是继续找一个，准确地说，李煜先生已经提前找好后备人员了。

这个人也不是外人，她正是大周后的亲妹妹，史称"小周后"。李煜生命中第二个女主角。

据说，早在大周后病重的时候，有一天她躺在床上养病，无意中撩开床幔，突然看见了自己的妹妹，很是惊讶，于是问："你什么时候来的?"小周后年纪小，心眼儿不多，就如实回答："我来了好几天了。"此后，大周后很不高兴，转身朝里，至死也没有往外看。

又据说，文学高手李煜曾为小周后作了一首《菩萨蛮》，鉴于文采、情调实在太牛，我冒着掉书袋的嫌疑特把它抄录下来：

　　花明月暗笼轻雾，今宵好向郎边去。刬袜步香阶，手提金缕鞋。
　　画堂南畔见，一向偎人颤。奴为出来难，教君恣意怜。

从内容上看，词主要描写的是月夜一个女子提着鞋子（怕弄出声音被人听到），偷偷去约会男友的场景，很多人认为，李煜这首词的主人公就是自己和小周后。

如果这一说法成立，李煜忠于爱情的形象就彻底倒塌了，可能让广大文艺女青年很难接受。

小周后和姐姐一样，长得漂亮，活得艺术，很合李煜胃口，得到的宠爱甚至超过了姐姐。

开宝元年（968），李煜决定迎娶小周后（正式封后），还别出心裁地办了一次盛大的仪式，光礼仪问题就找一群书呆子讨论了很久。

估计是两人的精彩故事已经在坊间充分传播，引来了很多人的好奇。婚礼当天，金陵城内人山人海、万人空巷（民庶观者万人），人们争相一睹两位偶像的风采，很有现在明星见面会的味道。当时还有个把人为了看清楚点，爬到屋顶上张望，结果不小心摔了下来，把命都搭进去了（或登屋极，至有坠瓦而毙者）。

所以说，追星这种事情，还真不能太疯狂。

即位十多年来，李煜一直很忙，忙于谈情说爱，忙于填词作诗，忙于琴棋书画，风花雪月、诗词歌赋成了他的全部寄托。治国理政不是李煜的兴趣所在，也不是他的能力所及。

李煜对宋朝心存忌惮，也知道危机的存在，但他只想沉溺在安逸的生活里，不想去思考这些复杂头痛的问题。

然而，当危险来临的时候，终究是无法回避的。

自毁长城

赵匡胤对南唐这块肥沃的土地一直虎视眈眈。

十年来，他从未放松过征伐南唐的准备，一边拼命训练水军，一边筹备粮草军需，为了防止两线作战，还主动去和辽国搞好关系。

当李煜面对清风皓月，握着毛笔思考人生的时候，赵匡胤却正面对地图，提着刀剑，替李煜思考着下半生的生活安排。

十年了，果实成熟了。

赵匡胤并没有轻敌，南唐毕竟是一个立国三十多年的政权，君主虽不怎么样，根基还是在的。

他不会忘记，当年一个刘仁赡，就让数万后周大军在寿州城下啃了两年墙砖，如果不是刘仁赡的其他队友实在太挫，还真不知道鹿死谁手。

现在，南唐还有一个被赵匡胤视为新一代"刘仁赡"的人，他叫林仁肇。

林仁肇，建阳（今福建南平建阳区）人，本是闽国（"十国"之一，早已灭亡）人，后在南唐效力，作战风格果敢勇猛，因为身上纹有猛虎，被人称为"林虎子"。早在柴荣进攻南唐的时候，林仁肇就开始崭露头角。

此时，林仁肇已经成长为南唐的主力干将，担任南都留守，负责守卫长江防线。

林仁肇是个极有胆略的战将，他曾劝谏李煜，趁宋朝忙于四处征战，由他出兵收复淮南十四州，出兵之日，让李煜公开声明自己谋反，一旦攻下淮南，土地尽归南唐，一旦攻击失利，就请格杀自己全家，向宋朝谢罪。

这份建议充满血性，也有一定可操作性，但李煜向来胆小怕事，他没有采纳林仁肇的意见。

令人费解的是，就是这么一位猛将，最后却死得不明不白。

有一种说法：赵匡胤派间谍偷了一幅林仁肇的画像，挂在自己的房间里，等南唐使者来的时候，就把画像指给使者看，说林仁肇马上要过来投降，画像就是信物。使者回去后，把这事告诉了李煜，李煜很生气，后果很严重，就把林仁肇杀了。

相信很多人都对这个桥段很眼熟，这个故事和《三国演义》中的"蒋干盗书"差不多。

唯一不同的是，赵匡胤连装睡都不用，直接站在那里，用手一指，敌人就信了。

对于此种说法，很多人是持怀疑态度的，包括我在内。要知道，李煜只是懒了一点而已，智商还是正常的，如此拙劣的计策，他应该不会上当。

另一种说法比较简单：林仁肇之死，是因为官场的老毛病——内斗。

当时的南唐，执掌兵权的将领，除了林仁肇，主要还有两个人，皇甫继勋和朱令赟。关于这两人，接下去都要亮相，在此先不多说。只说一点，他们两个是南唐老牌的将领，而林仁肇，是南唐征服闽国后招纳来的。

林仁肇有能力、有威信，让皇甫继勋和朱令赟很嫉妒，他们长期在李煜面前打林仁肇的小报告，而李煜偏偏耳根子比较软，最后居然信了两人的话，一激动给林仁肇送了一杯毒酒。

只可惜，一位将才却倒在了几个小人的冷箭之下。

林仁肇的死，绝对是个冤案，对宋朝来说却是个天大的好消息。此后，赵匡胤加快了战备的步伐。

开宝七年（974），赵匡胤完成了征讨南唐的所有准备。然而，当他高高举起屠刀后，却发现自己暂时还下不了手——缺少出兵的理由。

前面几次，赵匡胤都轻易地获得了讨伐的"借口"，这回，还真遇到了点小麻烦。

因为，李煜实在太恭顺了。

想当年，李煜刚坐上国主宝座，就专门向赵匡胤写了一份报告，赌咒发誓表示自己要一辈子臣服宋朝，绝不敢三心二意。

话说得实在太可怜、太真诚，搞得赵匡胤都有点不好意思，好好下诏安慰了一下情绪激动的李煜先生。

此后，赵匡胤东西南北一通乱打，国家版图不断扩张，两国的实力对比越来越不平衡，李煜就更加小心翼翼地侍奉宋朝，一点都不敢造次。

为了表达自己的谦恭，李煜想了很多法子。

　　南唐臣属宋朝后，李煜觉得把"皇帝"改成"国主"还不够谦虚，好几次要求宋朝在来文中直呼自己的姓名（乞呼名）。在那个时候，直呼姓名可不是关系亲热的意思，被呼名者表示自己是臣属，地位较低。

　　为了让赵匡胤看着顺眼，李煜把朝廷内部机构、官职、公文的名称统统换了一遍，大大降低了自己的规格。如果你光从字面上去看，南唐活脱脱成了"宋朝驻江南地区办事处"。

　　搞到后来，一旦宋朝使者到南唐，李煜连黄颜色的衣服都不敢穿了，非要换上紫颜色的袍子才出来接见使者，等人家走了，再偷偷穿上。

　　更夸张的是，每当宋朝使者来的时候，除了李煜需要换一身行头以外，一群宫廷工作人员还要费力爬到宫殿房顶上，去拆掉一种叫作"鸱吻"的建筑装饰物。

　　原因很简单，那玩意儿只有帝王才配装，别人随便安装了，就有超标准装修办公场所的嫌疑。

　　这穿了脱、脱了穿，装了拆、拆了装，麻烦啊。

　　麻烦归麻烦，如果仅仅是上面那些动作，倒也没什么，毕竟都是些虚的。而李煜认为，光表现低姿态是远远不够的，还必须有更实际的行动。

　　从即位的第一天开始，李煜就想着法子给赵匡胤送礼，凡是宋朝打个胜仗、办个庆典、过个节日，南唐都要屁颠屁颠去送礼，一个都没落下，有时甚至没有理由创造理由也要送，每次都出手阔绰。

有人做过粗略统计，十三年里，南唐前后进贡了十八次，送了大约五千两金器、二十万两白银、二十五万匹绫罗绸缎，其他还有数不清的珠宝、茶叶、米麦，绝对是下了血本。

不光拼命送礼，李煜还拒绝了许多关于加强国防戒备、采取军事行动之类的建议，生怕哪点没做好，惹恼了赵匡胤。

李煜卑微地生活着，希望自己的诚恳可以换来南唐的生存，至少延缓它的存在。

他不知道（或者说不敢相信），国与国之间的实力均衡一旦打破，战争就不可避免！这一点不以人的意志为转移。

七月，宋朝使者梁迥来到了金陵，告诉李煜，宋朝将在今年冬天举行柴燎（古代祭祀活动）之礼，邀请南唐共同参与。

两国之间搞些礼仪交往活动，再正常不过，搁在以前，李煜肯定是派人捎上重礼积极响应一番。而这回，李煜陷入了焦虑。

因为梁迥告诉他，宋朝此次的邀请对象只限定一人——李煜自己。

傻瓜都知道，这是一项非常无理的要求，你搞迷信活动，关我甚事？如果真去了，还不是肉包子打狗，有去无回。

李煜终于明白，该来的终究是来了，十多年的卑躬屈膝还是未能躲过一场战祸，金钱也无法买来永久的和平，最后摊牌的时间到了！

去，意味着举国投降，不去，意味着和宋朝彻底撕破脸，面对这两难问题，李煜只能以沉默来应对（唯唯不答）。

但是，没过多久，宋朝使者李穆又来到了金陵，这回他带来的不再是一份请柬，而是一份赵匡胤的诏书："朕将以仲冬有事圜丘，思与卿同阅牺牲。"

基本意思和上一次差不多——我要搞祭祀活动，请你也一起过来。

不同的是，这回赵匡胤直接下达了旨意，旨意和"邀请函"可不是一回事。一旦违抗诏令，接下来就是名正言顺的讨伐。

李煜被逼到了墙角，毫无退缩的余地。他感到莫名的委屈。一直以来，他都优柔寡断、胆小怕事，但偌大一个国家，怎舍得拱手让出？

保持权力的渴望、自在生活的留恋、亡国命运的恐惧……让李煜找到了一丝残存的勇气，他郑重回复宋使：

"我侍奉宋朝，为的是保全家族宗庙，没想到到头来还是这样，今天大不了一死罢了（臣事大朝，冀全宗祀，不意如是，今有死而已）！"

面对宋朝的威胁，李煜以生病为由，坚决拒绝入朝。

其实，这个结果，赵匡胤早已料到。既然不能和平收服，那就武力解决吧。

开战！

下江南

开宝七年九月，赵匡胤以李煜"倔强不朝"为名，对南唐动兵。

南唐军队的战斗力不怎么样，但占据着地理上的优势，挡在宋军前面最大的障碍有两个：一条天然屏障——长江，一个坚固的据点——金陵城。

赵匡胤的军事部署围绕这一点一线展开。

为方便叙述，我们得麻烦赵匡胤打开军事地图，了解一下地理情况。

南唐北面，长江由西向东蜿蜒入海，构成其北部边境线。在南唐东北部，有一条由北向南的大运河（即隋朝时期开拓的京杭大运河），两条水系形成了"入"字形状。

"入"字一撇一捺的连接点，有一个战略位置非常重要的城市——润州，润州的西面则是南唐首府金陵城。

我们知道，金陵就是现在的南京，又有江宁、建康等称谓，是著名的古都，那里四面环山，素有龙盘虎踞之说。金陵城经过历代经营，修得相当坚固。

金陵在长江南面，沿江有许多沟通南北的渡口，著名的采石矶渡口就在金陵西面（今安徽马鞍山西南）。

沿着长江再往西，进入江西境内，我们就可以看到我国最大的淡水湖鄱阳湖，在这里，驻扎着南唐一支庞大的水军，称为湖口水军。

沿江继续往西看，就进入现在的湖北境内了，南平被灭后，这里已经是宋朝的地盘，宋朝在这里组建了自己的水军，对下游的南唐军队虎视眈眈。

好了，地理情况大致如此，我们再来听听赵匡胤的军事构思。

赵匡胤决心一鼓作气拿下南唐，参与进攻的部队主要分成五路：

第一路：由曹彬率领水军从江陵出发，沿长江东下，目标直指金陵。

第二路：由潘美率军驻扎在采石矶渡口对面的和州（今安徽和县），负责渡江作战，从西面攻击金陵。

第三路：黄州刺史王明（就是攻打南汉战役中，率军突袭贺州那位）率领一支部队扼守长江中游，牵制南唐的湖口水军。

第四路：一支驻守开封的水军从大运河南下，经扬州，入长江，负责攻击润州，从东面包围金陵。

第五路：与宋朝关系良好的吴越国军队北上，从东南面攻击润州，配合宋朝军队。

在这次阵势强大的军事行动中，曹彬被任命为主帅，潘美被任命为监军。

选中潘美，是因为他长期在南方作战，有丰富的地方工作经验。选择曹彬为主帅，赵匡胤另有一番考虑。

在大军出发前，赵匡胤照例宴请众位将领。

吃完饭，赵匡胤特意对曹彬叮嘱了一番："南方的事情，全都委托给你了，千万不要抢掠百姓，务必要树立朝廷的威信，让南唐百姓自动归顺，不要一味动用军事手段。"

赵匡胤的这番叮嘱是鉴于征讨后蜀的教训。说完，他收起了和颜悦色的表情，用冷峻的目光扫视了一遍座下的将领，郑重取出一样东西送给曹彬——一柄宝剑。

皇帝用来封赐大臣的剑，俗称"尚方宝剑"。它虽然不像小说中说的那样，可以上斩昏君、下斩谗臣，但能够体现皇帝的倚重。

曹彬接过剑后，所有将领都从赵匡胤口中听到了一句令他们毛骨悚然的话：

"副将以下，不用命者，斩之！"

也就是说，赵匡胤赋予了曹彬从未有过的权力，谁不服从前面的命令，他都有权直接斩杀！包括副帅潘美。

听了这话，潘美等人吓得脸都绿了，连头都不敢抬起来（皆失色，不敢仰视）。

赵匡胤深知，统一大业即将进入尾声。这块土地上的所有人，无论他曾经身处何地，曾经臣服于谁，以后都将是宋朝的子民。他们都将共同生活在一个国号为"宋"的国度里，只有他们的安定，才能保证宋朝走向繁荣昌盛。

现在，赵匡胤需要的是一支王者之师、仁义之师，绝不是一群只知道烧杀掳掠的兵匪。

这也是他选择曹彬出任主帅的原因。

宋朝这边厉兵秣马，准备得热火朝天，南唐那边依然不温不火。李煜主要精力还是在搞艺术创作和学术研讨（为高谈，不恤政事），原本势均力敌的一场战斗又弄成了宋朝将领的军事演练。

十月，曹彬的西路军率先发难，沿长江向池州进发。

从江陵到池州，横跨三个省，曹彬对困难进行了充分的估计。

可真正进入战场后，他发现自己的担心实在多余，江对面驻守的南唐军基本没人找他麻烦，都很有礼貌地目送他路过，有个别南唐部队甚至还主动送来慰问品（奉牛酒来犒师）。

　　之所以出现如此荒诞的一幕，是因为双方还没撕破脸的时候，南唐一向对宋朝很恭敬，看到对岸宋朝水军巡逻，都会主动送吃送喝，拍下马屁。这回宋朝突然进攻，南唐的边防军队还没收到具体的指示，更没做好应对准备，还是按老办法办事，就差没有为曹彬指路做向导了。

　　仗打到这个份儿上，也是无语。

　　当月，曹彬先后攻克池州、铜陵、芜湖、当涂等长江沿岸战略要地。

　　闰十月二十三日，曹彬所部抵达采石矶渡口，一举击溃驻守渡口的南唐军队。占领采石矶渡口后，宋军决定在此渡江。

　　要组织一支庞大的军队渡过长江可不是一件轻松的任务。别看宋军已经抢占了渡口，但那只是少量登陆的水军，并没有稳固的阵地。他们必须在此坚守，直到潘美率主力从江对岸渡过来。

　　要完成这个战略目标，潘美所部的渡江速度最为重要，如果不能马上完成，就有被赶到江里喂鱼的危险。

　　南唐君臣非常看重长江天险，决定趁宋军渡江未稳，发动反击。

　　然而，在宋朝的统一战争中，老天似乎特别不希望看到激烈的战斗场面，他为宋军送来了一个人。在这位奇人的帮助下，宋军异常轻松地战胜了长江天险。

　　这位奇人并不是一个宋朝人，而是一个南唐人——樊若水。

　　樊若水，字仲师，祖籍长安，南唐池州（今安徽池州）人。他的祖父、父亲曾担任过县令之类的小官，后全家在池州落户。

樊若水自小聪明，很想干出一番事业。遗憾的是，他的人生之路走得并不顺利，曾经多次参加科举考试，却都名落孙山。

所谓榜上无名，脚下有路。樊若水扔掉书本后，开始另辟蹊径，思前想后，他决定跑到宋朝来讨生活。

但摆在樊若水面前还有一个问题——如何让宋朝收留自己。

当时从南唐叛逃到宋朝的人可不止一个两个，樊若水不算什么重要人物，就算溜到了宋朝境内，顶多就是一个流民。

经过一番苦思冥想，一个大胆的构想在樊若水脑海形成，他决定凭借自己的特长为赵匡胤送上一份大礼，以此获得重用。

此后，书生樊若水摇身一变，成了一个垂钓爱好者，整天到采石矶渡口钓鱼。

不同的是，别人钓鱼时，经常坐在水边半天纹丝不动，樊若水却是驾着一艘小船钓鱼。钓鱼也不好好钓，而是在小船上放根绳子，把绳子一头系在南岸，然后飞快地驾船跑到北岸，再从北岸飞快地开回南岸，就这么在江面来回穿梭。

如此奇怪的举动，当然是醉翁之意不在酒。

系着绳子来回跑，其实是为了测量采石矶渡口的江面宽度，同时，他还顺便勘测了渡口附近的地形、深浅等情况。

开宝六年（973），樊若水完成科学勘测工作，只身来到开封，向正在筹划征讨南唐的赵匡胤献上了自己的计策——搭浮桥过长江！

在长江上搭桥？

樊若水的建议刚一拿出来，便引起了宋朝大小官员的议论。以当时的认知水平和实践经验，要渡过长江，从来都只能靠船，江上建桥，纯属天方夜谭。

面对质疑，樊若水从容不迫地提出了自己的方案，有数据，有地图，有步骤，极其详细完备。

听了樊若水的方案，赵匡胤明白，眼前这个书生并不是投机的落榜生，而是上天送来的一个旷世奇才。他连忙命人按照樊若水的建议开始准备工作，并赐予樊若水科举功名和官职。

得到重用后，樊若水义无反顾地投入到浮桥建造之中，进展十分顺利。

十一月初，宋军按照樊若水的设计，以黄黑龙船（一种大型船只）为浮动桥梁，用竹子编成大绳索将船只连贯固定，在长江采石矶渡口架起浮桥。

长江至此变为一片坦途。

当月，潘美军利用浮桥顺利渡江，与曹彬部汇合。两军在新林寨、白鹭洲（金陵城外围）等地击败前来阻击的南唐军队，斩杀近万人，俘获船只近百艘。

开宝八年（975）正月，宋军击溃金陵城外南唐军队十余万人，大获全胜。

二月，宋军兵临金陵城下。

李煜终于有所醒悟，从繁忙的文艺创作中抽出宝贵时间进行了防御部署。

简单地说，他点了三员战将：皇甫继勋、朱令赟和刘澄。

皇甫继勋负责守卫金陵城，主持首府的总体防务；刘澄负责增援润州，阻击宋朝和吴越东路联军；朱令赟负责统领湖口水军，随时准备支援金陵。

三人中，皇甫继勋和朱令赟已经露过脸了，两位曾经联手坑惨了南唐猛将林仁肇。特别值得一提的是，皇甫继勋的父亲我们也非常熟悉，正是当年在滁州被赵匡胤一击毙命的皇甫晖。

其实，当年那场战斗，皇甫继勋也在场，还曾经因为想逃跑，差点被老爸皇甫晖揍一顿。皇甫晖战死后，南唐很够意思，特地给他儿子皇甫继勋升了官（以父死难，擢将军）。后来南唐会打仗的将领死得差不多了，皇甫继勋居然当上了大将军，现在又临危受命，成为负责守卫南唐京城的主将。

皇甫继勋自从混成高级干部后，在生活享受方面积极钻研、勇于进取，什么豪宅豪车（马车）、美女钱财，一样都没有少拿，活得非常舒心。可自从被委以城防重任后，他开始每日都忧心忡忡。

当然你让他担忧工作是不大现实的，皇甫先生主要担心的是战争打个没完，自己的好日子没法过下去，所以私心里十分希望李煜早点投降。

只要钱财能保住，在哪里不是混饭吃呢？

皇甫继勋将这一人生哲学运用到了城防工作中，该吃的继续吃，该玩的继续玩，至于边关报警、前方战败等消息，既不办理，也不上报李煜，通通扔进废纸篓。

等混到开宝八年五月，皇甫继勋的鸵鸟战术混不下去了。

一天，长期闷在宫里的李煜想出来透透气，顺便找点创作灵感，心血来潮登上城墙转了一圈。

所谓不看不知道，一看吓一跳。李煜在城楼上放眼望去，金陵城外漫山遍野尽是宋军的旗帜。

实在欺人太甚！蒙皇帝还能蒙到这个地步！如果不出来转转，估计都可能被人当山芋卖了。

李煜立刻下令逮捕皇甫继勋，把这个饭桶连同几个同案犯通通拉出去剁了。

剁完以后，李煜的生活还要继续。

以更悲惨的方式继续。

三月，宋朝和吴越国联军南北对进，联合进攻金陵东面的重镇润州。

前面说了，李煜派去镇守润州的将领叫刘澄。

刘澄是李煜做皇子时的旧属，深得李煜宠信，官封侍卫都虞候，长期负责李煜贴身警卫工作，几乎形影不离。

事到临头，李煜决定忍痛派刘澄出场，并亲自为他送行。李煜本来就感情丰富，一到离别时刻，不免眼圈发红，鼻子发酸。他对刘澄动情说道：

"你本来不该离开我，我也不想离开你，但是这件事（守卫润州），除了你，没人能办得让我称心如意（卿本未合离孤，孤亦难与卿别，但此非卿不可副孤心）。"

皇上如此动情，刘澄也被感动得热泪盈眶，当即表态要拼死一搏，报答君恩。说完，刘澄立刻把感动转化成了行动。

拜别李煜后，刘澄马上回家，把家里的值钱财物全部打包装车，一起运往润州，并信誓旦旦留言："这些都是以前皇上赏赐的，现在国家有难，我要散尽家财，建功立业！"

都什么时候了，居然还有如此靠谱的忠臣。看着打包走人的刘澄，李煜敏感的神经又一次被深深触动。

都说国乱念忠臣，总算没白信任你，以后全靠你了！

靠得住才见鬼。

鉴于此前李煜纯洁的心灵已经被伤害得遍体鳞伤，我就不再详细介绍刘澄在润州的表现，只是简单说个过程。

刘澄到了润州后，概括起来干了三件事：首先是排挤了一个有才华想抵抗的将领，然后是派人和宋军联系洽谈投降事宜，最后是连哄带骗说服其他将士跟着他出城投降。

工作结束，完工。

至于打包钱财那档子事，当然是为了保证投降后能够继续保持较高的生活水平，可以理解。

失去润州后，金陵城受到东西两面夹击。

被欺骗感情的李煜还来不及擦眼泪，很快又遭受了第三次打击。

大将朱令赟有一定的谋略和水平，他的湖口水军是南唐最后可以指望的军事力量。

在李煜的反复催促下，朱令赟离开湖口，率全部军队向金陵进发，大军号称十五万，其中的巨型战舰能容纳一千个人，阵势极为壮观。

但这支生力军也没给李煜带来惊喜。

先是朱令赟安排他人留守湖口，保住后路，结果愣是没人敢揽这活儿，只好孤注一掷往前冲。一路顺水东下，又遇上了江水干涸，大型船只堵在那里开不快。半路遇到宋军袭击后，想用火攻，又碰上了江面刮北风，大火烧了自己。朱令赟自己倒很积极，但架不住军心已经涣散。

在一连串打击之下，这支庞大的水军连金陵城都没看到，就半路溃散，朱令赟不幸战死。

李煜等得望眼欲穿，没等到半个援军的影子，却等来了湖口水军全军覆没的消息。

至此，南唐的有生力量消耗殆尽。

走投无路之下，李煜想到了一个不是办法的办法。

卧榻之侧，岂容他人鼾睡

李煜想到的办法是派人去请求赵匡胤停止进兵。

要说这绝对是一个很傻很天真的想法。可到了这种时候，李煜死马当活马医，还是决定试一试。

既然派去游说，就要找一个合格的说客。

"说客"是靠嘴皮子混饭吃的一个行当，主要工作内容是说服别人接受自己的建议，比如缓兵、投降、联盟、反水等等。有时候，一张好嘴还真能够顶上几万大军。一般来说，能当说客的人，往往学识渊博，口才特好，战国时的苏秦、张仪堪称该行业的殿堂级人物。

李煜精挑细选，把任务交给了江南才子——徐铉。

徐铉，字鼎臣，广陵（今江苏扬州）人。据说此人十岁就会写文章，不但学问极好，口才也是一流，是公认的大才子，名气大到天下皆知。

说起来，徐铉已经不是第一次出使宋朝。此前，在南唐向宋朝进贡的时候，他曾作为押伴使来过一趟，还引出了一个令人啼笑皆非的小故事。

按照当时的外交礼仪，外邦派人过来进贡，宋朝也得派一个人前去迎接陪同。可宋朝官吏听说南唐派来的人是徐铉时，竟然没有一个人愿意去当陪客，主要是因为害怕自己的才学比不上徐铉，在言谈交流中落了下风，面子上挂不住，不好回去交差。

由于大家都不想去，一直推来推去，始终定不下人选，官司居然打到了赵匡胤那里。要说领导的办事思维就是不一样，赵匡胤以一种极其简单的方式解决了这个难题。

赵匡胤命人把殿前侍卫的花名册拿了过来，也不怎么仔细看，随手往名单上一戳。

得，就是他了！

具体指定了谁？史上没有记载。不但我不知道，相信赵匡胤自己也不认识那位老兄。

殿前侍卫并不是殿前司将领，只是一些品级极低的下层武官而已，赵匡胤别说记住名字，有没有打过照面都是问题，也就是随便一点罢了，谁知道他高矮胖瘦、何方人氏？

当然，有一点赵匡胤是很确定的，能上这个名单的，文化程度一般以文盲和半文盲为主，和才华、学问之类的字眼完全绝缘。

下面的大臣被赵匡胤搞得目瞪口呆，可既然最高领导发话了，也不好说什么，只能照办。

再说徐铉，他并不知道宋朝派来的人是什么文化水平，一路上依然谈天说地、说古论今，侃得不亦乐乎。可怜那位殿前侍卫，稀里糊涂地领了份差事，稀里糊涂地上了路，听了一路稀里糊涂的东西，除了"嗯""啊"应几声外，根本没吭声。

没办法，就他的文化水平，听徐铉谈那些玩意儿，就类似于我在参加英语听力测试，实在搞不懂。

谈到后来，连徐铉自己都没兴趣了，干脆主动闭嘴。

这回徐铉又来了，宋朝官员不敢怠慢，都建议赵匡胤做点准备（宜有以待之）。

赵匡胤依然十分洒脱："尽管让他来，其他事你们就不用瞎操心了（第去，非尔所知也）。"

徐铉入殿后，刚见到赵匡胤，开门见山说道："李煜无罪，陛下师出无名。……煜以小事大，如子事父，未有过失，奈何见伐？"

这两句话是《新五代史》中原文，很好理解——我没犯错，你凭啥打我？

接下来，完全成了徐铉的自由发挥时间。

大堂之上，徐铉口若悬河，唾沫四溅，从各个角度论证了半天（其说累数百言），一路下来不喝水、不喘气，相当有战斗力。侃了那么多，中心思想就一点：李煜是很老实的，不来朝见是有苦衷的，欺负李煜是毫无道理的。

总之，你这么做，是那么冷酷，那么无情，那么无理取闹！

赵匡胤似乎也很耐心，和徐铉你来我往讨论了很久（上与反复数四），主要观点也只有一个：统一是大势所趋的，朝廷对南唐是非常克制忍耐的，再顽抗到底是没意思的。

总之，我再冷酷，再无情，再无理取闹，也不会比你更无情，更冷酷，更无理取闹！

吵到后来，徐铉情绪越来越激动，嗓门越来越大。结果，彻底惹火了赵匡胤。

为结束这场无聊的争论，赵匡胤手按宝剑，霍然站起，目光直逼徐铉，怒吼道：

"不须多言，江南亦有何罪，但天下一家，卧榻之侧，岂容他人鼾睡乎？"

卧榻之侧，岂容他人鼾睡！

这句话，此后被无数有名无名的政治人物引用过，实践过。

残酷的斗争，只能有一个人笑到最后，只能留下唯一的胜利者。

规律使然，与道义无关。

这一点，李煜，你永远不懂。

赵匡胤没有接受李煜的缓兵请求，但围城的宋朝军队却延缓进攻，经常是打打停停，甚至是围而不打。

倒不是南唐的抵抗多有成效，而是主帅曹彬心有顾虑。他一直牢记着临行前赵匡胤的嘱托，生怕攻城开始后，引发士兵的劫掠。

围而不打，就是为了等待李煜主动归降。

为了迫使李煜屈服，曹彬切断了金陵和外界的所有联系通道，使它成了一座孤城。随着战争的持续，金陵城内粮食日渐短缺，士气十分低落。

可即便如此，李煜还是死撑着不投降，对宋军的警告一概装聋作哑，摆出了能混一天是一天的态度。

这种状态一直持续到开宝八年十一月，曹彬终究失去了耐心，他向李煜发出最后通牒：

这个月的二十七日，就是金陵城陷落的日子，你趁早做好准备！

李煜知道曹彬要动真格的了，就回复说，咱决定投降了，正准备让儿子李仲寓到开封去请降呢。

反正是投降，谁办手续都一样，曹彬倒也不计较，立刻答应了李煜的请求。

曹彬一心想办成事，后面几天，每天在城外盼着李仲寓快出来，可人都快盼成企鹅了，还是连人影都没看到。于是，他开始每天派人去催，而且一天催得比一天急。

最后，曹彬等到了李煜的答复：您少安毋躁，还得再耐心等会儿。李仲寓出行的服装还没有做好，此外，我们给他准备的送别晚宴也尚未办好（趣装未办，宫中宴饯未毕），等到了二十七日，自然会出来的。

真是奇了怪了！

到开封去办投降手续，又不是去参加环球旅行，等了你这么多天，磨蹭了这么久，还挑什么衣服，办什么送别晚宴，怕不是消遣我吧？

李煜的拖延法把老实人曹彬都惹火了。曹彬立刻派人告诉李煜："你也用不着磨蹭了，这回就算你二十六日出来，也来不及了！"

曹彬是老实人，老实人愤怒起来，后果更严重。他再也没心思陪李煜扯皮，决意强行攻城。

可就在下达攻城命令的前夕，曹彬自己突然病倒了。

主帅病倒，众将领都去看望。

等到了床前，众将发现，曹彬其实并无大病，之所以把大家引来，只是为了做一番告诫："我这病不是什么药可以治好的，需要你们共同盟誓，答应我攻破城池后不任意杀害一人，如果真能做到，我的病也就好了。"

　　这是一个非常耐人寻味的小细节，要申明纪律直接说就得了，何况你还有把御赐宝剑，用得着装病吗？

　　事实上，这是曹彬的风格，也是他的性格。他想不折不扣地执行赵匡胤的命令，又不想强势打压众将领。

　　两边都要绷得住，也只能如此。

　　这种行事风格有优势，也有缺点，成就了曹彬前半生的荣耀，也为他后来的失败做了注脚。

　　宋军众将领已在城下憋了很久，都急着要攻城，好早点回家过年。听曹彬这么一说，赶紧烧香发誓，表示一定严格约束军纪。

　　得到众将的承诺后，曹彬从床上一跃而起，立刻组织攻城。他将总攻日期仍然定在二十七日。

　　此时，金陵城已经像一个熟透的苹果，只要轻轻地一摇，就会坠落。对于金陵城陷落的过程，我依然无法多用笔墨，除了些鸡毛蒜皮的事情，确实无甚可写。

　　十一月二十七日，金陵城陷。

　　同月，李煜奉表投降。

　　十二月，捷报传至开封。

　　至此，南唐所辖十九州、三军、一百零八县、六十五万五千零六十五户尽入宋朝版图。

　　片片江南烟雨，一日终归尘土。

开宝九年（976）正月，李煜和宗室子弟、臣属等一起被押到开封，开启了他的另一段人生。

明德门外，李煜穿白衣戴纱帽在楼下待罪，虽然照例获得免罪，却得到了一个侮辱性的名号，违命侯。

在开封，李煜成了真正的孤家寡人。

昔日金碧辉煌、雕梁画栋的宫殿不见了，属于他的只有一处孤零零的寓所，为数不多的仆从除了为他提供服务外，可能还在监视他的饮食起居。

金陵城破的时候，他心灰意懒，把宫中钱财都散发给了近侍，现在的生活只能依靠并不丰厚的恩赐，以前的精致享受只停留在记忆之中。

那些曾经前呼后拥、相互诗文唱和的臣僚不见了，他们已经谋到了新的差事，正忙于向新的主人献媚。只有零星几人来做礼节性的探望，即便是来了，也只是不痛不痒地说几句问候的话，或许是为了避嫌，或许是真的已经无话可说。

所幸的是，小周后还陪伴着他，但现实已经无法为他们提供优渥的条件，处境感染心境，他们不再是神仙眷侣，更像是一对相互取暖的天涯沦落人。

怨谁呢，是谁造就了这一切呢？悔恨吗？又有何用？

对于所有的改变，李煜只得颓然接受。他知道，从这天开始，他只是大宋朝一个特殊的囚徒而已。

然而，李煜终究不是刘禅，脆弱敏感的他，内心不可能对人生境遇的改变无动于衷。

从一国之君沦为阶下之囚，李煜将所有的不如意倾注到诗词创作之中。诗词成了他生活中唯一的寄托，成了陪伴他走完人生最后一程的朋友。

"最是仓皇辞庙日，教坊犹奏别离歌。垂泪对宫娥。"

李煜用词描摹离开金陵的感伤。

"梦里不知身是客，一晌贪欢。……流水落花春去也，天上人间。"

李煜用词感叹人生的大起大落。

在苦闷的生活里，李煜词作的艺术水准却突飞猛进。除了语言一贯精致巧妙外，词的内容开始从简单地描写风景人情，转为对家国人生的思考，词的内涵和意境为之拓展，对以后词作在宋代的兴盛做出了巨大贡献。

> 词至李后主而眼界始大，感慨遂深，遂变伶工之词而为士大夫之词。
>
> ——王国维《人间词话》

国家不幸诗家幸，赋到沧桑句便工。诚如斯言。

他不是一个合格的君主，却是一个天才的词人。

他创作了最后一首令人拍案叫绝的词作，达到了诗词创作的巅峰，也为自己的人生画上了哀伤的句号。

春花秋月何时了？往事知多少。

小楼昨夜又东风，故国不堪回首月明中。

雕栏玉砌应犹在，只是朱颜改。

问君能有几多愁？恰似一江春水向东流。

太平兴国三年（978）七月，南唐后主、宋陇西郡公李煜卒，年四十二。

第十章 看不见的敌人

著名的饭局

从黄袍加身到征服南唐，里外忙活了十七年，赵匡胤基本完成统一大业。

之所以说只是"基本完成"，是因为还有几块小碎片没有纳入，咱们再帮忙清点一下：难啃的"北汉"大家都知道，不说了。南方还有两个小政权，一个是好朋友"吴越"，关系实在铁，都没好意思动手；另一个在福建的泉州、漳州地区，算是半独立状态，没什么威胁，也暂时留着。

如果按现在的国家版图来看，在云南地区，还有个段氏家族所建立的大理政权，在西北地区，还有个党项人建立的政权，再加上辽国占领的幽云十六州，如此算来，宋朝的版图确实比较小，和汉、唐相比，住得挤了点。对于这个问题的认识，我们在后面继续讨论。

用武力统一帝国是件辛苦的事情。可辛苦归辛苦，桀骜不驯的叛将也罢，割据一方的军阀也罢，总归是看得见摸得着的敌人，能不能打，怎么打，总有个说法。

但还有一个"敌人"则比较特殊，它看不清、摸不着，对付起来更难。这十七年里，赵匡胤在南征北伐的同时，一直在努力应对这个"看不见的敌人"。

这个敌人，我们可称呼为"旧的体制"。

除了打天下，你还要治天下，这是帝王和军阀的区别。

如果我们把帝国比作一艘船，那么皇帝就是这艘船的船长。赵匡胤当上船长后，为了避免重蹈覆辙，开始系统研究前面几任船长的翻船教训。

通过几年的研究，他发现，这艘船之所以老是摇来晃去，频繁出事故，除了前面几任船长有个人责任外，更重要的是船本身出了故障。准确地说，由于年久失修，这已经是一艘破船，再不修，还得出事故。

意识到这一点后，赵匡胤决定对破船做一番大的整修。用政治术语讲，他将推动一次体制上的变革。

几年里，赵匡胤在赵普等臣僚的参谋下，不动声色地改变着原有的统治秩序，逐步纠正着唐末以来的社会弊病，一个新的统治模型正在形成，它为宋朝此后几百年的统治奠定了基础。

下面我将对宋朝发生的制度变革做专门介绍，由于许多变革具有连贯性，有些并不是赵匡胤任内完成，而是由接下来几任赵氏船长接力完成的，为叙述方便，我也一并介绍，在此特别说明。

一般说来，体制制度之类的内容是很无趣的，里面没有打打杀杀，没有阴来阴去，看起来非常白开水，非常让人想困觉。可了解这些内容能帮助我们更好地看清历史本质，也是理解下面故事所不能缺少的。所以，不写是不行的，写得太枯燥，也不行。我尽量用活泼的方式写，努力让大家不打瞌睡。

从五代后期到宋朝初年，禁军不断扩大，已经成为主力军的代名词。谁掌握了禁军，谁就控制了帝国的命脉。赵匡胤靠禁军发家，他的改革也从这里开始。

细心的朋友会发现，赵匡胤派军队四处征战的几年里，任用了很多战将，而且出现的面孔都有点陌生。

如果大家还记得，在陈桥驿将赵匡胤扶上皇帝宝座的，还有另一拨人，比如石守信、王审琦等最信任的好哥们儿。自从平定李筠、李重进叛乱后，他们好像从人间蒸发了，再也没有露过脸。

他们去哪儿了？

其实，人家已经回家休养好几年了。

这帮人和赵匡胤关系很铁，战斗经验丰富，而且远远没到退休年龄，怎么就提前下岗了呢？

事情要从一个饭局说起。

有人说，中国人的文化是"吃"出来的，所谓吃力、吃苦、吃老本、吃亏、吃醋、吃官司，什么事情都可以用"吃"来描述。

中国人如此重视"吃"，自然也喜欢通过请客吃饭来解决问题。一顿饭下来，酒也喝了，话也说了，关系也近了，你如果还想抹嘴装蒜，就太不够意思了。国人给不得不应付的吃饭起了一个很中国化的名字——"饭局"。

正因为具有成本低廉、实施方便等优点，饭局受到历史上众多政客的青睐，成为他们交易、诱杀、窥测的重要平台，把接风宴吃成断头饭的事情也没少发生。有不少饭局因为斗争激烈、情节曲折、影响深远而名垂史册，比较著名的有"鸿门宴""煮酒论英雄"等。

建隆二年（961）七月，又一个著名的饭局出现了。

饭局的主人是赵匡胤，客人是石守信、王审琦、高怀德、张令铎等禁军高级将领。

那是一次晚宴。

和许多饭局一样，开场气氛十分和睦，赵匡胤频频劝酒，和大家开怀痛饮，边吃边聊。

石守信等人很享受这种宽松的氛围。一年来，又是发动兵变，又是平定叛乱，紧绷的神经终于可以放松一下了。几盏酒下去，大家仿佛又找到了"义社十兄弟"时的感觉。

这里没有君君臣臣，没有繁琐的宫廷礼仪，只有共同出生入死的好兄弟，大家把酒言欢，无所顾忌，好不畅快。

然而，西方有句名谚，叫作"天下没有免费的午餐"。同理，到了中国，也不会有白吃的晚饭。此后，石守信等人马上会意识到，眼前美好的氛围只是他们的一个错觉。

正当众人喝得酒酣耳热之际，赵匡胤忽然示意左右侍从全部退下，脸上一扫刚才的笑容，连声叹气说道："没有你们的帮助，我不可能有今天，论你们的功劳，实在是太大了。"

石守信等人还沉醉在酒宴之中，不明白赵匡胤怎么突然来这么一句，只好狐疑地看着他，不敢接茬儿。

赵匡胤接着叹气："做天子也艰难啊，我每天都为此睡不着觉，还不如做节度使来得快活。"

众人被赵匡胤的话搞得一头雾水，更加摸不清楚状况，忙接着问为什么。

赵匡胤放下酒杯，继续说道："这还不明白吗？当皇帝的感觉虽然好，但是谁不惦记着这个位置呢？"

到这里，石守信等总算有点明白过来了，顿时酒意醒了大半，赶紧接着问下去："现在天下已定，谁还敢再动这心思？"

赵匡胤身子往后靠了一靠，意味深长地看了一眼在座的众人，缓缓说道："不一定啊。你们虽然完全值得信任，但如果你们的下属贪图富贵，一旦将黄袍披在你们的身上，即使你们不想干，也办不到啊（汝虽不欲为，其可得乎）？"

"汝虽不欲为，其可得乎？"

整个饭局，这句话是点睛之笔。看似直白，其实十分含蓄，十分艺术。

此话一出，大家酒全醒了。

石守信等连忙跪下磕头抹泪："我们实在太蠢了，想不到这一点，希望陛下可怜我们，指明一条生路吧。"

赵匡胤连忙叫众人起来，亮出了他的底牌："人生短暂，说到底就是为多攒点钱，让子孙后代有吃有穿。你们不如放弃手中的兵权，到地方上担任官吏，买些田产房产，为子孙留下永远吃不完的产业。再买些歌儿舞女，每天喝酒享乐，一辈子不是过得很快乐吗？我也和你们结为儿女亲家，这样我们君臣间就更没有猜疑了，不是很好吗？"

啰嗦了那么多，中心思想就是希望诸位从此放下刀枪，安心过上花天酒地、奢侈享乐、没心没肺的好日子，成为一个有地位、没理想、有财富、没追求的世袭土豪。

石守信等人本以为将招来杀身之祸，见赵匡胤说得这么清楚，安排得这么具体周到，连忙磕头拜谢："陛下替我们考虑得这么周全，真是我们的再生父母啊。"

第二天，所有参与酒宴的将领一上朝就集体递交了辞职报告，纷纷表示自己的身体健康状况出了问题，强烈要求辞去禁军中的职务，办理病退手续。

赵匡胤在关切问候他们的个人状况后，爽快地批准了所有的辞职申请，并安排他们各自到地方担任节度使。

自此，在一个晚宴过后，赵匡胤成功和平解除禁军系统多名高级将领的兵权。

史书为这个饭局起了一个专有名词——"杯酒释兵权"。

"杯酒释兵权"实现了权力的和平转移，但尚不能让赵匡胤高枕无忧。他毕竟是皇帝，无论如何，总不能自己直接管理军队吧？换一拨人上来，你就能吃得香、睡得着了？

当然，你的疑问赵匡胤也想到了，而且他也没闲着。

抑制武人

"杯酒释兵权"之后，赵匡胤趁热打铁，对禁军系统进行了深入变革。

此后，禁军侍卫司被拆分成了侍卫马军、侍卫步军两个部分。原来的殿前、侍卫两司变成了殿前司、侍卫马军司、侍卫步军司三个机构。即所谓的"两司"变"三衙"。

如此一来，著名的"禁军三衙"正式形成，将帅的权力更加分散。

石守信等人走后，禁军系统原有的十个重要的将帅岗位，要么被彻底废除（如赵匡胤曾担任的殿前都点检、副都点检岗位此后不再设立），要么就长期缺岗。能够成为禁军统帅的，往往是些资质平庸或者资历较浅的将领，即便如此，也是经常轮换人选，反正是不让你屁股坐热。

除此之外，赵匡胤还给将帅们立了不少规矩，最有名的是禁止"培养牙兵"和禁止"军人结社"。

先从"牙兵"的事情说起。

所谓"牙兵"，不是指武装到牙齿的士兵。通俗的叫法是"亲兵"，是指和将领关系特别亲近，对将领特别服从的士兵。

到底亲近、服从到什么程度呢？我可以举一个简单的例子。

公元前3世纪末，匈奴王冒顿单于因为不受老爸头曼单于待见，琢磨着武力夺权，但又怕人家不肯跟着他干，就刻意训练了一批牙兵。

具体培训方法如下：

冒顿单于制造了一种响箭（鸣镝），并命令士兵"听到他的响箭射出，所有人都必须拿起弓箭，射向一致的目标，否则直接处决"。

命令完毕，试验开始。

冒顿用响箭射鸟兽，发现有不射的，杀。

冒顿射自己的良马，左右有不射的，杀。

冒顿射自己宠爱的妻子，左右有不射的，杀。

至此，牙兵队伍建设结束，正式投入使用！

冒顿射父亲头曼单于，左右齐射……

说到底，牙兵最大的特点就是无限忠于自己的统帅，愿意为将帅做任何事情。包括，造反。

所以，在赵匡胤看来，牙兵跟蛀牙差不多，非拔掉不可。

接着说军人结社的问题。

军人结社是指在军队中搞兄弟结拜、同乡会、战友会之类的小团体。严格来讲，办这种事情的人倒不一定是有地位的将帅，反而是一些低级的小士兵比较多。

人家搞个小团体，纯属个人自由，还能增加点队伍凝聚力，有什么不好呢？

作为一个从最底层干起的职业军人，赵匡胤自己的经历告诉他，谁都保不准这些烧黄纸、拜天地的小卒中，将来会不会蹦出几个军队统帅。

一旦这些人手握重权，再相互提携援引，极有可能又会出现一个翻版"义社十兄弟"。

所以说，想继续在赵匡胤的军队里混饭吃，桃园结义之类的事情是绝对不被允许的，甚至将帅之间走得太近也不行。

人一般都最容易从自己的身上找到经验教训，那些刻骨铭心的经历才是最好的老师。

赵匡胤绝不允许再有人复制自己的成功，连这种可能性都不允许存在！

管住将领，只是宋初军制改革的一个开始。

赵匡胤也知道，光靠这些措施还远远不够。毕竟，人家有没有拉帮结派，有没有培养牙兵都是私底下的事情，你又不可能二十四小时跟踪他。

因此，为了确保对军队的绝对控制，赵匡胤设计了一套极其复杂的军事制度，其中最著名的是"调兵权""握兵权"分立制。

在解释这套制度之前，让我们先来了解一下两个关键机构。

枢密院，这个机构其实早在唐代就有了雏形，当时一般由宦官担任枢密使，主要职责是替皇帝传话、收奏章，充其量就是皇宫里跑快递的，不怎么起眼。然而后来，握权宦官多以枢密使名义干预朝政，甚至废立君主。

唐昭宗时，借朱温之力尽诛宦官，枢密使开始转由士人担任。到了宋朝，枢密院正式成为掌管军事决策的机构，地位变得十分显要。

当时，中书门下负责全国行政，称为东府，枢密院负责军事，称为西府，两者合称"二府"。枢密使、枢密副使也和宰相、副相并列，合称"宰执（宰辅）"，都是宋朝最高等级的官员。

正因为枢密院负责军事决策，所以它拥有一项核心权力——"调兵权"，也就是说，哪支军队该去战场玩命，哪支军队可以晒太阳，都得由它说了算。没了枢密院的命令，甭管你地位再高，连个杂役都调不走。

枢密院尽管权力很大，地位很牛，但平时却不负责管理军队，管理军队的仍是禁军三衙。

三衙主要负责军队驻地守卫、战术训练、将士赏罚等日常工作。简而言之，握兵权还是操控在三衙手中。

此时，三衙就好比一个厨师，虽然煎炒烹炸样样来，但只负责把菜做好，至于端给谁吃，那要看枢密院递过来的条子。如此一来，二者谁都甭想吃独食，哪怕偷喝一口汤，也会马上被检举。

当然，仔细一推敲，这个设计似乎还有一点点美中不足。试想，如果有那么一位三衙将领真想模仿一下赵匡胤，他大可以等接到某项任务后，领着军队去表演"陈桥兵变"。

至于枢密院的指令，完全可以当作一张废纸。队伍都拉出来了，还由得了你？

没问题，你的顾虑领导都替你想好了。所以，发展到后来，三衙的将领不再直接带兵，一支军队要调动或出征，由枢密院临时任命新的将帅负责。

从此，调兵权、握兵权之外，又多了一项"统兵权"，实现了宋朝军制上的三权分立。

所谓"枢密院掌兵籍、虎符，三衙管诸军，率臣主兵柄，各有分守"是也。

费那么大劲，这做法真的有效吗？

从后来的用户反馈情况看，效果应该是不错的。

毕竟，再猛的将领也是人，想完成造反这样的伟大事业，底下必须还有一群愿意跟他一条道走到黑的人。而这种关系肯定不可能是一两天可以建立的，必须长时间一起喝酒、砍人，彼此才会相互信任。

正所谓，感情是要慢慢培养的。

但按照上面的制度设计，一个将领往往平时长期担任光杆司令，某一天，突然一纸调令飞来，就被拉到一支陌生的队伍面前，告诉你，从此以后，他们就归你管了。

而迎接这位将领的，恐怕只能是一些上下打量、游移不定的眼神。

当你好不容易和队伍熟悉起来，刚能叫出下属的名字，枢密院就开始担心你已经失去新鲜感，又将你一把拎到了另一个地方。

就这样，将领和军队彻底被分割了，所有的军事资源都集中到皇帝一人手中，极大地巩固了皇权。

　　然而，分权对巩固皇权固然有利，却也有着明显的弊端，它所带来的弊端给整个宋朝带来极大困扰。

　　经过一番变革，赵匡胤牢牢掌握了禁军，可他离高枕无忧的日子还很远，一股足以威胁皇权的力量尚未清除。

节度使

　　节度使问题堪称历史遗留问题。

　　到了宋朝初年，统治秩序日趋稳定，地方节度使割地称王、嚣张跋扈的情况基本不存在了，但潜在的威胁还是有的。全国还有大小三十余个节度使，大多数节度使都占着一块地盘，养着数量不少的军队，收税不上交，有事不请示，死了有人接班，留着这些独立王国，终究不是个办法。

　　建隆二年七月，就在平定李筠、李重进后不久，赵匡胤和赵普为解决节度使问题进行了一次谈话。

　　赵匡胤问赵普怎么才能彻底平息兵祸，让国家长治久安。赵普对这个问题考虑已久，他做出了一个经典的问答。

　　"稍夺其权，制其钱谷，收其精兵，则天下自安矣！"

　　这句话提到的几项措施非常有名，被许多学者认为是宋朝初年解决节度使问题的"三大纲领"。

　　"三大纲领"翻译成大白话也简单——（让他们）把权交出来，把钱交出来，把兵交出来！

说得轻巧。

确实，类似的方法其实在唐代就有人提出过了，最后都没搞成，藩镇之祸还是越闹越大。

节度使都不是善男信女，好日子谁不想多享受几年，凭什么你说句话人家就听你的？如果把这伙粗人惹毛了，都是要拿刀来和你玩命的。

赵匡胤和赵普都知道其中的利害，所以他们很好地掌握了改革的步骤和方法。

但凡改革若想成功，一般都必须尊重现有的环境和条件，有条不紊地开展，才能慢慢起效。如果谁想一口吃成胖子，肯定要被噎住。

类似例子历史上也不少，甲午战败后，清朝光绪皇帝眼睁睁着自己被一个岛国欺负得又割地又赔款，非常着急上火，看了康有为的折子热血沸腾，火烧火燎地搞维新，变法措施一天一个，恨不得一夜之间完成富国强兵，还丝毫不顾忌老女人的心理感受，结果弯转得太快，把自己摔进阴沟里了。

赵匡胤是从战场、官场混出来的双料冠军，懂得欲速则不达的道理。

为此，赵匡胤对节度使采取了循序渐进、以柔克刚的方法。

在宋朝建立后的十几年里，朝廷几乎每年都针对节度使颁布几项政令，条目繁多，内容十分庞杂，看起来十分头晕，实在是历史考卷出多项选择题的绝佳素材。当然，读我的东西是不需要咬铅笔、拍脑袋的，我只拣几条重要的列举一下，让大家有个了解：

建隆三年三月，令将死刑复核权收归朝廷刑部，不准地方擅自决定。

建隆三年十二月，令每县设置"县尉"，负责地方治安，节度使不得再派镇将干预。

乾德元年三月，开始由朝廷选派官员到节度使所属州担任主官。

乾德元年六月，开始由朝廷选派京官到节度使所属县任知县。

乾德二年，令各州财赋除留下必要的经费外，均送往京师。开始对茶、酒等重要物资实行国家专营，不准地方自主经营谋利。

乾德二年三月，令节度使不得自行召署幕僚，幕府人员由朝廷统一选派。

乾德三年八月，令地方州县将军队中精锐战士选送到朝廷，补充禁军。

乾德三年九月，令设置路转运使，负责掌握各地的财赋情况，保证地方收入上缴朝廷。

开宝四年正月，令各州县在官吏有缺的时候，必须上报后由朝廷选派。

开宝六年七月，令各州设司寇院，选派文臣出任司寇参军，负责案件审理。令各州地方财政支出计划和账簿必须经朝廷审核批准。

…………

观察以上命令的内容，大家不难发现，绕来绕去都只有一个命题：把地方上的权力都收上来，学名"中央集权"。

其实，内容本身并没什么了不起，最精妙之处在于，赵匡胤并不是一次性发布这些政令，而是温水煮青蛙似的慢慢施行，很多命令也不是一次性全国铺开，而是先捏几个软柿子，再逐步推而广之。

除此之外，赵匡胤在颁布政令的时机把握上也十分讲究，一般都是等抓住了某个节度使的把柄，再趁机下达一项政令，比如等某地出了大冤案，搞得人神共愤了，再趁机把司法权收上来；等某位老资格的节度使挂了，再把辖区收归朝廷，此后不再新派节度使。当然，连续敲打他们的同时，也不忘经常给点物质利益，安抚一下他们受伤的心灵。

经过十几年的修理，想当年牛气冲天的节度使统统一夜回到解放前。以前说啥是啥，现在连个县长都不搭理你，不服气的话，还偷偷举报你一下。以前从来不差钱，现在如果多养几个人，连发工资都很困难。以前麾下精兵猛将，现在只留下几个老弱病残，勉强能够站岗放哨充个数。

好日子到此为止吧。

在这种形势下，许多节度使也没兴趣在地方混了，干脆主动到朝廷挂个虚衔，领一份比较优厚的薪水，早早开始享受余生。

到后来，节度使逐渐变成了一个荣誉职位，成为一员武将最高地位的象征（一品），却不再拥有实际的权力。

这个折腾了两百余年的庞大利益集团终于成为历史。

当兵的人

用"分权制"控制禁军将领，用"三大纲领"瓦解地方节度使，都干得非常漂亮。可在赵匡胤看来，他所建立的军制中，最得意的并不是上面两项。

他最中意的制度为"荒年养兵"。

顾名思义，荒年养兵就是每逢遇到灾荒年份，朝廷就大规模招录流民、饥民当兵。

中国自古就是一个灾害频繁的国家，什么洪涝、大旱、蝗灾等史不绝书，当时的抗灾能力弱，一碰到这种倒霉事，受灾地区往往出现成批的饥民，饥民没饭吃就到处找吃的，成了流民。饥民、流民聚集得多了，自然成了不稳定因素，历史上大多数农民起义都和上述群体有关。

赵匡胤意识到了这个问题，所以他想出了"荒年养兵"的办法，并让它成为宋朝的一项传统。

把没饭吃的人招募过来，转为国家军队的士兵，让他们填饱了肚子，还省得平时挨家挨户抽壮丁，既保证了农业生产，又维护了社会稳定，一举两得，看起来不错。

可这办法的弊端也很明显。一到荒年就招兵，容易造成士兵数量激增，当兵的要吃饭，自己又不种粮，国家的负担就重，这个缺陷后来成为宋朝君臣头痛不已的难题。

当然，荒年养兵并不意味着谁只要没饭吃，就可以到军营里领饭票。当兵也是需要具备一定条件的。

在介绍如何成为一个宋朝士兵之前，我们需要先来了解一下宋朝军队的构成。

宋朝的军队由禁兵、厢兵、乡兵和蕃兵构成。

禁兵就是禁军士兵，正规军中的主力军，不用多介绍了。

厢兵也是宋朝的正规军，但属于地方部队，往往是猛男都被选送到禁军后，剩下相对老弱的充作厢兵，因此战斗力不强，主要干一些运粮食、修城墙之类的脏活。

乡兵是非正规地方部队，按照户籍从农民中抽壮丁而组成，平时在家种地，闲时凑在一起训练一下，除了个别地区（比如边境地带）的乡兵比较猛外，其余也就抓个小偷小摸，谈不上什么战斗力。

蕃兵是由少数民族组成的非正规边防部队，一般以部族为单位，虽然战斗力不错，但毕竟兵源渠道稀少，也不可能成为主力。

通过上面的介绍大家可以看出来，四种军队中，只有禁兵和厢兵是职业军人，是普通人成为一名士兵的主要途径。

按照当时的规定，不同的兵种待遇也是不一样的。禁兵的待遇要远远高于厢兵，而禁兵中又分了好几个档次，档次越高，待遇就越高。

当然，工作待遇和准入条件往往是成正比的。不同种类士兵的招募条件也不一样。

比如，赵匡胤要求各地节度使选送精锐士兵补充禁军时，唯恐那些老油条要心眼，不把真正的猛男选送上来，曾特地选了几个体格健硕的士兵下发到地方，充当真人模特，要求地方严格按标准执行，谁也别想糊弄朝廷。虽然后来把真人模特改成了木头模特，但标准还是没降低。

再后来，宋朝的士兵招募工作有了一套系统的标准，光身高要求就分成好几档。例如，天武、捧日、神卫、龙卫四支队伍是禁军中的"上四军"，要想到那里挣工钱，身高最低要求也得一米七七，最最精锐的天武第一军则要一米八以上，大家也可以掂量一下，看一看自己能不能吃这碗饭。

除了身高，其他要求也不少，比如在身形条件上，讲究"琵琶腿、车轴身、取多力"的标准，翻译过来就是"大腿粗壮、体形匀称（最好有腹肌和人鱼线）、力气大"。

看完外形条件，是骡子是马，还要拉到场上比画一下，所谓"先度人材，次阅驰跃，次试瞻视"，即还要考核应募者的跑跳能力和视力。

测试跑跳能力很容易理解，类似于我们的体育达标测试。至于特别强调"视力"这一项，是因为弓箭手是宋朝极其重要的兵种，射箭能力是评价一个士兵的核心指标，眼神都不好，那是不行的。

当时测试视力的方法也和现在差不多，只是没有现在的视力表。测试时让人站在一定距离之外，遮住一只眼睛（掩一目试之），考官伸出几个手指头让你识数，倒也简单实用。

情况大致如此，看起来，想当个兵也得费点劲。如果你通过层层考验，成了一名宋兵甲，倒也不忙着庆祝。

　　宋朝一代，士兵群体的待遇是比较低的，很多士兵长期处于低工资、低福利的状态，勉强糊口而已。即便是这么点钱，赚起来也很辛苦。

　　比如，宋朝禁兵的"更戍法"，就是赵匡胤定下的规矩。当时禁军并不是全部待在京城里，经常是一半驻扎在京城，一半戍守在地方（也是为了相互牵制），朝廷每隔一两年会组织轮换一次，让士兵在路上来回奔波，权当野外拉练。

　　即便是一支部队驻扎在某个地方，其领取粮食或俸禄的地方也会故意安排得比较远，还规定不能找人代劳，就是为了让你多跑跑，顺便减减肥。

　　工作待遇差也就算了，关键是社会地位也不高，比较具有代表性的就是刺字制度（学名"招刺"）。就是一个人被招募为士兵后，需在脸、手臂或手背等处刺字，这种做法在五代比较盛行，主要目的是防止士兵逃跑，宋朝把这一做法继承了下来。

　　脸上被盖了个印章，就像一个人被贴了标签，当时只有罪犯、奴婢等群体才会"享受同样待遇"，绝对不算光荣的事情。君不见，及时雨宋江先生就曾经想方设法擦掉留在脸上的"纪念品"。

　　所以说，当时士兵的地位确实非常低，以致后来社会上开始流传出"好男不当兵，好铁不打钉"的说法。

　　到此为止，很多人可能已经看出来了，赵匡胤主导下的体制变革，核心只有一个——限制武力。

　　控制禁军也罢，分割武将的权力也罢，消除节度使也罢，种种举措，万变不离其宗。

作为一个新王朝的皇帝，赵匡胤不断地思索、寻找着长治久安之策。他认为，骄兵悍将手中的权力得不到控制，依仗暴力肆意破坏统治秩序，是造成唐末以来战乱不断、社会动荡的根源所在，他必须彻底铲除这一滋生祸乱的根源，尽量避免悲剧重演。

得出这个结论，很可能和他个人的成长经历有关。从现在的眼光看，赵匡胤寻找到的答案未必完全正确，他所采取的措施也可能矫枉过正。但作为一名职业军人，凭军功显贵，以政变上台，却能够做出这种清醒反思，已属不易。

也正因为有这份清醒，宋朝没有重蹈前面五个朝代的覆辙，避免了昙花一现的命运。

第十一章 文治之风

可靠的帮手

在赵匡胤的主导下，宋朝开始奉行抑制武力的政策。相应的，社会上军人的地位急剧降低，而与此同时，另一个群体的地位开始不断提高，逐渐成为维护帝国统治秩序的中坚力量。

在解释赵匡胤为什么要选择这个群体时，我们还需要了解一些古代政治方面的基本知识，这会有助于我们加深理解。

大家都知道，封建社会的最高统治者是皇帝，他站在帝国金字塔的顶端，负责管理帝国的运转。很显然，这绝对不是一份轻松的活儿，外敌入侵要找你，水旱灾害要找你，有人闹事也要找你，后宫争风吃醋，还是要找你，谁让你是老大呢？

可皇帝也是人啊。

他没有三头六臂，也需要吃喝拉撒，平时也喜欢参加一些娱乐活动，你总不能把他累死吧。所以，皇帝必须寻找一些可靠的帮手来帮助他，管理那一摊子事情。

在皇帝选帮手的时候，可供参考的群体一般分为以下几类：

第一个是宗室，就是皇帝的亲戚们（一般是兄弟、叔伯）。比如西汉、西晋的时候就曾封了一大批姓刘的、姓司马的宗室子弟为王，替皇帝治理地方，形成一股强大的宗室势力。

第二个是宦官，俗称"太监"。这个群体一直以来名声不太好，但你却不能忽视他们的能量。人家挨了那致命的一刀才混到这个铁饭碗，从此了无牵挂，专心为皇室服务，极易得到信任。尤其是那些直接服务皇帝的，除了天天伺候穿衣、吃饭，还会陪着做游戏，关系想不好都难。长此以往，皇帝自然相信他们，愿意让他们帮忙办理些其他事情。

第三个是外戚。外戚就是皇帝的母亲或妻子的亲戚，靠着这层特殊关系，他们经常在政坛上呼风唤雨。

第四个是军人。顾名思义，他们一般是擅长打仗的猛人，靠军功博取官爵，进而掌握权力。

第五个是文人。在做官前，他们往往是一些两耳不闻窗外事、一心只读圣贤书的读书人。通过科举考试步入政坛后，他们就由知识分子变成了文官。人们有时候会用一个更加典雅的名称来称呼他们——"士大夫"！请注意，这绝对是一个值得牢记的称呼，因为它不仅代表着这个阶层，更象征着一种精神。

　　当然，这只是一个大致的划分，群体间有时也会有相互渗透、交叉的情形，外戚可以充任军官，宗室也可以当上文官，具体情况十分复杂。

　　赵匡胤是个勤于自省的人，当他选择帮手的时候，会经常回头看看过去的经验教训，也就是我们常说的"以史为鉴"。透过历史长河，他发现，合适的帮手其实是非常难找的。

　　宦官是第一排除项，唐朝就是宦官闹腾得最厉害的朝代，到了唐末，连谁当皇帝都由宦官说了算，简直反仆为主了！那段历史，对于赵匡胤来说，就是眼前的近代史，不能不吸取教训。

　　其次，宗室势力也是靠不住的，兄弟归兄弟，但毕竟都有自己的欲望，刚开始可能还凑合，等隔了几代，关系就疏远了，"手足情深"转眼就会变成"手足相残"，什么"七国之乱""八王之乱"，该发生的还是要发生。

　　"外戚"看上去也不是合理选项，他们当权的前提是皇帝的老妈或者老婆在政治上很有话语权，中国历史虽然不乏吕后、武则天之类的女强人，但那毕竟是个别现象，在传统的男权社会，女人掌权被称为"牝鸡司晨（母鸡报晓）"，那是违反伦理纲常的。从实践经验看，外戚依靠裙带关系掌握朝政，多半没啥好结果，比如著名的外戚霍光、王莽、杨坚等，有的看皇帝不顺眼就像换轮胎一样重新立一个，有的干脆把皇帝轰下台，自己爬上去，极不靠谱。

　　至于"军人集团"，我们早说过了，已被赵匡胤排除在外。

选来选去，确实有点雾里看花，让人很难抉择。剔除掉前面四项后，赵匡胤回头一看，发现在他的身后，只剩下一群神情木讷、弱不禁风的书呆子。真的要让这些穷书生、酸秀才来帮助自己治理天下吗？

他们饱读诗书，有治理国家所需要的知识。他们有自己的理想和行为规则，做事比较有底线。他们手无缚鸡之力，不会对皇权造成威胁。最重要的是，他们靠科举而不是出身进入官场，可以让国家持续得到新鲜血液。

当然，这群书呆子也不是没有缺点。他们比较认死理、钻起牛角尖来谁都敢冒犯。他们喜欢拉帮结派，互相斗气扯皮（学名"党争"），让你耳根不得清净。他们有时比较清高、有个性，让你很难驾驭。

但相对而言，还是他们比较合适，至少比那些只知道打打杀杀的粗人放心多了。

就是他们吧。

赵匡胤最终确立了依靠文官集团的统治模式，为了让后来的赵家子孙都谨守这个原则，他特地立了一个誓碑，其中有一条最为著名：

"不得杀士大夫及上书言事人！"

这是赵匡胤对子孙的教诲，也是他对士大夫的承诺。这条誓言，自始至终都被赵匡胤及其子孙恪守，成为铸就宋朝辉煌业绩的基石。

好了，既然赵匡胤已经下定决心，我们就一起祝贺宋朝的书呆子们吧。你们确实赶上了一个好时候，只要够努力，就可以在国家机器中扮演重要角色。

接着我要介绍的，就是这部国家机器的运作原理，有志于成为宋朝官员的朋友可以跟着我来了解一下，先从工作机构说起。

复杂的官僚机构

我国古代的官僚机构几经历史演变，名号繁多、门类庞杂，即使专业人士也经常被搞得七荤八素。宋朝建立以后，复杂的局面终于得到改观——从此变得特别复杂。

宋朝继承了唐朝及五代以来的行政机制，很多前朝的官僚机构都被保留下来，却丧失了它们的实际职能，逐渐沦为徒有虚名的闲散机构。而在此之外，宋朝又自成了一套工作机构，维系着整个帝国的运转。

为了把情况了解清楚，请大家还是打起精神，跟我从上到下走一遭。

先从最高决策机构看起。宋代宰相的办公机构叫作"中书门下"，办公地通常称为"政事堂"，宰相的官职称为"同中书门下平章事"，副相称为"参知政事"。

官名又长又特别，在历朝历代中别具一格，但宰相的实际权力其实已经大大缩水，不再是行政、军事、财政一把抓。枢密院早已分走了它的军事决策权，而另一个称为"三司"的机构，又分割了宰相的财政大权。

三司的长官叫"三司使"，地位上虽略低于两府长官，但和两者并没有上下级从属关系，直接向皇帝负责，哪怕宰相想花钱，也是要和三司使商量着办。所以，三司使又被人称为"计相"，也很牛了。

可见，宋朝的最高决策机构其实被分成了三块，所谓"中书主民、枢密院主兵、三司主财"。三足鼎立是也。

宋朝还有两个十分显要的机构是"学士院"和"舍人院"，在学士院里干活的人叫"翰林学士"，在舍人院里干活的人叫"知制诰"。和前面几个位高权重的机构比起来，这两个机构的工作内容实在简单——写公文。

翰林学士掌草拟重要诏书。凡翰林学士所撰皇帝文书不经中书、门下两省而由皇帝许可直接颁布，称"内制"。中书舍人或他官知制诰者所拟诏书称"外制"，较内制为轻。

古代发布一个诏令可不像现在一样，只要把事情说清楚就可以，而是要拿出参加高考的架势，洋洋洒洒写一篇文章，得有文采、有气势，还经常引经据典。尤其是人事任免方面的诏令，经常把此人前面的表现总结一遍，重新安排岗位的理由讲述一遍，还得带有丰富的感情色彩，实在不是常人干得了的活。

这些以码字为职业的官员，因为工作关系和皇帝挨得近，还有权做个参谋，一旦被看中，极有可能青云直上，很多宰辅高官就是通过爬格子爬到了权力顶峰。故而，这也是很多官员梦寐以求的岗位。

除了上面两个以码字为业的机构外，还有两个机构也很重要，它们的工作方式更简单——说话。

宋朝的监察机构叫作"御史台"，御史台长官称为"御史中丞"，里面干活的人又分侍御史、殿中侍御史、监察御史等名号。御史的品级虽然不高，但实际地位却很高，主要工作内容就是纠察百官，工作方式就是骂人，上到宰相、枢密使，下到知县、县令，不管是谁，只要看不顺眼，都可以参上一本。工作范围也很宽泛，严重的卖国通敌、贪污受贿当然不在话下，上班礼仪形象（违犯朝仪），下班私生活等芝麻绿豆的事情也可以管一管。

到后来，又多了个叫作"谏院"的机构，长官叫作"知谏院"，里面干活的人又分左、右司谏，左、右正言等名号。谏官的工作更厉害，主要负责给皇帝挑毛病，干的是老虎头上拔毛的活儿。

由于两个机构工作性质都差不多，逐渐也就不分彼此（学名"台谏合流"），反正都是言官，骂谁不是骂呢。

宋朝非常注意保障台谏官的发言权，台谏官的工作积极性也空前高涨，想怎么说就怎么说，想说谁就说谁，说错了也不用道歉，有则改之，无则加勉嘛。被骂的人还真不能把他们怎么样，尤其是宰辅，为了体现自己的风度，往往被骂了还要替御史说话，唯恐落下个"控制台谏"的名声。

有些台谏官敬业精神极佳，以"语不惊人死不休"为目标，以惹怒皇帝、宰辅为最大光荣，因此被贬官外放了还洋洋自得。临走了，同行们还会办桌酒宴欢送一下，席间再写首诗词相互赠送一下，共同欢庆从此获得了"犯颜直谏"的美名。

宋代台谏制度最大限度发挥了言官的监督效果，虽然难免会冒出一些严于律人、宽于律己，喜欢故意找碴儿的家伙，却也为一批正直、有气节的官僚提供了舞台，鼎鼎大名的范仲淹就曾做过台谏官，并且在这个岗位上一举成名。更重要的是，这种鼓励言官大胆言事的传统被一直延续下来，直至宋朝结束也未消亡，对此后的明清等朝产生深远影响。

除了决策机构，宋朝的中央行政机构的设置也很独特，依然体现了不把人搞晕不罢休的原则。

自唐代确立三省六部制以来，最著名的"吏、兵、户、礼、刑、工"六部可谓人人皆知，即使从来不碰历史书的人，光听名字，也能把几个机构的职能猜个八九不离十。而到了宋代，情况又发生了变化。

首先，兵部的军权已经由枢密院代劳了，户部的财政权已经由三司代劳了。再后来，宋朝几代皇帝充分发扬了人无我有、人有我优的创新精神，立国的前一百年里，几乎每个皇帝都要新设几个机构。什么审官东院、审官西院、流内铨、三班院、审刑院、礼仪院、太常礼院……名字不好记，职能也复杂，如果展开了说，恐怕只会起到催眠效果。

其实我们只要记住一点，这些机构干的还是六部那些活儿，六部的工作职能反而被剥离得一干二净。六部形式上还在，但大都只能养养闲人，管管鸡毛蒜皮的小事。

中央行政机构如此复杂，地方上也差不多。

宋朝地方行政体制实行路、州、县三级制度，县类似于现在的县级市，长官称为知县或县令，没啥特别之处。

州类似于现在的地级市，长官称为知州，与以往不同的是，赵匡胤还在州里设置了一个"通判"。

通判又是一个极其特别的官职，他的地位虽低于知州，却既不是知州的副手，也不是知州的下属，有权和知州共同管理行政事务，共同签署重要文书，甚至还负责监督包括知州在内的所有官吏。

因此，通判经常不把知州放在眼里，相互对抗扯皮的事情也没少发生。

州的再上一层是"路"，宋朝刚开始将全国分为十个"路"，后来逐渐增加到了二十多个。严格来说，路并不算一级行政区域，因为它甚至没有一个统领的长官，只有转运司、提点刑狱司、安抚司、提举常平司四个平行的机构。

安抚司、提举常平司并不常设，不多扯了，单说其他两个。

转运司是一路中的核心机构，长官称为"转运使"（非常重要的官职）。主要负责掌控地方财政，保证将财赋足额运至朝廷，同时还有权参与地方事务管理，考核本路官吏任职情况，是地方官僚中的头号人物。

提点刑狱司主要负责审核本路刑事案件的审理情况，长官叫作"提点某路刑狱公事"，简称"提刑"。我国著名的法医学鼻祖宋慈曾经担任过此类职务，任期内不但政绩卓著，还将自己的办案经验写成了《洗冤集录》，成为世界上第一本法医学著作。在影视作品中人们尊其为"宋提刑"。

宋朝的官僚机构大致如此，虽然看上去很累赘，却集中体现了政治学中的分权制衡思想，机构与机构分权、机构内人与人分权、相互合作又相互制约，确保最高权力牢牢集中在帝国最高统治者手中。

宋朝的官僚机构确实错综复杂，但也要看和什么比，如果比起宋朝的官衔制度，那都不是个事儿。

让人头晕的官制

关于宋代的官衔制度，一直有两个说法。

据可靠说法，大多数历史学专家都认为，宋代的官衔制度是历朝历代中最复杂的，没有之一。

据不可靠说法，当时宋代的不少官僚，自己都搞不清自己头上有几个名号。

长话短说，下面简单介绍宋代官员最常用的几个头衔。

第一个头衔叫"散官"，用来代表一定的官品。宋朝初年的官品共分二十九等，虽然分得很细，却没多少实际意义，只是用来决定官服的颜色。按规定，三品以上穿紫色，四品、五品穿绯色，六至九品穿绿色，因为五品以上已经算职位较高了，所以有"满朝朱紫贵"的说法。

第二个头衔叫"寄禄官"，这个名头你可千万要记准确，因为它用来决定你工资待遇的。

寄禄官按照文武各分几十个等次，每个等次都有若干具体的官名相对应，这些官名只代表你可以享受的待遇，却失去了官名的本义。比方说，如果你有一天被朝廷任命为吏部侍郎，千万别以为自己马上就要到人事部当副部长了，因为这个"吏部侍郎"的头衔只代表你可以享受文官第八等次待遇，而你要干的工作可能和吏部没有半毛钱关系。你真正被分配去干什么工作，还是要看下一个头衔。

第三个头衔叫"职事官"，其实，这个名头才代表你真正所从事的岗位。比如前面提到的三司使、转运使、知州、知县等官职。这些官名很有特点，在前面往往要加上"知、判、直、提点、管勾"等字眼，在后面则经常加"使、事"等字眼。比如，建隆元年，赵普被任命为右谏议大夫、枢密直学士，右谏议大夫是他的寄禄官，枢密直学士是职事官，枢密直学士才是他真正的工作。

一个官员的"职事官"名称还和"寄禄官"级别相关，如果他的寄禄官等次较低，却要干比较高等次的职事官，往往要在前面加"权、守、试"等字，比如原来的"三司使"就会改成"权三司使公事"。

这又是一套复杂的规矩，却是每一个想了解宋史的人必须知道的，今后我们介绍某个官员的官职时，基本以职事官为主。

第四个头衔叫"贴职"。贴职是个荣誉性的官衔，一般有"某某馆（殿、阁、院）大学士、学士、待制、修撰"等称呼。可别小看这个荣誉性名头，能得到贴职，代表一个官员很有学问、威望，不但可以额外增加一点俸禄，还可以越级升官。名臣包拯就因为曾经担任过龙图阁直学士，故常被人称为"包龙图"。

除了以上几种头衔外，宋朝官员还会有祠禄官、勋官、检校官、爵、食邑、食实封、赐等名头，有的代表地位，有的代表经济待遇，有的代表礼仪特权，越是官位高的官员，头上的帽子越多。

比如，名臣司马光曾在书中列过自己长长的一段头衔：端明殿学士（贴职）、兼翰林侍读学士（经筵官）、朝散大夫（散官）、右谏议大夫（寄禄官）、充集贤殿修撰（馆职）、权判西京留司御史台（职事官）、上柱国（勋官）、河内郡开国侯（爵）、食邑一千三百户、食实封四百户、赐紫金鱼袋。

足足 63 个字，一口气都念不过来，如果那时候也流行做名片，估计正反面全是字，要费点力气才能搞明白，他真正是干什么的。

宋代官员的头衔如此之多，给后来者研究这段历史带来了不少麻烦，也一度让我非常头痛。但相信官员自己是不头痛的，名多不压身，不管是否具有实际作用，多一个名头总归不是坏事，想戴上一顶官帽的人永远不会少，下面我就要告诉大家如何才能成为一名宋朝官员。

想当官也不容易

在很多人眼里，古人想当官，就得参加科举考试，但凡事都有例外。如果你不想当一辈子书虫，又非常想当官，也可以另辟蹊径。科举之外的当官门路也很多，有志于成为宋朝公务人员的朋友可以比照一下，看看自己能不能走得通。

第一条通道叫作"恩荫补官"。就是说，如果你家有人和皇帝有亲戚关系（比如后妃、公主、宗室）或者是在朝廷当大官，那么恭喜你，你不需要把头发挂在房梁上，不需要拿把锥子扎大腿，大可以躺在椅子上安心晒太阳。只要碰到皇帝生日、郊祀（皇帝郊外祭祀天地）、更改年号等重大政治活动，你的家人就有机会向朝廷推荐你做官，不久，一项官帽就会从天上掉下来砸到你头上，实在是太幸福了。

在宋朝，"恩荫补官"这个口子开得特别大，除了上面讲到的重大政治活动，中高级官吏在退休（致仕）或临死前还可以再向朝廷推荐家人做官，而且一次可以推荐好几个。更幸福的是，被推荐人的范围也是很广的，如果你和皇亲国戚、高官显贵攀不上血缘关系，只要你当过他们的门客、仆隶，他们又愿意推荐你，朝廷也会发你顶官帽戴戴。

有人做过统计，宋朝每年靠"恩荫"得到官职的人数达到500多人，居然比科举考试还要多。

由于"恩荫补官"让很多权贵子弟轻而易举当了官，难免遭人非议，朝廷考虑到这点，做出了很多限制。靠恩荫上来的人通常只能获得一个空有其名的寄禄官官阶，只有通过考试，合格了才能担当职事官。即便正式上岗，开始也只能做些主簿、县尉之类无足轻重的小官，而且仕途升迁要比科举出身的官员慢得多，至于成为高级官僚，那更是想都别想。

因此，有些确有才华的官僚子弟往往不屑于靠家族关系得来官位，宁可去参加科举考试博功名。

无论好坏，"恩荫补官"的前提是你必须有良好的投胎技术，出生在有牛人的家庭里，否则，再美的事情都和你无关。广大寒门子弟也别多想了，收好你的家谱，跟着我再看看还有没有其他方法。

第二种当官的方法叫作"吏人出职"。

平常我们经常挂在嘴边的"官吏"二字，其实包括两种身份的人。一是"官"，二是"吏"。

吏人是指行政机构中的普通办事人员，吃官府饭，但又不算正式官员，主要干一些文书、差役之类的低级活儿，平常老百姓不待见，当官的又看不起，地位待遇都不怎么样。在宋代，吏被看作是九品之外的"流外人"，与当官的相比，两者实乃天壤之别。

在此，我们要麻烦知名人士宋江先生再来现身说法一次，他长期担任的县押司，其实就是一个吏的职位。管你是及时雨还是暴风雨，在官场依旧是个被人看不起的小吏。

所以，宋代很多吏人都希望自己有朝一日能够得到一个官的身份。朝廷为了鼓励吏人好好干活，也为这个群体特设了一条通道，定期都会为吏人提供转官的机会。

其实，这条路也真心不好走。

宋代对"吏人出职"是有严格的条件限制的，首先你必须干到一定的年头才能有希望转为官，这个年限规定经常变化，但总体来说都比较长。如果你是县、乡级机关里的小吏，还必须混到州、路一级的大机关里继续当吏，才能有机会争取当官的资格。

就算你以坐穿板凳的劲头熬到了一定年头，你还要放平心态接受考核，先要看看你活儿干得怎么样，上司的评价怎么样，百姓的口碑怎么样，其间你还千万不能犯错，如果被发现有什么污点，那就一夜被打回原形。可见，由吏转官也确实不是件容易的事，甚至有人等了三四十年，从小吏活活熬成了老吏，都没等到出职的那一天。

即使你工作努力、福星高照，冲破重重阻碍，终于由吏转官，那你也不要过于高兴，一般来说，你很可能只能拿到个从九品的最低阶官，而且你的吏人身份将严重制约你在官场的发展，运气好点混到个从八品，顶到天也就是个正七品。也难怪，很多吏人都只能摇头感叹：一日为吏，终身为吏。

如果你对上面两条门路都不满意，没关系，还有第三种方法——"进纳补官"，又称"纳赀补官"或"纳粟补官"。

根据这个政策，但凡遇到救济灾荒、修理河道、建筑城池的时候，朝廷就会号召一些富家大户主动出来捐钱、捐粮，当然东西也不白给，作为交换，朝廷会封你一个官当当。而且官阶的高低和你的贡献直接挂钩，给多少钱粮，就当多大的官。比如，太宗淳化年间曾规定，请大户捐粮救济水灾，捐五千石就可封个三班奉职（从九品），捐一万石就可封个三班殿直（正九品）。有时候，发放官位的高低还会根据供需状况随时调整，完全实现了公平交易、童叟无欺。

通过捐钱捐粮换来的官起点不可能很高，而且往往是个闲职，可好歹也是个官啊，照样有机会升迁，还可以享受免除差役等特权，也算物有所值了。最重要的是不需要比拼家庭背景，不需要苦熬资历，一锤子买卖，所以很受富家子弟欢迎。

当然，走这条路子的人必须满足一个基本前提——有钱。若是自己家本来就揭不开锅，还是趁早打消这个念头，另寻出路。

很多人会问，难道朝廷就不能给一条无附加条件，可供广大群众共同参与的机会吗？

路子倒还真有一条，就看你敢不敢试一下。

第四种方法：军功补授。

顾名思义，只要你是一名宋朝士兵（相对容易点），遇到战争时，敢于冲锋陷阵、奋勇杀敌，确实立下战功，就可以被授予一定的官职。但参军打仗毕竟是高危行业，干的是刀头舔血的营生。

所以说，这条路子确实不要你的钱，但很可能要你的命，如果没有好身手，最好也别冒险。

拉拉杂杂说了那么多，宋朝几种主要的当官途径算是交待完了，相信许多人还是不满意。要么得上面有人，要么得家里有钱，要么就得熬资历、博性命，一条条门槛，把无数平头百姓拒之门外，极其不靠谱，相当没诚意！

之所以费口舌说了那么多不靠谱的东西，并不是想拿大家开涮，只是想说明一个客观事实：对于一个普通百姓而言，要想挤入宋朝官僚体系，还是必须回头走一条道路——参加科举。

考试是王道

科举制度创始于隋唐，到宋朝后发扬光大，关于科举的许多做法正是自宋代开始成熟完备，一直为后世沿用。

宋朝科举的种类很多，有贡举、制举、武举、童子举等名目，其中，最主要的是贡举，而贡举中最出名的是进士科。

在很多人印象中，科举考试似乎只是一篇文章定胜负，其实这是一种误解。当时的考试和现在一样，也要分一些科目，虽然不是语数外、数理化，但也分为诗、赋、论、策、帖经、墨义等多个科目。

帖经、墨义是让考生书写经典著作的原文及注疏，有点类似于填空题和默写题，考的是你的基本功。策、论类似于政策分析，考生必须围绕某个时政主题发表自己的见解。诗、赋考的则是考生的文采。

所以说，要想考中进士，你不但要博览群书、熟记经典，还要懂得诗词格律，同时还得对社会实际状况有所了解，有一定的独立思考能力。如此看来，参加科举绝对不比现在的高考轻松，没有十年寒窗下苦功，是玩不转的。

如果你已经埋在书堆里数年，觉得自己有实力和全天下读书人一比高下了，那就不妨拿好笔墨纸砚，迈出大门，勇敢地走上科举之路吧。

科举之路的第一步是办理报名手续。在办理报考手续时，你会被要求填写两份材料，一份叫作家状，上面写清楚你的姓名、年龄、家庭状况，这类似于现在的报名表；还有一份叫作保状，就是几个考生结成一保，相互证明自己没有作奸犯科、道德败坏等不符合应考资格的情形，并表示自己将遵守考场规则。

考前填这两份东西，主要是为了防止作弊，一旦发现了，也方便追究责任，轻则赶出考场，重则终身禁考，那可不是闹着玩的。

话说回来，再严的规矩也挡不住成功的诱惑，在我国考试领域里，作弊与反作弊的斗争是长期共存、绵延不止的，即便到了现在，仍有无数学子坚持"奋战"在广阔的作弊领域，乐此不疲。

传统作弊方法还是有点市场的，夹带小抄（学名"挟书"）、传递文字（学名"传义"）、请人代考（学名"代笔"）等手段当时就已经出现了，只是实践效果可能不太理想，毕竟进考场前要核对身份、搜身、检查文具，考场里还有巡考人员，考前考后还允许他人举报（举报属实者可获得巨额奖励），你要想作弊成功，真的很有难度。

所以，更多人还是倾向于通过收买考官来完成作弊行为，虽然下的本钱大了点，终归比较保险。这一招，在唐朝曾经很有市场，甚至一度作弊请托成风，使科举制度的公正性大受损害。但是到了宋代，作弊与反作弊的斗争不断升级，要想收买考官也不再是件好办的事。

因为很可能你手里捧着一堆钱，却连考官的人影都未必找得到，更别说收买了。

按照规定，当某个官员被任命为科举考官时，首先要做的并不是挖空心思出考题，而是先要和家人告个别，然后是带好自己的私人生活用品，乖乖走进一个封闭的办公场所。从此，你将有幸度过一段难忘的与世隔绝的生活，你的工作及吃喝拉撒都将在里面完成，直到科举考试结果出来（放榜），你才可以走出这个院落，激动地对天大喊一声，我又自由了！

是为"锁院"制度。

想请托？门都没有。

当然，作弊者的意志也不是那么容易消灭的，他们本着道高一尺、魔高一丈的精神，搜肠刮肚钻空子，誓将作弊进行到底。

"锁院"并不要紧，有资格被锁进去的官就那么几个，大不了在他们关进去之前先打好招呼，给考卷打分时不管你写得有多烂，都给个高分，就万事大吉了。

此方法的关键之处在于你要让考官在众多考卷中"慧眼识珠"，一眼就能找出你的考卷。

也不容易。

直接翻试卷是没戏的，当时的防作弊第一技叫作"封弥"（俗称"糊名"），也就是考生的试卷一上交，已经由专人（编排官）将试卷上的姓名、籍贯等信息裁去，每份试卷都只有一个抽象的编号。

当然，大家都会想到，虽然没了名字，核对一下笔迹，或者在试卷上做个记号总是可以的，考官只要用心观察，也不难挖出那张给了钱的试卷。

为此，防作弊第二技诞生了——"誊录"。具体来说就是组织一批专业抄写人员把所有的试卷再重新抄写一遍，保证拿到考官手里的考卷都像是一个模子刻出来的。

什么笔迹，什么暗号，通通作废！

动用上述招数，要耗费大量人力物力，宋朝为了防止科举作弊，也算是拼了。可广大作弊爱好者的热情也不会被轻易浇灭，你不是抹去了名字、字迹吗，那我的文风、遣词造句习惯你总抹不去吧，或者约定一个特定的词句，你能把我怎么样？只要双方提前沟通得详细点，考官照样能把那张试卷扒出来。

没关系，你有张良计，我有过墙梯。最后还有一招"三级评定"制度等着诸位。

三级评定是指一张考卷成绩的评定，要经过初考、覆考、详定三次评定才能最终得出结论，三个不同的考官分别掌控一个环节，要想顺利过关，你必须保证同时买通三个人。

那可是件难度很大的事了，三个人是不是都贪财不好说，人多嘴杂，无疑会增加泄密风险，到头来，很可能偷鸡不成蚀把米。

应该说，前面的几项防作弊招数还是很管用的，虽不敢说完全杜绝作弊，但确实大大提高了科举公正性。这也促使越来越多的贫寒子弟走上科举之路，立志用才学来改变自己的命运。

完成注册报名后，你就成了他人眼中的"举子"（或称"应举人"），就等朝廷开科取士了。

宋朝之前，科举考试的频率是不一定的，运气好，一年就组织一次，运气不好，可能要等个四五年才碰到一次。后来，越来越多的人发现，这种搞法实在是很折腾人。

间隔时间太长肯定不受欢迎，但太短也不行，比如你是一名边远地区的考生，好不容易一路赶到京城，已经耗费了大半年时间，结果发现自己榜上无名，那就回家复习，下次再来吧。可是当你灰头土脸赶回家里，有人会体贴地告诉你，包袱就不用放下了，洗把脸，赶紧准备上路吧，新的科考又要开始了。

经过反复研究，最后，三年举行一次科举成为共识，逐渐固定流传下来。

三年大比，自此成为定制。

好了，又逢大比之年，你可以一展身手了。想从举子变成进士，你需要经历三次考验。

当时的考试分为三级，第一级是解试。解试是州府一级的考试，一般在每年的八月举行。

不要小看这第一级考试，其实竞争也很激烈。解试不同时期的录取名额差别很大，平均算来，大约每次六七千人。你可能对这个数字没什么概念，不忙，我们来仔细算一下。

宋朝完成统一后大概有二百五十个州，所以平均到每州也就 20 到 30 个人，每个州又会下辖数量不等的县，如此算来，你必须是每个县的前几名才能冲过这一关。

解试合格的被称为"得解举人"，第一名被称为"解元"。

经过残酷的第一轮淘汰，接下来，全国的读书种子都要集中到京城，参加第二级考试——省试。

省试由礼部贡院组织，经过几天残酷的考试，五六千"得解举人"中只有不到十分之一的人可以冲出重围。

省试合格的被称为"过省举人"，第一名被称为"省元"。

如果你是这几百人中的一员，还想博取更多的荣誉，那么你要咬紧牙关，迎接最后一级考试——殿试。

三月的崇政殿上，你将和最优秀的读书人进行终极对决，而你们的考官只有一个人——皇帝。

　　殿试又是宋代首创的一项科举制度，最早主持殿试的皇帝，正是赵匡胤。

　　赵匡胤这么做，并不是因为他闲得慌，想当把考官过个瘾，而是极有深意的。

　　以前，科举考试中有条不成文的规矩，考生一旦中了进士，就可以拜考官为师，成为考官的门生。考生认个老师就相当于拜个码头，将来在官场打拼就有人罩着了。对考官而言，收几个官场潜力股也很划算，将来互相也好有个照应。

　　到后来，老师上面还有老师，门生下面又有门生，特殊的师徒关系演变成了官场上的政治同盟，竟然形成了一个个以科举为纽带的小集团。

　　殿试制度创立后，考生进退取舍的最终决定权掌握到了皇帝手中，从此以后，那些高中进士者开始被人称为"天子门生"。

　　天子者，皇帝也。

　　从名义上讲，这些即将步入官场的新秀既是皇帝的臣子，也是皇帝的学生，他们只能忠诚于皇帝，而不是某个考官。

　　殿试合格者才能称为进士，刚开始，进士分为甲乙科，后来花样变多了，又分成了五等三甲，上二等为一甲，赐进士及第；三等为二甲，赐进士出身；四、五等为三甲，赐同进士出身。其中，第一名是"状元"，第二名是"榜眼"，年纪最轻的则被称为"探花"，到后来，"探花"逐渐变成了第三名的专称，也成了定制。

　　经过重重考验，如果你依然是榜上有名，那么你确实堪称读书人中的佼佼者了，实在可喜可贺、可敬可佩。

作为你几年勤学苦读的回报，朝廷将会根据你的排名授予一定的官职，虽然起步的官阶也不会太高，但有了科举出身，你的仕途会比较通畅。如果你的名次很高，甚至是状元、榜眼，那么你的升迁速度更将超越常人，前途一片光明。

所以说，你若是生活在宋代，一心想步入仕途，甚至还梦想有朝一日登阁拜相，还是老老实实参加科举考试吧。

读书人的时代

通过科举当官，是很多读书人的梦想，而宋朝的科举对读书人有着更强的吸引力。

因为，它的录取率比较高。

录取率高吗？看了上面的介绍，还不是千军万马过独木桥？

不要紧，我刚才说的只是进士一科，其实贡举中还有明经、诸科等名目，虽然地位比不上进士科，只要考中了，一样有官做，而且数量也很可观。

更重要的是，宋朝还有独一无二的"特奏名"制度。

所谓"特奏名"，就是那些解试合格，而省试或殿试落第的举人，只要参加考试达到一定次数，再达到一定年龄，朝廷特批给予一定的功名。

比如，宋朝前期就曾经规定，凡是经过五次省试或者三次殿试而未中举，年龄又在五十岁以上的，都允许特奏名。

　　如此一来，哪怕你一辈子都很点背，考了几十年仍未中举，也不用灰心丧气。只要你坚持到底，即使考不出来，也能熬出个功名来。虽然获取方式有点寒碜，但都到了这份儿上了，谁还管那么多。

　　有了特奏名制度，更多读书人把自己的命运死死捆绑在了科举之上。到后来，因特奏名而获取功名的人几乎占了科举取士人数的一半。

　　从青春少年一直考成白头老翁者，大有人在。皓首穷经，矢志不移，不免让人唏嘘嗟叹。

　　有人做过统计，算上特奏名，宋朝平均每年的取士人数达到350名左右，约为唐朝的5倍，明朝的4倍，清朝的3.4倍，堪称科举的黄金时代。

　　宋代科举的巨大吸引力还在于你一旦中举，会马上被授予一定的官职（其他朝代未必），而且官僚群体的待遇也较为优厚。

　　宋代官员的收入主要由两部分组成，一部分叫"本俸"，类似于现在的基本工资；另一部分叫"添给"，类似于现在的津贴。细分起来名目更多，比如贴职钱、厨食钱、茶汤钱、驿券、公使钱等等，高级官僚甚至连雇佣仆役的工钱也由朝廷提供。

　　除了优厚的物质条件以外，宋朝还极力抬高读书人的地位。

　　科举结果一出来，新及第的进士会参加金殿唱名、叙同年、朝谢、谒先圣先师等一系列朝廷主持的庆典活动。

　　其中最拉风的活动是你将以新科进士的身份，获邀参加皇帝亲设的琼林宴，一群当朝重臣还要集体作陪。尽管你很可能这辈子也就这么一次与皇帝近距离接触的机会，估计当时自己紧张得连手都不知放哪里。但这顿饭足以让你眯着眼睛，跷着二郎腿，在小辈面前吹上一辈子牛，逢人就可以来一句，想当年我在琼林宴上如何如何……

此外，你的名字将被刻在礼部贡院的石碑上，你的个人信息、殿试名次、家庭情况都将编入《登科录》，算是永载史册，供后人崇拜，那可是光宗耀祖啊。

风光，忒风光了！

除了上面的风光，更绝的事还在后面呢。

如果你是一位新科进士，碰巧还没结婚，那你可千万要注意自己的人身安全。因为当大家在进士榜下看热闹的时候，一批富豪乡绅很可能已经在悄悄对你流口水、捋袖子了，他们最大的愿望就是能够绑一个新科进士回去。

把你绑回去也不是为了索要赎金，反而是为了贴钱给你，死乞白赖地只为求你一件事——娶他家的女儿为妻子，同时附送丰厚的嫁妆。

这种类似绑票的行为，居然成了宋代独特的婚姻文化，人称"榜下择婿"。

怎么样，此情此景，相信很多男同胞身不能至，心向往之吧。

所以说，当时考中进士绝对是一件值得全家放鞭炮、摆宴席、到祖坟上磕头烧香的大喜事。

还等什么，读书去吧。

第十二章 权力斗争

第一功臣

赵匡胤一手创建了帝国，又为它设计了新的统治秩序，经过一番内外修理，宋朝走上了正常轨道。

在这个崭新的帝国里，百姓开始重建家园，农民回到土地上辛勤耕作，商人又开始奔波往返，学子再次捧起书卷。古老的大地正走出战火的阴霾，逐渐恢复往日的生机。

一般来说，作为皇帝，能开创一份伟大的功业，身边总少不了一帮文臣武将，如刘秀的"云台二十八将"，李世民的"凌烟阁二十四功臣"。而宋朝的情况确实特殊，赵匡胤以政变起家，统一过程顺风顺水，几乎没经历什么生死存亡的大事，所以，宋初群臣的表现机会实在太少，想成为名臣很难。

当然，宋初的名臣并不是一个没有，在我看来，赵普可算一个。

自滁州与赵匡胤相识以来，赵普一直深得赵匡胤的信任。

当年赵匡胤占领滁州后不久，就接到命令挥师北上，恰好父亲赵弘殷生了重病，只好把父亲托付给赵普代为照料。赵普日夜悉心照顾，服侍得非常周到，让赵弘殷非常感动，又因为大家都姓赵，赵弘殷就把赵普当成了自家人（待以宗分）。

赵匡胤和赵普从此开始了长达十八年的亲密合作，在赵匡胤的幕府里，赵普牢牢占据了第一把交椅。

赵匡胤刚升任节度使，就推荐赵普做了自己的节度判官。

赵匡胤担任殿前都点检，立即推荐赵普做了掌书记。

在赵匡胤的幕府里，赵普展现了突出的政治才能，不但能精明地处理府内事务，更重要的是对时事有着惊人的判断力。

有一件事最能说明问题。

在"杯酒释兵权"发生前，赵匡胤曾有过犹豫，觉得石守信等人是情同手足的好兄弟，刚坐上皇位，立刻就要夺别人的权，有点不近人情。

而赵普对这事异乎寻常地坚持，他反复劝说赵匡胤尽早解除这几人的兵权。

赵匡胤始终举棋不定。于是，两人有了这样一番对话：

赵匡胤："他们（指石守信等人）肯定不会背叛我，你有什么好担心的呢？"

赵普："我也不担心他们反叛，但据我观察，这些人都不是统帅之才，恐怕不能完全驾驭属下。如果不能制服属下，那么军队中万一有人作乱，到时他们恐怕也身不由己了（亦不得自由耳）。"

简单的一问一答，却极有深意。

赵匡胤的意思是，石守信等人都很忠心，肯定不会有问题，你就别多心了。

赵普没有正面否定赵匡胤的判断，而是话锋一转，指出石守信等人虽然自己忠诚，却可能因士兵逼迫而作乱。

担心石守信等受逼迫而作乱，可以看作赵普的深谋远虑，但这还不是赵普的真实意思，他的话应该还有另一层含义。

如果我们没忘记的话，陈桥兵变使赵匡胤一夜之间变成了皇帝，当时的借口，也是"士兵逼迫"。在宋朝的官方口径中，也一直这么宣传。但这只能糊弄一下老百姓，对于石守信等直接参与者而言，他们比谁都清楚"逼迫"的真正含义。

赵普这么说，其实是在提醒赵匡胤，发生在你身上的事，同样会发生在别人身上，之所以拐弯抹角说，还是要给他台阶下（毕竟人家已经是皇帝了嘛）。

把话说完，赵普依旧神态自若地看着赵匡胤，仿佛是在谈论一件稀松平常的小事，他的目光很温和，却透着一股坚定。

你们已经不再是当年同吃同睡的兄弟了，你是高高在上的皇帝，他们是手握重兵的将领，一切，都已经改变了。

忘记了吗？为了至高的权力，历史上演过多少幕父子相残、兄弟反目的剧情？我们是如何走到今天的，你是如何穿上黄袍的？

太多的现实告诉我们，在权力的诱惑面前，人情从来不堪一击。

当断不断，反受其乱！

赵匡胤无言以对，只能报以沉默。

赵普读懂了他的沉默，不再等待回答，默默地退了出去，从容地去安排一切。

赵匡胤不得不承认，赵普的话是对的。

正因如此，才有了"杯酒释兵权"中的那句："汝虽不欲为，其可得乎？"

从陈桥兵变，到讨伐李筠、李重进，再到研究统一战略，宋朝建立初期的每件大事背后都少不了赵普。要么出谋划策，要么亲自参与行动，他总是赵匡胤最得力的助手。因为表现出色，赵普几乎每年都越级升官。

乾德二年，后周时代的三位宰相范质、王溥、魏仁浦相继辞职，赵普开始出任门下侍郎、平章事、集贤殿大学士，成为唯一的宰相，从此开启独相十年的生涯。

担任宰相后，赵普风头很劲，当时赵匡胤把主要精力放在对外征战上，内政上的事情全部交由赵普打理，两位参知政事（副相）也只能给赵普打打下手，说他"一人之下，万人之上"，绝非虚言。

由小吏到宰相，赵普的命运发生了奇迹般的转折。随着地位的变化，赵普变得志得意满起来，权力带来的快感逐渐消磨了他的智慧和警觉，用权专断、牟取私利等毛病开始在他身上出现。很快，他遭受了第一次攻击。

站出来和赵普叫板的人叫作雷德骧。

雷德骧，字善行，同州郃阳（今陕西合阳县东南）人，后周广顺三年进士，时任屯田员外郎、判大理寺。大理寺是主管刑狱的审判机关，类似现在的最高法院（当时还没有审刑院），雷德骧的职务相当于最高法院院长。

当雷德骧来到大理寺办公后，发现里面的办事人员和政事堂的官员相互勾结，擅自增加刑罚名目。用现在的法律思维看，这很可能是一个立法权限上的争议，本来应该是个可以坐下来讨论一下的问题。但政事堂的官吏仗着自己有赵普的庇护，根本不把雷德骧当回事，更要命的是，连大理寺的办事人员也和他们串通在一起，不买雷德骧的账，让雷德骧很没有存在感。

雷德骧是个直肠子，决定直接向赵匡胤汇报这件事，顺便把赵普贪污受贿之类的经济问题反映一下。

估计是情绪太激动，雷德骧在求见赵匡胤的时候，未经同意就直接闯了进去。闯进去以后也没注意文明礼貌，上来就唾沫横飞地讲了起来。

当时天色已晚，也算到了下班时间，赵匡胤被突然出现的雷德骧弄得心里很不愉快。

雷德骧完全没在意领导的表情，依旧滔滔不绝，从赵普的业务水平到个人道德，谈得意犹未尽，讲得咄咄逼人，说到激动处，还配以丰富的面部表情和肢体语言，似乎赵匡胤如果今天不把赵普办了，明天就成头号昏君了。

这哪里是下属汇报工作，简直成了群众上访！

赵匡胤本来就很偏袒赵普，完全没心情听他探讨立法问题，开始斥责雷德骧。

告状没告成，还挨了批评，雷德骧觉得很委屈。委屈的雷德骧化悲愤为口水，继续和赵匡胤辩论。

赵匡胤被吵得实在烦了，就对着雷德骧一声大吼："鼎铛（煮食物的工具）还长着一对耳朵呢，难道你没听说过赵普是我的社稷重臣吗？"

雷德骧这个时候已经血冲脑门，都忘记自己在和谁说话了。他不愧是姓"雷"的，充分发扬了语不"雷人"死不休的风格，冒出一句：

"你还没吃晚饭，我这么大声说话就是为了给你提提精神。"

小样，嘴够硬，看我弄不死你！

雷德骧敢和皇帝顶嘴，当然没什么好果子吃。结果，他被发配到商州担任司户参军（从八品下）。但是，他和赵普的仇怨并没就此结束。

刚来到商州时，雷德骧日子还比较好过。当时的知州因为雷德骧曾经做过中央的大官，对他以礼相待。

可好景不长，不久，雷德骧迎来了新任知州——奚屿。奚屿是赵普的人，不但不给他好脸色看，还处处为难他。雷德骧受不了这种气，经常口出怨言，两人闹得水火不容。正巧，奚屿听说雷德骧写了篇文章诽谤皇帝，就决定拿这件事情开刀。

一天，奚屿突然派人去找雷德骧，说是要和他谈话。雷德骧戒心不强，欣然赴会。雷德骧前脚刚到，奚屿便派人到他的家中，编了个谎话，从他的家人手中骗到了那篇文章。

奚屿到底编了什么谎话，雷德骧的文章到底有没有诽谤皇帝，都没有明确的说法，其实也不怎么重要。像雷德骧这种直肠子文人，受了点委屈，写文章时发几句牢骚也很正常，至于如何定性，就看你怎么想了。反正报上去以后，签批处理意见的，还是赵普。

罪状报上去后，雷德骧很快得到了处理结果——削去官籍，流放灵武（今宁夏灵武）。本来还指望什么时候重新起复，现在连官都没得做了。愤怒的种子就此在雷德骧心里播下，这种仇恨一直延续到了他的下一辈。

赵普，我一定要让你付出代价！

雷德骧的报复还要等五年之后，我们以后再说，现在接着说赵普。

击倒雷德骧后，偶尔还会冒出几个胆大的敢于攻击赵普，但都被赵普轻松击败。接连的胜利让赵普愈发觉得，他的地位坚如磐石，任何人都无法撼动，自己将永远是那个天子心腹、当朝宰相。

从此，沉稳低调的吏员消失了，取而代之的是一个自信高傲的官僚。

当一个人过于沉迷权力的时候，他离危险也就不远了。

雷德骧等人毕竟和赵普不是一个重量级的选手，他们的失败也在情理之中，但赵普并没能得意太久。他真正的对手已在背后积蓄力量、跃跃欲试。

这些人所拥有的心机和智慧完全有资格和赵普走上同一个擂台，向他发出更强的挑战。

挑战者

赵光义，赵匡胤的亲弟弟，原名赵匡义，为避讳（即避开皇帝或其他尊长的名字），改成了现在的名字。

后晋天福四年（939），赵光义出生于开封府浚仪县崇德坊护圣营官舍中，比赵匡胤小整整 12 岁。

比起普通人，赵光义无疑是幸运的，因为他有一个人人羡慕的好兄长。

赵匡胤的成功让赵光义省去了很多人生奋斗历程。

童年的赵光义经历乏善可陈，会舞弄几下枪棒，读过几年书，但都没有显出特别的才能。如果不是兄长赵匡胤的巨大成功，他很可能要平淡地度过一生。

赵匡胤发达以后，赵光义马上沾了光，他的官职火箭式攀升，先是出任殿前都虞候，不到半年，就官拜泰宁节度使。

当时，赵光义年仅二十二岁。

很多人玩命也换不来的地位，赵光义不费吹灰之力就收入囊中。

建隆二年，赵光义又被任命为开封府尹、同平章事。

"同平章事"相当于宰相的级别，而更令人瞩目的是"开封府尹"这个职位。得到这个职位，可是意义非凡。

赵光义的早年生活从未离开过开封，他熟悉那里的一切，就在五年前，他还只是这座城市里一个不起眼的升斗小民，走在大街上都没人愿意多看一眼，转眼之间，却成了这座城市的主人。那威严的开封府衙，以前他连靠近多看一眼都不敢，现在却要进去发号施令。

不能不让人感叹，世事变幻，真如电光石火。

刚坐在府尹的位置上时，赵光义确实感到生疏青涩，有时只能强作镇定，掩饰自己的心虚和不安。但他很快适应了新的角色，并体会到了掌握权力的快感。

赵光义惊奇地发现，那些站在下面的人，无论才高八斗，还是战功赫赫，都会毕恭毕敬地向他汇报，哪怕是出一点纰漏，也会有人提醒、补台。他还发现，很多人都在揣摩他的心意，绞尽脑汁地在他面前表现，以此换取他的好感。

所有的一切，就是因为他手中有一种叫作"权力"的东西，它能支配别人的命运，让人感到畏惧。

权力就像美酒，年轻的赵光义在品尝到这种美味后，一发不可收拾地沉醉其中。

乾德二年，担任开封府尹后的第四年，赵光义被加封中书令。与此同时，他开始组建自己的幕府，在他的身边，逐渐聚集了一大批幕僚，光史料上有名有姓的就有 68 位之多。幕僚群体成员的身份也十分复杂，除了大量文武人才以外，还包括一些江湖术士、亡命之徒，反正是各色人物，济济一堂。

除此之外，赵光义还把关系网延伸到了朝廷，结交了一批禁军将领、高级文官、地方大员，以开封府为中心形成了一股举足轻重的政治力量。

赵光义的势力和声望日益扩张，满朝上下，唯一能和他抗衡的就是宰相赵普领衔的政治集团。

宋朝初年，国家版图不断增大，政治改革如火如荼，朝廷的权力场更像是一块辽阔的空地，而赵普和赵光义则成了最疯狂的圈地者，争相扩大自己的领地，谁都不甘落后。

两股扩张的势力终于在政治版图上发生了交集，碰撞不可避免！

从资历上看，赵光义要比赵普嫩很多，赵普比赵光义大 17 岁，赵普和赵匡胤一起谋划天下的时候，赵光义还只是一个小跟班。

但初生牛犊不怕虎，赵光义反而进攻得积极主动，他想尽办法向朝廷里安插人手，蚕食赵普的领地。赵普也不是吃素的，一直在寻找机会进行反击。

当然，官场不同于战场，你看谁不爽，也不能直接上去拍几砖，就算内心恨不得拿把锄头去刨对方祖坟，场面上还要装得亲亲热热，只能在背地里下黑手。

赵普瞄准的第一个猎物叫作冯瓒。

冯瓒，齐州历城（属今山东济南）人，时任枢密直学士，是个极富才干、很有声誉的官吏，赵匡胤也很赏识他，表示将来定要予以重用，用现在的话说，属于受领导关注重点培养的干部。

事实上，冯瓒还有另一层不为人知的身份——他是赵光义圈内的人。这一点，赵普心知肚明，但苦于没证据证明。

乾德三年，冯瓒得知，他马上要接受一项新的任命——梓州知州。

梓州是四川北部的一个重要城市。就在不久前，宋朝刚征服了后蜀，朝廷决定派一批有经验的官吏去治理那块地方，冯瓒光荣入选。

推荐他的人正是宰相赵普。

我们说过，宋朝平定后蜀之后，因为军纪涣散，又引发了新的叛乱，而且弄得遍地狼烟，极难收场。冯瓒去了后，正好赶上这场热闹。不过冯瓒不愧是能吏，在梓州成功平息了一大批土匪，重新收揽民心，取得了不错的政绩。

照这个路子走下去，冯瓒应该能够马上得到升迁表彰，真若如此，似乎还得感谢一下推荐人赵普。

不久，朝廷真的征召冯瓒回京了，不过等他风尘仆仆地赶回开封，迎接他的并不是红地毯、嘉奖令，而是几名御史冷冰冰的面容。

显然，赵普推荐冯瓒去担任州长，绝不是为了让他去捞政绩。就在冯瓒出发前，赵普早就在他的家奴队伍里安插了间谍，专门负责搜集他的黑材料。

赵普安排的家奴在冯瓒身边潜伏了一年，回来就向朝廷告发了冯瓒的经济问题。

可冯瓒毕竟是冯瓒，面对突如其来的质疑，依然很淡定，一番对质下来，答得滴水不漏。

御史台下结论：家奴诬告。

费尽心思玩了一把无间道，最后得到这么一个结果，赵普有点抓狂了。他顾不得办事程序，趁冯瓒还在开封，派人日夜兼程赶赴梓州，直接搜查冯瓒的物品。

这回赵普没有空手而归，派去的人搜出了大量的金银珠宝，而且还都是成捆打包好的，上面都标注着一个人名——刘熬。

刘熬，当时正是赵光义幕府的幕僚。

人赃俱获，冯瓒只好低头认栽。

好了，事情总算水落石出了。

我们不妨跟着得意洋洋的赵普来对事实做一次梳理：首先，冯瓒那么多的金银绝不可能是合法收入，反正不是贪污受贿，就是巧取豪夺。其次，收受这批财物的刘熬，官位比冯瓒还低，冯瓒完全没必要巴结，他真正的输送对象只能是刘熬背后的赵光义。说冯瓒依附赵光义，也算有理有据。

那么赵光义缺钱吗？应该缺，至少不会嫌钱太多（一般人都没这毛病）。那么多幕僚，都要吃饭、发工资，笼络各路官僚也免不了破财，正常收入也就那么多，不搞点外快，那才不正常。

案件报到赵匡胤那里，处理意见很快下来了：冯瓒发配沙门岛，刘熬免去官职。至于赵光义，毕竟没有直接证据指向他，也就不深究了。

一回合下来，赵普大获全胜。

这里再特别提一下冯瓒要去的"沙门岛"，这个岛就是现在山东省烟台市下辖的长山列岛，位于渤海、黄海交汇处，胶东半岛和辽东半岛之间。这个岛在宋朝非常有名，当时它可不是什么生态旅游胜地，而是发配罪犯的地方。很多官员怕惹事，会开玩笑自嘲"恐怕要到沙门岛走一遭了"，类似于港片中那句耳熟能详的"恐怕廉政公署要请我喝咖啡了"。

其实，冯瓒还是该庆幸的，自己好歹把命保住了（赵普曾坚持要处死他）。所谓留得青山在，不怕没柴烧，几年后，他又时来运转，复出做官了，相比而言，另一个人就没这份运气了。

第二回合

乾德四年十一月，一位大臣去世了，赵匡胤为此黯然神伤，久久不能释怀，无奈地发出了一声长叹："老天为什么这么快夺走我的窦仪啊？"

窦仪，字可象，蓟州渔阳（今天津市蓟州区）人，出身书香门第，从小饱读诗书，十五岁已能写出漂亮的文章，表现出过人的才气。

窦仪家共有兄弟五人，不但窦仪很有才，其他四位兄弟也都很有学问，而且全都中了进士，在当地极负盛名。《三字经》中有一句"窦燕山，有义方；教五子，名俱扬"，说的就是他家的情况，窦燕山就是指窦仪的父亲窦禹钧，换到现在，窦老爷子绝对是要被请去开家庭教育巡回讲座的。

窦仪不但学问渊博，而且为人踏实、为官清廉，有着很好的口碑。宋朝建立后，窦仪一直深受器重，官至工部尚书、翰林学士。其间，还曾主持编订了宋朝的《刑统》，那是宋朝建立后的一部综合性法典，在我国法制史上占有一席之地。

赵匡胤曾一度想把窦仪提拔进宰执班子，但赵普却很不待见窦仪，一直刻意排挤压制他，所以窦仪进入宰执班子的事一直没有成行。

窦仪最初和赵普结下梁子，主要因为一份公文的格式问题。

赵普刚就任宰相时，按规矩，应该由现任宰相签发敕文，但此时范质等三位前朝遗留下来的宰相已经主动退位了，没人替赵普签发这份文书。

于是，赵匡胤让有学问的儒臣们共同研究一下，怎么解决这个程序问题。有人觉得这是礼部的事，提议就由礼部尚书代签一下得了。但窦仪提出了反对意见，他认为赵光义当时担任开封府尹、同平章事，相当于有着宰相的地位，应该由赵光义签发这份敕文，结果赵匡胤也首肯了这个意见。

窦仪发表这个意见很可能是就事论事，但让赵光义签署任命赵普的敕文，总给人赵光义压了赵普一头的感觉。更要命的是，窦仪的弟弟窦偁当时正担任着开封府判官，是赵光义的幕僚之一，所以，窦仪的黑锅也算是背上了。

通常来说，有学问总不是坏事，技多不压身嘛，可偏偏窦仪的学问经常给自己带来麻烦，特别是碰到赵普的时候。

他们二人的另一个过节要从一面铜镜说起。

乾德三年，当时正值宋朝刚刚讨平后蜀，大批俘虏陆续被押送到开封，赵匡胤无意间从一个后蜀宫人的身上发现了一面旧铜镜，铜镜背面刻着"乾德四年铸"几个字，让他大为惊奇，连忙把宰相、学士等一干人叫过来研究这件事情。

赵匡胤的疑心是有道理的。现在还是乾德三年，怎么会冒出一面乾德四年的镜子呢？

当然，我们可能还有一个疑问，不就是一面镜子的生产日期吗，至于这么纠结吗？

非常至于。

它涉及一个"年号"的问题。年号是一个王朝用来纪年的名号，这个习惯创始于西汉，刚开始的时候，一个皇帝在位期间经常要换好几个年号。比如，赵匡胤建立宋朝后，共使用了建隆、乾德、开宝三个年号。而到了明朝、清朝，一个皇帝就只用一个年号（倒霉的明英宗朱祁镇除外），人们开始用年号指代皇帝，比如崇祯皇帝、康熙皇帝等。

取年号和取名字一样，一般都要选得吉利点、好听点。赵匡胤在使用"乾德"年号前，就嘱咐过赵普，一定要选个好年号，千万注意不能和别人用过的重复。

看到这面旧铜镜，赵匡胤第一反应就是这年号可能取得有问题，为了证实自己的怀疑，就把大家召过来问个明白。

面对疑问，赵普和一干人等面面相觑，拿着这破镜子，瞅来瞅去，只能和镜子里的自己大眼瞪小眼，看不出个所以然来。

在一片沉默中，窦仪站了出来，说道："镜子确实是蜀国的产物，当年王衍曾经用过这个年号，想必是那个时候制造的。"

窦仪口中的王衍，是前蜀（十国之一）的第二个皇帝。至此，绕在赵匡胤心头的疑团得以破解，对赵普的不满就此产生。

让你别选别人用过的，你选了个使用期距今还不到 50 年的，让你选个吉利的，你选了个短命、偏安的小王朝年号，你这不是坑帝吗？

掂量着手里的旧铜镜，赵匡胤意味深长地说道："宰相还是要选读书人来当啊（宰相须用读书人）。"

这句话非常狠，戳中了赵普的软肋。

赵普的学历状况我们前面就介绍过，尽管他政治经验丰富、政务才能突出，但对经史子集、文章典故之类不大擅长，文化水平不高。

客观地讲，这个弱点在王朝创建初期其实影响不大，那时候大家只关心仓库里的粮草是否够用，军队是否人心稳定，至于那些莫名其妙的朝廷礼数，酸不溜丢的文章，鬼才在乎。可到了政权稳固之后，这些虚的玩意儿也必须重视一下了。

正如一个企业刚起步的时候，往往还是个小作坊，很可能总经理和打扫仓库的是同一个人，只要能拉业务、赚利润，啥都无所谓。但如果有朝一日鸟枪换炮，成了股份公司，就不能不扯点品牌文化、经营理念什么的，否则是玩不转的。

随着宋朝逐渐步入正轨，赵普的短板越来越明显。好在赵匡胤对他的信任毕竟远超他人，铜镜事件后，也真没把他怎么样，只是劝他平时多注意一下在职学习，提升点文化素质。

事情虽然过去了，可赵普并不是心胸宽广之人，难免要算计一下窦仪，更何况他认为窦仪还和赵光义有点瓜葛。

正因为赵普的长期打压，窦仪一直没法升官，到死也没有做到宰相。

冯瓒、窦仪都成了朝廷内斗的牺牲品，但好在只牺牲了仕途，相比较而言，另一位官员下场最惨。

姚恕撞上赵普的枪口多少有点自己的原因。

姚恕，青州博兴（今山东博兴县）人，曾经是开封府的判官，一直很受赵光义赏识。一天，姚恕奉命去府上拜访赵普，凑巧赵普正在宴请宾客。姚恕只好请门人代为通报一下，因为说话态度不怎么样，把赵普的门人惹毛了。

都说宰相门人三品官，赵普家几个管门的也不好对付。没准平时跑个腿都要收点辛苦费，你要横，我还不待见你呢，就不通报，能怎么样？

姚恕也钻进了牛角尖。不见就不见，我还不来了呢！干脆袖子一甩，走人了。

姚恕一走，管门的人觉得事情做得有点过了，赶紧向赵普报告。赵普知道这事有点理亏，立刻派人追上去道歉，请姚恕再回来。

要说姚恕也确实是个犟脾气，愣是吃了秤砣铁了心，就是不回来。

从此，他把赵普结结实实得罪了。

不久，姚恕被一纸调令调离了开封府，担任澶州通判。在那里，赵普已经为他挖好了一个大坑。

当时的澶州知州叫作杜审肇，此人不学无术、品行低劣，属于那种正事啥都不会干，坏事样样都有份的角色。但他的来头却非常大，是赵匡胤的亲舅舅，关系比花岗岩还硬，谁都要让他三分，给他当副手，从来没有好事情。

姚恕才干了不到两年，果然出事了。

开宝四年，黄河在澶州决口，淹了附近几个地区的民田。一追究责任，杜审肇和姚恕都逃不了干系，杜审肇因为后台硬，只被免了官职，姚恕居然因此丢了性命（坐弃市）。

其中的司法不公就不说了，明眼人都看得出来，对姚恕的处置是明显偏重的，具体谁从中作梗现在已不得而知，但当时的舆论却很一致——赵普公报私仇罢了（普实报私怨耳）！

赵普和赵光义的冲突还有很多次，主要斗争方式就是相互贬损对方圈子里的人，暗地里你一拳、我一脚，斗得不亦乐乎。总的来说，赵普还是占据上风，毕竟宰相的权限更大。

接连胜利的赵普越发骄狂，总是一副咄咄逼人的态势，挤压着赵光义的发展空间。

正当赵光义一筹莫展的时候，一个盟友来到了他的身边。

盟友卢多逊

卢多逊，怀州河内（今河南沁阳）人。

卢多逊的曾祖父和祖父都曾担任过县令，父亲卢亿曾在后周朝廷做官，可以说，他出身于一个中小官吏世家。

后周显德初年，卢多逊中了进士，由于书读得多，文章写得好，先后担任了秘书郎、集贤校理，左拾遗、集贤殿修撰等官职。宋朝建隆三年，卢多逊兼任知制诰。从官职看，他所从事的工作主要是和文字打交道，虽然清苦，倒也与世无争。

卢多逊的父亲卢亿是个非常低调的人，对名利看得很淡。在卢多逊担任知制诰后，为了避嫌，他主动辞去了自己的官职；给儿子取名为"多逊"，也体现了他恬淡的性格。

可是，卢多逊的人生并没有在父亲预设的轨道上前行。

宋朝初建时，卢多逊和很多读书人一样，对这个急剧变革的时代充满想象。他不想每天与枯灯黄卷相伴，让自己的学问仅仅变成毫无生趣的文字。他想在这个时代找到自己的价值，想取得远超过父辈的地位和荣耀。

虽然没什么过硬的背景，但卢多逊还是竭尽自己的智慧去搏击官场，寻找改变命运的突破口。

开宝元年，卢多逊被任命为史馆修撰、判馆事，这本是一个清汤寡水的职位，和权力、仕途之类的字眼风马牛不相及。但事实告诉我们，所谓机会，除了老天偶尔免费赠送以外，自己也是可以创造出来的。

由于工作关系，卢多逊发现赵匡胤平时喜欢翻翻书，抽空会从史馆取几本书看看。每次赵匡胤取完书，卢多逊就赶紧打听赵匡胤最近看了什么书，知道书目以后，就拿出高中生拼高考的架势，连夜挑灯阅览，直到记得滚瓜烂熟。

由于预先知道了"考试范围"，每次等赵匡胤问起来，卢多逊总能对答如流。久而久之，赵匡胤开始关注这个聪慧的书生。

此后，卢多逊数次加官，并三次出任权知贡举，担任科举考试的主考官。到开宝四年，经过十余年奋斗，卢多逊已官至翰林学士，在宋朝官场初露头角。

观察猜测皇帝的心思，并不失时机地迎合，是卢多逊几年官场生活中总结出的经验。在仕途竞争的第一站，他尝到了甜头，激发了更大的野心和欲望。

卢多逊把目光放在了一个封建官吏所能企及的最高位置——宰相，甚至连赵普也不放在眼里。

论学识，我二十岁便中了进士，而你只是个没有功名的小吏；论权谋心机，我丝毫不输于你。我更年轻，更有政治天赋，凭什么我只能在你身后束手而立，凭什么你长期占据高位？我完全可以比你做得更好！总有一天，我要取而代之！

卢多逊希望能够扳倒赵普，而他的手法要比雷德骧高明得多。

身为翰林学士，卢多逊经常有机会接近皇帝，利用这种便利，他奏事的时候总是"不经意"地说起赵普的过失，不失时机地讲些坏话，一点一滴地影响着赵匡胤对赵普的信任。

要特别说明的是，卢多逊虽然很讨厌赵普，但他也没有依附赵光义，只是因为他们需要共同面对一个强大的敌人，才暂时形成了利益同盟。

日复一日，赵光义和卢多逊坚持不懈，"毁"人不倦，赵匡胤对赵普的态度开始发生了微妙的变化。

从表面上看，赵普依然占据了很大的优势，他的神经已被表象麻痹了，尽管危险在一点点靠近，却丝毫没有察觉。

赵普越来越专断，后来，他干脆在政事堂里放了两个大瓮，下面送过来的文件，只要轻瞄一眼，凡是他不想办的，统统直接扔进瓮里面当柴烧，连后期处理工序都省了。

然而，狂妄终究是要付出代价的。

开宝四年，狂妄的赵普露出了第一个破绽。

一天，赵匡胤突然到赵普家串门，赵普连忙出来迎接。

赵匡胤经常到赵普家串门，可这次和往常不同，他隐约感到赵普有点慌张，表情极不自然。他也没有太在意，继续和赵普边聊边往里面走。

经过房堂前的走廊时，赵匡胤偶然瞥见墙边整齐地堆放着一排瓶子，粗看上去，瓶子做工考究，外表鲜丽，想必不是寻常东西。他有点好奇，就笑着问赵普这是什么东西。

赵匡胤不经意地一问，却让赵普惶恐不安。稍微迟疑之后，赵普只好如实告诉赵匡胤，那是吴越君主钱俶派人送来的礼物，估计都是些海产品。

吴越地处江浙一带，给宋朝宰相送来一点土特产，似乎也不是问题。

赵匡胤偏偏来了兴致，打趣说道："那里送来的海产品，想必不错，要不打开来看看？"

　　赵普只得硬着头皮命人打开瓶子。

　　瓶盖一掀开，刺眼的金色顿时映满了房间，里面放着满满的"瓜子金"（形状像瓜子一样的金粒），而且十个瓶子里面都是如此。至于海产品，别说螃蟹、鱼虾，连条海带都没看到。

　　赵普惊恐万状，连忙磕头谢罪，并解释说这些东西是钱俶刚送来的，书信也没来得及拆，实在不知道怎么回事。

　　看着满屋子的瓜子金，再看看惊慌失措的赵普，赵匡胤没有多说什么，只是轻描淡写地扔下了一句话：

　　"收下也没问题，他（钱俶）以为国家大事，都由你们这些书生决定呢。"

　　赵普心中一惊，他明白，赵匡胤的潜台词就是：别干几年宰相就不知道自己姓什么了，我可以给予你一切，也可以让你失去一切，大权始终在我手里！

　　"瓜子金"事件给赵普带来沉重打击。事实证明，这绝对不是一个简单的受贿问题。

　　赵普在经济上向来不清白，赵匡胤早有耳闻，如果是普通的以权谋私，别说十瓶瓜子金，再多点赵匡胤也不会在意。

　　问题是送礼者的身份太特殊。

　　当时正值宋朝陆续吞并各个割据政权，吴越也感受到很大压力。钱俶向赵普送重礼，无非是希望赵普通过自己的影响力，保证宋朝不把矛头指向吴越。

　　赵普收取吴越贿赂的行为，让赵匡胤对赵普出谋划策的客观性产生了怀疑。要知道，更早的时候，南唐也曾向赵普重金行贿，当时赵普如实上交了贿赂。

前后对比，赵匡胤明显感到，赵普长期高居相位，专权独断已经发展到极其严重的程度，甚至连外邦都只认宰相府，而不知有朝廷。

很显然，无论君臣关系如何，任何一个帝王都不会允许别人分享自己的权力。这是集权体制的天然属性，于人物本身无关。

遗憾的是，赵普却不幸忘记了这一点，并接着犯下了更大的错误。

开宝五年（972）九月，赵普为儿子赵承宗张罗了一门婚事。赵匡胤知道后，表面上仍没说什么，心里却异常愤怒。

赵匡胤很愤怒，并不是因为他喜欢干涉他人婚姻自由。

原因在于，赵承宗娶的是李崇矩的女儿。李崇矩，时任枢密使。

前面说过，中书门下和枢密院合称"二府"，宰相和枢密使分别行使行政权和军权，这是宋朝最重要的制度之一，旨在更好地实现分权制衡，确保皇权至上。

现在宰相赵普和枢密使李崇矩结为了亲家，难怪赵匡胤心中郁闷。

不久，赵匡胤就找了个借口，罢免了李崇矩的枢密使职务，还将他降职处理，同时轮换了政事堂的一大批办公人员，把跟随赵普多年的亲信统统下放任职，狠狠敲打了赵普一下。

从此，赵普在赵匡胤心中的地位一落千丈，在当上宰相的第九个年头，他的地位开始面临最大的威胁。

赵普受到的宠信日益衰减，他的对手却越战越勇。

赵光义不温不火地壮大自己在朝中的势力，他的开封府人才汇集、羽翼丰满，号称"南衙"，俨然和皇宫相对应。

卢多逊虽没有赵光义那样的先天优势，但他时刻洞察赵匡胤的心思，用尽自己的权谋，努力打开升迁之路。

功夫不负有心人，他又等到了一个机会。

开宝六年四月，卢多逊接到一项外交任务：担任江南国主生日庆贺使（江南生辰国信使），奉命到南唐出差，前去祝贺李煜的生日。

派使节祝贺邻国君主生日，只是国与国之间的一种礼仪性交往。反正当时也没什么吃蛋糕、唱生日歌之类的事情，扔下礼物，说几句客套话，就可以拍屁股走人了。

而精明的卢多逊却把握住了这不是机会的机会。

南唐君臣都很文艺，喜欢切磋诗词歌赋，卢多逊发挥了自己的特长，和他们谈得十分投机，而且交往中一点都没有大朝使者的架子，给他们留下了好印象（得其臣主欢心）。很快，程序走完，任务完成，卢多逊乘上船只，动身回国。

船刚开了一程，卢多逊忽然下令船只立刻就近靠岸，并派人回去告诉李煜："朝廷准备重新绘制天下地图，史馆就缺你们江南几个州的地图，希望你们能各给我一本，我顺便带回去。"

对宋朝提出来的要求，李煜从来都有求必应，连忙命人绘制修改，并连夜校对好，送了过去。

对这件事情的效果，史书的评价是："江南十九州之形势，屯戍远近，户口多寡，多逊尽得之矣。"

也就是说，李煜等于是把南唐的军事布防情况免费告诉了卢多逊。

卢多逊"尽得之",也就意味着赵匡胤"尽得之",这些地图对于一直打算攻取南唐的宋朝,来得太及时了。

参加个生日派对,还能参加出这么个效果,人才啊。

卢多逊知道,赵匡胤一直在做着征讨南唐的准备工作,这份额外的收获肯定能让他在皇帝面前加分不少。果不其然,赵匡胤对卢多逊大加赞赏,表示将来要委以重任(有意大用)。

透过事件本身,我们还可以看到卢多逊令人恐怖的城府和心机。

和南唐君臣相处融洽,是为了麻痹对方;启程回国路上再回去索要,可以给人临时起意的感觉,让李煜失去戒心。最后,索要南唐图籍,并不是赵匡胤交代的任务,有此收获属于超额完成任务。

如此心机,想不出彩都难。

一时间,卢多逊上有皇帝欣赏,下有同僚羡慕,已然成为一颗耀眼的政治新星。

最后一根稻草

赵普意识到形势正急剧向自己不利的方向发展。他发现,赵匡胤不再对他言听计从,许多事情开始不征询他的意见。上朝时再看赵匡胤的眼神,透着一种从未有过的陌生感。

旁人的态度也在发生变化,臣僚平时见到他都俯首帖耳,现在似乎不再那么恭顺,很多人开始敢于对自己的决策提出异议,更有个别滑头开始刻意和自己保持距离。

赵普终于明白，所谓朝堂上的权力斗争，只是君主眼下的小儿角力，谁都不会成为最后的胜利者，那些一时占上风的，并不值得庆贺，反而可能招致更大的危险。

他醒悟了，但已经来不及了。面对竞争对手的反扑，赵普感到再无还手之力，只能被动等待最后一击。

赵光义和卢多逊做梦都想扳倒赵普，但他们都是老狐狸，虽然暗斗了这么多年，却还未和赵普直接撕破脸。他们都不想亲自出手，只等赵普再犯错误，自己坐收渔利。

给予赵普最后一击的人，叫作雷有邻。

这位敢站出来公开和赵普叫板的人，并不是什么高官显贵，甚至连官吏的身份都没有，只是一名普通的平头百姓。但他的出现却让赵普心惊胆战，因为赵普清楚此人的另一个身份——雷德骧的儿子。

父亲被免官流放后，雷家家道中落，雷有邻此后参加了科举考试，也没有考上。他把自己遭受不幸的根源都归结在赵普身上，是赵普毁掉了他的亲人、家庭、生活、前途，所有怨愤都转化成了对赵普的刻骨仇恨。

几年来，雷有邻费尽心思搜集能够打击赵普的一切证据，只等有朝一日替父报仇，为自己解恨。

君子报仇，十年不晚。雷有邻不是君子，只等了五年。

开宝六年六月，雷有邻向朝廷告发赵普以权谋私，一口气告了三件事。

一告赵普纵容下属收受贿赂。这事要从秘书丞王洞说起。王洞与雷德骧是同年进士，雷有邻借着这层关系经常到王洞家走动。有一次，王洞托雷有邻买半块白金，并且告诉他，这是用来送给胡赞的。胡赞当时是一名堂后官，相当于宰相办公机构的工作人员。无论白金是胡赞私吞的，还是替赵普代收的，反正赵普是难逃干系。

二告赵普包庇他人弄虚作假。这事则要从雷有邻的朋友刘伟说起。刘伟曾经担任上蔡县代理主簿（县内事务官，低于知县、县丞），当时有个规定，如果代理担任某官职达到三个任期，就可以向朝廷提交履历证明，从而转为正式官员。刘伟确实代理了三个任期，但是其中一个任期的相关证明文件弄丢了，为了顺利转正，就伪造了一份履历，并托人请赵普帮忙，高抬贵手。赵普收了什么好处不清楚，但终归是帮了这个忙。雷有邻和刘伟交情很好，他从刘伟口中知道了这件事情。

三告赵普包庇他人借病不到地方任职。乾德年间，宗正丞（掌管皇族事务的官）赵孚曾被安排到四川地区任职，但赵孚不想离开繁华的京城，跑到刚平定的偏远地区吃苦，就请托赵普帮忙，赵普以赵孚身体有病为借口，取消了这次任命。

三件事，前面两件事雷有邻都置身其中，他留下了确凿的证据，告发起来自然有理有据。当然，揭发这些事情，势必要连累父亲的好友王洞和自己的朋友刘伟，但仇恨已经蒙住了雷有邻的眼睛，在他心中，报复赵普已经成了人生中最重要的追求，为了达到这个目的，他可以不惜一切代价。

因为事实清楚、证据充分，事件很快有了处理结果：刘伟被处斩，胡赞、王洞、赵孚都被免去官职，受了杖刑。作为回报，雷有邻获得了一个正九品下的官职。

若在几年前，这些小事绝不足以动摇赵普的地位，可今时不同往日，现在他再也无法全身而退了。

赵匡胤下诏，命参知政事薛居正、吕余庆和赵普轮流"知印（掌管中书门下大印）、押班（在朝会时率领百官）、奏事（汇报工作）"。

以前，这三项核心权力一直由赵普独享，诏令下达以后，两位长期打酱油的参知政事开始和赵普分享权力，赵普的威权从此大打折扣。

两个月后，赵普又等来了一道诏令。

"尚书左仆射、门下侍郎平章事、昭文馆大学士赵普……特授检校太傅……充河阳三城节度。"

根据诏令要求，赵普马上要外放河阳，担任节度使。

赵普曾无数次将别人外放到地方担任节度使，这回却轮到了自己。经过宋朝初年的一番变革，除了优厚的俸禄外，节度使早就没有往日的威风，而造就这一切的，我们也说过，就是赵普自己。

河阳节度使，驻地在孟州。赵普依稀记得，在讨伐李筠叛乱的时候，赵匡胤曾做了最坏的打算，告诉他，一旦平叛不成功，就让他退守河阳，再图进取。

当年情景，宛如昨日，而今真的要去河阳了，却何曾想到是以这种方式。

令赵普略感欣慰的是，他的罢相制词中，用了"均劳逸"的名义，意思是赵普在宰相位置上干得太辛苦了，让别人替他干干活。尽管是官话、套话，总留住了颜面。

此外，赵匡胤还保留了他"同平章事"的头衔，出去当节度使，又能继续戴着这顶帽子的，被人称为"使相"，已经是极其尊荣的地位了。足矣。

赵普终究要走了，重臣外任之前，照例要向皇帝告别。

五十二岁的赵普向四十七岁的赵匡胤告别。

曾经无话不说的两人，现在只能做些送别的官样文章。

还能说什么呢？

离滁州的第一次相会，已经整整十八年。

离陈桥驿那个惊心动魄的夜晚，已经整整十四年。

离你把我置于宰相高位，已经整整十年。

不说什么了，现在你是至高的皇帝，而我只是芸芸臣僚中的一员。

是对我的彻底放逐，还是暂时的训诫？我现在真猜不透你的心意。

我能说什么呢？

你曾经是我的知己、兄长、最得力的助手，是我最信任的人。而现在，我也不能一眼把你望穿了。

如此结局，也算你我均未相负。

好在我们都值壮年，来日方长，总还会有再聚首的一天吧。

开宝六年八月，赵匡胤送赵普离京外任。

两人都没想到。

这一别，竟成了永别。

第十三章　烛影斧声

谁是继承者

赵普走了。

卢多逊如愿以偿，升任参知政事，进入了梦寐以求的宰执班子。

在他前面，是刚升任宰相的薛居正和沈义伦，两人都是出了名的老实人。所以，卢多逊已经把目光放得更远，照目前的行情看，当上宰相，只是时间问题。

赵普离开后，最大的得益者是赵光义，他被封为晋王，班次排到宰相之上。他继续处心积虑地扩张着自己的政治地盘，大量文臣武将或明或暗地和"小南衙"攀上了关系。

一时间，赵光义权势熏天。有一件事很能反映赵光义当时的地位。

侍卫马军都指挥使、镇安军节度使党进是个粗人。

我说过很多次，在那个时候，没文化的粗人非常多。但即使是在那个粗人荟萃的年代，党进也是"粗"得出类拔萃、百里挑一。

别人没文化，好歹还认识几个常用字，而党进是完全不识字，"完全"到连自己的名字都不认得。明明自己的名字叫"进"，偏偏自称为"晖"（搞不懂这两个字怎么还会搞混），别人指出他的错误，他还说自己已经叫顺口了。

当时禁军将领都有个习惯，会把自己所掌管的军队数目记录在一根木棍上，党进也有一根这样的木棍。有一次，赵匡胤心血来潮，问党进属下有多少军士。

这可难为我们的粗人了。党进瞪着木棍上的字，两眼斗鸡，脸憋得通红，愣是吭不出声来（说了人家不识字啊）。

憋了一会儿，党进昂起头，干脆一下子把木棍举到赵匡胤眼前："都在这里了，你自己看吧。"

24K 纯文盲，纯而又纯的文盲！

有段时间，党进受命巡视京城。他经常在城里到处溜达，查看情况。

一般来说，没啥文化的人总喜欢站在道德制高点上对别人指指点点。党进也有这个毛病。

当时开封城里有许多人喜欢饲养鸟兽，不时会有人提溜一个鸟笼或牵一条狗在外面逛。党进凡是碰上这种人，都要上去大骂一通："买肉不用来孝顺父母，反而用来喂养禽兽吗?"骂完还不解气，直接把人家的宠物放生。也没人敢争辩，谁让他是党进呢。

一天，党进照例在城里闲逛，忽然发现对面走来一人，衣着鲜亮，肩膀上还搭着一只老鹰，看上去十分招摇。

算你倒霉，让我碰上了。

党进快步走上前去，拦住遛鹰的人，一番思想品德教育完后，就要亲自动手放鹰。

但这次不同以往，那个养鹰的人看见党进后脸上没有一丝胆怯，一边顾自打理肩上的老鹰，一边阴阳怪气地冒出了一句:

"这可是晋王的鹰。"

要说党进不愧是上过战场的人，充分发挥了随机应变的能力。听到那句话后，在极短的时间内完成了面部表情和心理情绪的转换。

笑容可掬的党进瞬间赶跑了满面怒容的党进。

后来的情景应该是这样的:只见和蔼可亲的党进信步走到遛鹰人跟前，拉起他的手愉快地攀谈起来，党进不但兴致勃勃地询问了老鹰的生活规律和饲养方法，还饶有兴趣地上前摸了摸老鹰的羽毛。说到高兴处，街上笑声响成一片……

临走，党进从身上掏出些银两交到遛鹰人手中，并郑重地嘱托道:"这是晋王的鹰，务必要认真养好，千万别被小猫小狗伤到了。"

党进这种天不怕地不怕的人物尚且如此，赵光义的威势可见一斑。

自此，一人之下、万人之上的赵普走了，一人之下、万人之上的赵光义来了。

但是，这里会有一个疑问，作为竞争者，赵光义最懂得赵普失败的原因。以他的阅历，绝不会不注意赵普的前车之鉴。既然已经到了封王的地步，他还要索取什么呢？

我们常说，人的欲望是无止境的，这句话无论放在哪里都管用。

没功名的想捞功名，有功名的想做官，有官做的想当大官，当上了亲王，还要继续往上看，只能是……

可是，如果赵光义觊觎皇位，赵匡胤竟没有一点察觉吗？

谁是皇位的继承者？这是一个非常复杂的问题，赵匡胤已经头痛了很久。

为把事情说清楚，我们必须先从中国古代的皇位继承制度谈起。

关于皇位继承，我们最常听到的规则是"嫡长子继承制"，就是说，老皇帝崩了，由正妻（一般为皇后）所生的最年长的儿子继位。但现实总是复杂多样的，尽管你是皇帝，老天爷也没义务保证你正妻肯定能给你带来个儿子，如果没有怎么办呢？只能从其他儿子里面选，长子可优先考虑。

当然，以上所说，都是理论上的规则，实际情况却是大不相同的。因为皇位继承说穿了也和财产继承类似，被继承人（皇帝）的意志才是最重要的，管你嫡子、庶子，长子、幼子，我看谁顺眼，我就让谁当皇太子。于是围绕着皇位继承问题，大多数儿子都要踊跃参加，你争我夺一番，如果再加上宫内女人们友情参与、宫外大小官僚押宝竞猜，那就闹得更加不亦乐乎了，堪称每个王朝的必备保留节目。

事情到了赵匡胤这里，似乎不应该有这种烦恼。

赵匡胤一共有四个儿子，其中两个夭折了，还剩两个。

长子赵德昭，为第一任妻子贺皇后（追封）所生。开宝六年，德昭二十三岁，担任检校太傅、山南西道节度使、同平章事。

次子赵德芳，生母身份不清楚，当时只有十五岁，尚未出阁（出就封地），头上还没有职衔。

照这么看，赵德昭最为年长，又是皇后所生，是理所当然的皇储。

事情没那么简单。

凡事都有例外，皇位继承规则也一样。除了儿子接替老子外，历史上还有一种继承顺序叫作"兄终弟及"，也就是说，哥哥崩了以后，由弟弟接着当皇帝。这种模式自商朝以后很少见，但偶尔出现过几次，所以历史上也出现过几个为数不多的"皇太弟"。

除了两个儿子外，赵匡胤还有两个弟弟。

赵光义不用多说，此外还有个幼弟赵光美（即赵匡美，因避讳而改名）。开宝六年，赵光美二十七岁，担任检校太师、侍中、永兴军节度使。

正常情况下，弟弟自然不能跟儿子比。而赵匡胤面临的，恰恰不是正常情况。

我们还是要回到时代背景中考虑问题。

五代十国是政权更替频繁的时期，每个统治者都有朝不保夕的感觉，以防万一，立一个成年人为皇储是比较靠谱的做法。据说，赵匡胤的母亲杜太后就曾向他表达过这层意思。

在赵匡胤开创基业的时候，儿子赵德昭、赵德芳，弟弟赵光美都未成年，可以承担继承人角色的唯有赵光义。

事实上，赵光义现在的地位确实很特殊。

赵光义正担任晋王、开封府尹。这可不是个一般的职位，如果大家还记得，后周世宗柴荣在当上皇帝前，也是晋王兼任开封府尹。亲王再掌管京城，在那个年代，就是皇储的味道。

话说过来，几乎是皇储，毕竟还不是皇储，至少赵匡胤从未封过皇太子、皇太弟。

随着时间发展，宋朝的根基越来越稳，赵德昭已经成年，赵德芳也越长越大，皇位继承人问题开始变得愈加微妙。

回到传统的"子承父业"模式，还是默认"兄终弟及"，成为朝野私下关注的问题。关注归关注，却谁都不敢提这件事，一来这事太敏感，搞不好要引火烧身。二来赵匡胤才四十七岁，吃得香睡得好，身体健康得很，提这种问题太不吉利。

赵匡胤忙于内外事务，无暇考虑身后之事，下面的人也不吭声。于是，朝野上下形成了一种奇怪的状况，大家都很关注这件事，却心照不宣地保持了沉默，表面风平浪静，底下风起云涌。

然而，平静，终究只是暂时的。

迁都之争

到了开宝九年，形势悄悄发生了变化。

宋朝完成了征讨南唐的战役，离统一全国的目标越来越近。南唐李煜被押送到开封后不久，吴越王钱俶主动要求入朝觐见。

赵匡胤命皇子赵德昭前去迎接钱俶。

这个不起眼的安排却在朝中引起不小的议论。因为按照传统，迎送外邦君主，一般得由亲王出面。当时，赵光义是唯一的亲王。赵匡胤如此安排，似乎是即将把皇长子赵德昭封为亲王。

亲王之后又会是什么呢？这是赵匡胤在传递什么信号吗？谁都不敢正面议论此事，却不免产生各种遐想。

就在赵德昭迎接钱俶后不久，次子赵德芳年满十八岁出阁，被任命为贵州防御使。

对这些消息最敏感的，无疑是赵光义。两件看似平常的小事却让他倍感压力。

其实，更让他不安的是赵匡胤在正月发布的一道诏令——巡幸西京。

理论上，宋朝有四个都城（宋初为两个，后逐渐增加），分别是东京开封府、西京洛阳府、南京应天府（今河南商丘）、北京大名府（今河北大名），而真正发挥首都功能的是东京开封府。

赵匡胤表示要到洛阳去走走，祭扫一下父亲的陵墓，并且在洛阳南郊祭天。

洛阳是赵匡胤的出生地，又是祖居所在，到那里搞些祭拜活动，再正常不过。事实上，赵匡胤此次出行，还有其他更重要的目的。

早在巡幸前，赵匡胤就命人抓紧修缮洛阳的宫殿，他的真实意图也逐渐为人知晓——迁都。

为什么要把都城从开封迁到洛阳呢？当然不是因为赵匡胤思乡心切，作为一个成熟的政治家，他有着更长远的考虑。

现在的首都开封，位于华北平原南端，黄河南岸，处于中原腹地，地势开阔，交通便利，利于人口繁衍生息。"五代"中有四个政权都以开封为都城，特别是后周时期，郭威、柴荣都对开封进行了规划、建设，城市的功能已经相当完备。

然而，作为一个首都，除了住着舒服以外，安全因素也是必须考虑的。自从失去"幽云十六州"后，中原腹地已经没有了山川屏障，辽国军队一旦过了黄河，开封就完全暴露在铁蹄之下。

相比而言，洛阳比开封强多了，四周群山错综环绕，东西两边还分别有虎牢关、函谷关，地势险要，易守难攻。况且洛阳曾在西晋、北魏等多个时期充当都城，基础条件也不错。

于是，出于安全考虑，赵匡胤产生了把都城从开封迁到洛阳的想法。

三月，赵匡胤率领众臣来到西京洛阳。故地重游，他暂时忘却了繁杂的政务，享受着久违的平静和安宁。

儿时的一草一木、一砖一瓦犹在眼前，那不是儿时最喜欢玩的石马吗？那是我们一起摸爬滚打的地方吧。

随父母离开时，我还是个不知事的少年，如今归来，冠盖云集、旌旗蔽天，何等荣耀哉！

父亲、母亲，你们看到了吗？

唉，物犹在，人已变。

岁月几何？人生几何？

在洛阳完成扫墓、祭天等活动后，赵匡胤正式提出了迁都的想法，并征询大臣们的意见。

意见一提出，反对声一片。

大臣们的心思也容易理解，迁都并不是意味着赵匡胤一个人搬到洛阳去住，无数皇亲国戚、大小官僚、虾兵蟹将都得打好包袱跟他走。

人家也是拖家带口的，他们还要带上自己的老婆（往往不止一个）、儿女、父母、仆从、金银细软、锅碗瓢盆……有些东西是带不走的，比如房子、田地，到那里再添置起来，实在麻烦。

做官也罢，当兵也罢，大多数人都是为了混碗饭吃，什么都城安全、国家战略，关我甚事？反正辽国骑兵现在没来抢我家东西。

于是，赵匡胤听到了无数反对的理由，什么房子没修好（宫阙不完），民众很穷困（畿内民困），等等，凡是能找的理由都找出来了，其中听得最多的一个理由——粮食问题。

粮食问题是反对迁都者最拿得出手的理由。

京城住的人口多，张嘴吃饭的也多，当时我国的经济重心已经南移，要解决京城的粮食问题，只能向南方江淮地区调粮。

在没有汽车、火车的年代，如果用人力调动如此多的粮食，半路消耗的粮食估计比运到的粮食还多，吃不起啊。

所以，那个年代运粮只能依赖水路。

　　开封城在这方面是有优势的，多条河水经过都城，可通漕运。最主要的是汴河，横穿开封城，向南注入淮河，与长江、淮河水系相连，南方的粮食可以走水路直达开封。如果迁到洛阳，吃饭就成了大问题。

　　这个反对意见听起来很有道理，但赵匡胤依然没有采纳（上亦弗从），在他看来，持这种意见的人犯了一项逻辑上的错误。

　　看样子，迁都的决定已经不可挽回，正当大家筹划着回家收拾行李的时候，一个人的强烈反对又让事情峰回路转。

　　赵光义是迁都问题上最坚定的反对者。

　　赵光义出生于开封，感情上和洛阳并不亲近。还有一个原因他不能明说，却是最关键的因素。他已经在开封府苦心经营了十六年，积攒了深厚的人脉和资源，一旦离开，就好比老树拔根，实力必会大打折扣。

　　想当年，袁世凯打死也不愿意到南京就任民国大总统，还不惜暗中唆使下属闹兵变，对南方革命党派出的迎接使团连吓带骗，最后成功赖在北京当上大总统，说到底，也是怕离开自己的势力范围。

　　关于迁都问题，赵光义反对态度异常坚决，反复陈述自己的意见（叩头切谏）。

　　面对赵光义的坚持，赵匡胤最终说出了心中的全部想法："我不但要把京城迁到洛阳，以后还要迁移到长安。向西迁移，没有其他原因，只是为了依靠山川险要，来裁减多余的军队（据山河之胜而去冗兵），向周朝、汉朝学习，使天下安宁。"

赵光义并不认同，悠悠地说了一句："治理国家在于道德仁义，而不在于依靠山川险要（在德不在险）。"

按照赵匡胤的想法，他的迁都目标不只定格于洛阳，甚至还要迁到长安（今西安）。在他看来，只要让京城远离战火，守卫京城的军队自然可以减少，粮食消耗就会相应减少，所谓的粮食问题也就不存在了，从而大大节省民力，保证天下太平。

两种观点究竟谁对谁错很难得出定论，唯一可以确定的是，两种观点都是公议，也夹杂着私心。我们不再展开讨论，在此，只介绍争论结果。

赵匡胤暂时妥协了，迁都之议搁浅下来。

迁都引起的争议，产生得突然，也平息得突然。

有人认为，赵匡胤提出迁都，是对赵光义的一次暗示敲打，持此种观点的人多少有点事后诸葛亮，以赵匡胤对朝廷局势的掌控，根本犯不着如此。

在迁都一事上，赵匡胤之所以没坚持自己的观点，是因为他确实还在犹豫。毕竟统一大业尚未完全成功，接下去马上要出兵讨伐北汉，手头工作还没办完，就让大家忙着搬家，还不是时候。此外，赵匡胤从未放弃收回"幽云十六州"的想法，若能收回，开封前面就有了一道天然屏障，所有的问题终将迎刃而解。

此事使赵光义产生了强烈的危机感。他意识到，政治格局正在朝着自己不利的方向发展，时间已经成了他最大的敌人。

四月，赵匡胤率众人离开洛阳。此时正值早春时节，当地刚下过几天细雨，天刚放晴，一路空气清冽，景色宜人。赵光义却毫无观赏的兴致，心事重重。望着前方威风八面的帝辇和绚丽夺目的仪仗，他的心情格外复杂。

赵光义只能一遍遍地问自己。

现在他在想什么？

现在我能做什么？

神秘的夜晚

开宝九年冬十月，太原城下。

党进、潘美正在筹划如何拿下这个坚固的城池。

从七月开始，宋朝第二次征伐北汉。战争已经进行了两个多月，外围的进展十分顺利，现在又形成了围城苦战的局面。

正当宋军将士准备发动攻击的时候，从京城传来了一个诏令——立刻停止所有军事行动，班师回朝！

如此重大的军事行动，敌情又无变化，怎么能说停止就停止！

对于这个反常的命令，全军上下议论纷纷，一时间，猜疑之声四起。

党进、潘美也摸不清朝廷的心思，直觉告诉他们，京城肯定出了天大的事情。

是的，天大的事情！

只有一种可能！

很快，军中的猜疑得到了证实。

开宝九年十月二十日，大宋英武圣文神德皇帝赵匡胤驾崩，皇弟赵光义受遗诏即位！

在一个神秘的夜晚达到人生顶点，在另一个神秘的夜晚突然走到人生终点，赵匡胤的一生宛若流星，又恰如一段传奇，刚要达到高潮，却已转入尾声，让所有人猝不及防，甚至来不及发出惋惜的声音。

历史上，许多帝王的死亡都留下了难解的谜团，而在无数谜案中，赵匡胤的死，又堪称最为扑朔迷离的一宗。

《宋史》对于赵匡胤的死只有一句记载："癸丑夕，帝崩于万岁殿，年五十。"

它只告诉我们一个简短得无法再简短的信息：开宝九年十月二十日夜，赵匡胤突然辞世，享年五十岁。

死前毫无征兆，死亡原因不明。

这一晚，究竟发生了什么？

所有的疑问，都从那个神秘的夜晚开始。

《宋史》对那一夜的情况记载极少，但好在其他史籍还是有些零星的记载。我写历史，一般不会拿出写论文的架势，直接搬出史料考证一番。但对于这个宋朝历史上最大的谜团，我不得不破一次例，因为要解读这个谜团，必须涉及很多史料的真假辨析、逻辑分析，躲是躲不过的。

　　既然绕不过去，只好就一头撞上去，有兴趣者不妨和我一起到故纸堆里走一遭，顺便了解一下分析史料的方法，或许别有趣味。在此，我只截取主要史料，并将原文直接译成现代文，好让大家看得简便。

　　关于赵匡胤的去世，南宋历史学家李焘在《续资治通鉴长编》中，向我们描述了这样一幅情景：

　　　　早些时候，曾经有神仙降到盩厔县（陕西境内一个县）县民张守真的家里，自称："我是天上的神仙，名叫'黑杀将军'，是辅佐玉帝的。"每当张守真郑重地斋戒祈请，这个神仙必定会来到他的家里，神仙说话声像婴儿一样细小，唯独张守真能听懂，神仙预言的很多事情都能应验。张守真于是就当起了道士。

　　　　开宝九年十月十九日，赵匡胤因为身体不舒服，命内侍王继恩办仪式，让张守真把神仙召唤下来。神仙下凡后说："天上的宫殿造好了，玉锁已经打开，晋王是个仁义的人。"说完就消失了。

　　　　二十日晚，赵匡胤连夜召赵光义进宫，让旁边的人都回避，并向他托付后事。透过蜡烛的光影，从远处看去，两人似乎在喝酒。赵光义时而避开席位，一副推却的样子，赵匡胤用斧戳着地面，对赵光义说："好好干（好为之）。"

　　　　当晚，赵匡胤突然去世。

　　在辨析事实前，我们首先要把一些明显虚假的东西剔除出去。所以，什么道士张守真、神仙下凡之类的桥段就省省吧。从上面的内容看，无非是想告诉我们一点，赵匡胤传位赵光义，得到了上天的支持。

但神怪故事对我们查找真相并不是毫无用处。有一点是肯定的，编造（或者授意编造）这些神话桥段的人往往是事件的受益者，记住这一点，对我们分析史实将会很有帮助。

接下去是那个最为诡异的场景。

烛影中，赵光义避开席位，赵匡胤用玉斧（一种宫廷装饰物）戳地，嘱咐赵光义"好为之"。两人具体谈了些什么，做了些什么，一切都不得而知。

是为"烛影斧声"之谜。

联系前后文，作者似乎在告诉我们，赵匡胤想按照天意传位于赵光义，赵光义则做了一番推让。

这是作者真实的想法吗？

未必。

关于"烛影斧声"的记载是模糊的，与之形成鲜明对比的是，那份确定赵光义皇位继承人身份的传位遗诏却毫不含糊，上面清清楚楚地写着"皇弟晋王天钟睿哲，神授莫奇……可于枢前即皇帝位"。

李焘是一位极其严谨的历史学家，他的《续资治通鉴长编》是每个研究宋史者的必读史书。关于"烛影斧声"那个夜晚，李焘详细罗列了各类野史笔记的说法，并没有给出明确的答案，而是不无遗憾地说："顾命，大事也，而实录、正史皆不能记，可不惜哉。"

蹊跷的是，那份内容明确的遗诏，大史学家李焘怎么就选择性地遗忘了？要知道，遗诏是公之于众的，现在仍保留了原文。如此重要的文献，李焘为何视而不见？

我相信，他用自己的态度向我们传递了一个信息，遗诏上的内容是不可信的。

换句话说，它是假的。

若是伪造，按照行为动机去分析，受益者即为造假者。

当然，大家可能会有一个疑问：真若如此，李焘为何不明说呢？我们说过，李焘毕竟是南宋人，写本朝史，总是要有所忌讳的。

好了，分析到这里，你是不是已经一头雾水了，不急，我们继续看接下来的故事，事情远比你想象的还要复杂。

迷雾重重

在那个夜晚，赵匡胤的死因是一个谜，赵光义如何即位也是一个谜，从某种意义上看，这两个谜又是紧密相连的。

关于赵光义的即位，北宋历史学家司马光在《涑水记闻》中向我们展示了另一幅场景：

　　赵匡胤去世的当晚，已经是夜里四更，宋皇后命令宦官王继恩出宫，把二皇子赵德芳叫来。王继恩认为赵匡胤向来有传位给赵光义的意愿，就没去找赵德芳，而是直接到开封府找了赵光义。

　　王继恩深夜赶到晋王府门口，发现左押衙程德玄正坐在门口，便问他为什么坐在这里。程德玄回答："我住在信陵坊，当天晚上听见有人大声呼叫'晋王赵光义召见'，出去一看却什么人都没有，这样反复三次。我怕晋王生病了，所以赶过来看看。"

王继恩觉得很奇怪，就把宫里的事情告诉了程德玄，并和他一起入府见赵光义。赵光义大吃一惊，有点犹豫，声称"要再和家人商量一下"。赵光义和家人商量很久还不出来，王继恩催促说："时间耽搁得太久，恐怕皇位就是别人的了。"在王继恩的催促下，三人开始动身。

当时天下大雪，王继恩、程德玄与赵光义步行进入宫中。入宫后，王继恩让赵光义先在外房等候，并说："晋王暂且在这里等待，我先进去通报一下。"程德玄说："直接向前走，还等什么？"于是，赵光义和两人共同来到寝殿。

宋皇后听说王继恩回来了，忙问："德芳来了吗？"王继恩回答："晋王到了。"皇后见了，非常惊愕，转过神后，连忙说："我们母子的性命都托付给官家了。"赵光义哭泣着说："不用担心，共同保全富贵。"

要理解这段史料，需盯住几个关键人物，逐一说起。

先说宋皇后。她是节度使宋延渥的女儿，因为出身政治世家，虽年仅二十五岁，却很有心机城府。耐人寻味的是，赵匡胤突然离世后，她派人去找的是次子赵德芳，而不是长子赵德昭。谁都知道，若是传位于子，长子绝对比次子更有优势。

宋皇后叫赵德芳过来，明显是打了自己的小算盘，比起二十六岁的赵德昭，立十八岁的赵德芳为帝，显然更利于巩固自己将来的地位。当然，这也从侧面说明，赵匡胤的离世，确实是猝死，即使贵为皇后，也并不知晓赵匡胤对身后事的安排。

　　赵光义能够把握先机，更重要的是依仗了一个人——王继恩。

　　王继恩，陕州陕县（今河南三门峡陕州区）人，后周时期就入宫当宦官。开宝九年，他担任"里面内班小底都知"，别看这个官职名称拗口，那可是内侍宦官的统领。

　　有了如此关键的人物做内应，赵光义才能够第一时间得到消息，入宫抢得先机。

　　赵光义称帝后，王继恩继续出任"勾当皇城司"（掌管宫城出入治安的官职）等重要职务，后来四川地区爆发大规模农民起义时，他又被委任为剑南两川招安使，领兵出征，开了宋朝以宦官带兵的先例。

　　事实证明，王继恩正是赵光义的铁杆亲信，也是他布置在宫内的重要眼线。

　　当然，很多人会怀疑，有没有另一种可能——王继恩是因为尊重赵匡胤的意愿，所以向赵光义报了信，而此后他所得到的荣宠，只是赵光义对他的回报。

　　同样是不可能的。

　　在宋朝，为吸取唐朝宦官专权的教训，一直严禁宦官干预政事。王继恩再牛，也只是一个宫内当差的人，至于谁当皇帝，跟他没有大关系。换句话说，若不是和赵光义关系密切，他完全没必要违背宋皇后的命令，搞砸了，那可是有掉脑袋的风险。

　　事实上，王继恩此后的表现，也不断印证着我们的判断。若干年后，在政治投机中尝到甜头的王继恩，又一次卷入皇位继承纷争之中，背叛了他现在的主人赵光义。可惜的是，这次他碰到了一个强劲的对手，不但投机未成，反而输光了一切。此是后话，我们以后再说。

在这出神秘大剧中，程德玄似乎是一个无足轻重的角色，此人擅长医术，也是赵光义的亲信（颇亲信用事）。但他在那晚的神奇经历也颇让人怀疑。

大半夜被人一嗓子叫醒，出了门也没发现是谁搞的恶作剧，到了王府被关在门外，既不拍门问一下，也不回家困觉，天寒地冻，愣是自愿在夜里当了几个小时门卫，最后居然幸运地遇到半夜赶来的王继恩，掺和进赵光义夺取皇位的大事，蹭到了一点功劳。

程德玄的表现确实古怪，更像是扮演了一个接应者的角色，其中的真真假假只有他自己知道了。权当他是免费出场，来为紧张的夜晚增添一丝喜剧色彩吧。

赵光义的苦心经营终于见到了成效，我相信，在向宫中进发的那一刻，他是不会犹豫的。他不会不知道，在残酷的权力争夺中，任何一丝优柔寡断都可能带来致命的后果。

关于那一夜的记载，赵光义和宋皇后的见面场景是最真实可信的。

宋皇后是明白权力规则的人，而明白人也是最务实的。当见到赵光义的那一刻，她已经洞悉了一切。

"我们母子的性命都托付给官家了（吾母子之命，皆托于官家）。"

这里的"官家"，是宋代皇帝的特定称呼。

好吧，你赢了。她在最短的时间内做出明智选择。

"不用担心，共同保全富贵（共保富贵，勿忧也）。"
他做出了承诺。

两人用最简短的对话完成了妥协，或者说政治交易。

拨开所有的迷雾，我们大致可以还原这样一个事实：赵匡胤身前并未对帝位继承做出明确安排，两难的选择让他迟迟无法下定决心。赵光义处心积虑谋求帝位，并不惜制造舆论、广布眼线。在赵匡胤猝死的那一刻，他捷足先登，自立为帝。

关于以上结论，《辽史》的记载最为直白："宋主匡胤殂，其弟炅自立。"

赵光义即位后改名"炅"，"自立"即"擅自谋立"！

总而言之，真相绝不像遗诏中所写的那么冠冕堂皇，赵光义的即位，并非出自赵匡胤的本意，而是得益于最早知晓了赵匡胤的死亡。

当然，在很多研究材料中，还提出了一种更惊悚的假设——他不是最早知晓了死讯，而是提前预知了赵匡胤的死亡！

换句话说，赵光义亲手制造了赵匡胤的死亡——谋杀了自己的兄长。

这个推论很残忍，让人不寒而栗。

一直以来，关于赵匡胤的死，关于"烛影斧声"谜案，正经的史料太少了，不正经的传闻太多了。

有人说，赵匡胤就是死于心血管疾病，冬天正是该类疾病的高发期；

有人说，赵匡胤是死于遗传性疾病，后来很多赵家皇帝都有突然病倒的症状；

有人说，赵匡胤是被人拿斧子砍死的（把玉斧当成了砍柴斧）；

有人说，赵匡胤是被赵光义用酒毒死的，那个程德玄是医生，最擅长造"牵机药"（一种毒药）；

甚至还有人说，赵光义因为调戏赵匡胤的宠妃被发现，对兄长起了杀心；

…………

种种说法，归结起来，其实只有两种，一种是"谋杀论"，还有一种就是"自然死亡论"。

对此，我不敢妄下定论。因为，能扒拉出来的史料都已经被人们反复咀嚼过了，可以肯定的说，没有哪一方可以拿出绝对的证据。所以，这注定又是一个没有标准答案的谜案。

但是，我还是想尽量给大家一个答案，讲讲我的看法。只能说，我更倾向于前者，更倾向于"谋杀论"。

得出这个结论，不是因为我掌握了什么独门资料，而是基于赵光义此后言行做出的一个推论。

一个我不忍得出的推论。

无论答案是什么，赵匡胤终究是走了，然历史还将继续。

东方破晓，一轮红日从地平线升起，夜色已经褪去，新的一天又开始了。

开宝九年十月二十一日，赵光义即位，群臣赴万岁殿拜见新君。

接下来，我们的故事将进入赵光义时代。

在赵匡胤退出本文前，我们再给他做一个总结吧。

客观地讲，较之其他历史上的著名皇帝，赵匡胤的经历其实是比较平淡的。

他出生于中等家庭，不像李世民那般出身显赫，不像朱元璋那般艰苦励志。一场不流血的政变让他坐上了皇帝宝座，几场不温不火的战斗就摆平了各路军阀，就连修理内部，也没有发生惊心动魄的大事。这些剧目，要是换一个朝代，哪个不是血流成河、你死我活？

于是，有人感叹，赵匡胤的运气实在太好了。

有人对赵匡胤推崇备至：他睿智果断，以最小的动荡实现了政权更替，实现了柴荣的遗志；他不残忍，用最温和的方式处理了君主和权臣的关系；他不好大喜功，用稳妥的方式革除了五代以来的弊政，在他的成绩单里，没有长城，没有运河，却让百姓得以休养生息。

当然，也有人对此有不同的理解：柴荣对他有知遇之恩，他却从孤儿寡母手中夺取天下；兄弟们把他扶上皇帝的宝座，他却转眼剥夺了人家手中的兵权；他又有点谨小慎微，塑造的帝国版图狭小，面对挑衅的邻居，看不到半点大国霸气。

以上说法都对，又都不对。事实还是那些事实，一百个人心中却有一百个赵匡胤。

因此，一个历史人物的功过是非，往往会是一个硬币的正反面。之所以众说纷纭，在于你看到的是硬币的哪一面。

我只能说，很多时候，是历史选择了人，而不是人选择了历史。

当然，赵匡胤确有过人之处。

在我看来，他最闪光的一点在于自省自制，以职业军人发迹，却没有迷信暴力。因为不迷信暴力，所以得以终结暴力。故而，治国仅十七年，却奠定了三百年基业。

一个人，能够认清世事是不容易的，能够认清自己更不容易。

赵匡胤做到了，所以，他是一个了不起的人。

我想，这也是历史垂青于他的原因。

"三代而降，考论声明文物之治，道德仁义之风，宋于汉、唐，盖无让焉。呜呼，创业垂统之君，规模若是，亦可谓远也已矣！"

——《宋史·太祖本纪》

伟哉！宋太祖赵匡胤！

第十四章　超越

恩　赏

赵光义坐上了皇帝宝座。他威严地扫视着上下左右，望着阶下毕恭毕敬的大臣，他终于确信，自己已经成了帝国的主人。

但是，赵光义还不能放心地品尝权力的滋味，大臣们虽然表面上恭顺，心中的疑问是不能短时间内消除的。他必须迅速从兄长的影子中走出来，给帝国打上自己的烙印。

他想告诉每一个人：那个惊心动魄的夜晚已经过去，属于我的时代开始了！

在开始新工作前，赵光义还得办一些事，这是所有新皇帝的必修课。

第一件事情叫作大赦。古时候，但凡新皇帝上岗，为了让全国百姓一起庆祝他成功上位，也为了表示他比较仁义厚道，要对全国的犯人进行一次额外赦免，只要犯的不是篡逆之类的大事，都可以得到减免刑罚的待遇。本来要发配的，可能就不用免费长途旅行了；本来要见阎王的，小命就保住了。如此一来，人们还不对新皇帝感恩戴德？但话说回来，我一直觉得这项制度比较缺心眼，长此以往，那些蹲大狱的人还不天天盼着当朝皇帝早日归天？唉，不管怎样，反正一直以来都是这么干的，赵光义也不能例外。

第二件事情叫作封赏。这项工作就更重要了，不管你的皇位是阴来的、抢来的，还是合法继承来的，对广大臣僚的关心是不能免的，否则人家凭什么跟你混？因此，新皇帝一登基，不管国库多穷，这笔钱你就算把自己的裤子当了，也得马上发放下去。皇室宗亲、大小官吏、禁军侍卫、后宫嫔妃……一个都不能少！对有些人来说，那笔奖金还是小事，他们还会因此得到升官提拔，就相当于平白无故长了几级工资，真是撞大运了。

赵光义在批发官帽的时候，有三个人的封赏最引人注目。

赵光美、赵德昭、赵德芳。

赵光美不得不再次改名了，其实，我们现在该称他为赵廷美。因为大哥赵匡胤当了皇帝，他从赵匡美变成了赵光美，现在二哥也做了皇帝，他只好再避开二哥的"光"字，成了赵廷美。

要说避名讳这种事情确实费事，每次一个新皇帝上台，全国上下，不管地名、官名、人名，凡是和皇帝名字出现重字的，都得跟着改，还真不嫌烦。

赵廷美的新头衔是开封尹、中书令、齐王，基本上是赵光义称帝前的配置。我们说过，这是一个非常特殊的职位。

赵德昭进封为永兴节度使、侍中、武功郡王；赵德芳进封为山南西道节度使、同平章事。从职位上看，两人都往前挪了一大步。

赵光义费尽心机给弟弟、侄子安排了新岗位，他们对这种安排是否满意，我们不得而知。

只有一点可以肯定。无论是谁，满意也罢，怨愤也罢，既然名分已定，所有的想法、欲念都只能暂时压在心底，一切诉求只能等待时间来决定。

大赦、赏赐、谢恩，一切都在按部就班地进行。

大宋王朝的第一次最高权力交接看上去还算平稳，至少表面上是这样。

然而，就在即位两个月之后，赵光义突然发布一道命令，瞬间打破了平静的氛围。

开宝九年十二月二十二日，赵光义宣布将年号由"开宝"改为"太平兴国"。

决定刚一做出，立刻引起轩然大波。一时间，朝野内外、街头巷尾，都对这个决定议论纷纷。

改个年号而已，又不是拖欠工资、扣发奖金，怎么就引起这么多人关注呢？

关于年号的知识，我们在介绍赵普先生工作经历时已经普及过了，有一点我们现在必须补充一下。取年号不但要求好听、吉利，而且它的使用也很讲究，不能像换轮胎一样，你想换就换。

简而言之，一般要等到发生特别重大的事情、发布新的政治纲领时才会换一个年号，用现在的话说，是具有巨大的政治意义。

当然，一个王朝换了个新皇帝，那绝对是捅到天的大事情，确实可以改个年号，但这里有个时间问题。按照规矩，新皇帝登基，只要皇位不是硬抢来的，都必须继续沿用原来的年号，直到第二年才能换上新年号，以体现对前任的尊重。

赵光义在十二月二十二日换年号，满打满算，离新年也就八天时间了，又不去赶火车，那么心急火燎干什么？他耳边自然少不了反对声。

但是，这次赵光义力排众议，态度异常坚决。在他眼里，这不再是一个简单的符号，他要通过这次不合常规的年号更改，告诉每个臣民——他不再是那个兄长庇护下的赵光义，他已经走出了兄长的影子，站到了历史的台前！

泉漳纳土

赵光义立志超越兄长，但光靠一些表面功夫肯定不能服众，为了展现自己的能力，他决定尽快完成全国统一大业。

也算赵光义运气好，还没等他费心思，一个政权主动来投靠了。

这个政权，要从十国中的"闽国"说起。

当时闽国的统治区域，大致相当于现在的福建省。虽然是个小政权，但它的混乱经历却丝毫不会辱没"五代十国"的乱世名声。

想当年，唐末天下大乱，江淮一带一个叫王绪的屠夫拉起了一支队伍，并在混战中流窜到了福建境内。王屠夫为人心眼比较小，老是怀疑别人会害他，任意屠杀手下将领，结果梦想成真，真的被下属给屠了。此后，军权落到了王潮、王审知兄弟手中。

王潮是个相对靠谱的人，造反事业搞得红红火火，逐渐占领了福建全境。王潮死了之后，弟弟王审知取代了他的位置，还当上了"闽王"。王审知死后，大儿子王延翰比老爹更进一步，自己当了皇帝。

要说皇帝确实不好当，王家自从出了个皇帝后，就开启了疯狂的内斗模式：

王延翰做了皇帝后，因为比较荒淫，被王审知的次子王延钧和养子王延禀给杀了；

王延钧做了皇帝后，因为非常荒淫，被儿子王继鹏给杀了；

王继鹏做了皇帝后，因为特别荒淫，被堂兄王继业给杀了，其叔叔王延羲（王审知儿子）做了皇帝；

王延羲做了皇帝后，因为极其荒淫，被属下给杀了，王延政（王审知儿子）自立做了皇帝；

王延政做了皇帝后，还来不及荒淫，南唐趁乱打进来了，闽国就此玩完。

好了，老王家的那本烂账总算结束了，但闽国土地上的争斗不会结束。南唐对闽国趁火打劫，旁边另一个政权"吴越"本着破鼓乱人捶的精神，也赶来分一杯羹，经过又一通乱战，闽国被瓜分成了三块。

闽国本来共有福州、建州、汀州、泉州、漳州五个州，南唐占有了建州、汀州，吴越占有了福州，剩下的泉州、漳州落到一个叫留从效的新军阀手里。

折腾那么久，"泉漳政权"总算冒了出来。但历史似乎特别钟情这块土地，总是嫌这里不够热闹，争权夺利的事情还得继续下去。

留从效是个比较识时务的人，对外向中原政权和南唐两边讨好，对内埋头搞发展。可尽管他小心翼翼过日子，最后还是没把权力保住。

事情也凑巧，当时南唐的君主还是李璟，李璟因为刚丢了淮南十四州，内心很受伤，把都城迁到了洪州。留从效就派大儿子去安慰，没承想人刚到洪州，李璟就抑郁过度，挂了。李煜在金陵即位，留大公子只好提起精神，再向金陵出发。就这么一来二去，家里出事情了。

留从效死了。

老留死后，家里只剩下年幼的小儿子留绍磁，留绍磁虽然被拥立为首领，但大权实际上落到了统军使陈洪进手里。

陈洪进，字济川，泉州仙游（属今福建莆田）人，从小志向远大，喜欢读书、研习兵法（幼有壮节，颇读书，习兵法），当兵以后，多次立下战功，成为留从效麾下的重要将领。

陈洪进不但勇猛，而且很有心计，见到有机可乘，就和统军副使张汉思一商量，随便给留绍磁安了个"谋叛"的罪名，把他给废了，还把人绑送给了南唐。

欺负完未成年人，陈洪进并没有急着自己当老大，而是把副手张汉思推出来当统帅。张汉思年纪比较大，也没什么领导能力，实权依然捏在陈洪进手里。

张汉思替人背了锅，又没尝到甜头，心里自然也不爽，打起了自已的算盘。

一天，张汉思找了个由头请陈洪进吃饭，顺便埋伏了一些刀斧手，准备让陈洪进有来无回。陈洪进这次倒也没多长心眼，开开心心前去蹭饭吃。

如无意外，老张这回是吃定小陈了。

可正所谓"谋事在人，成事在天"，陈洪进也是命不该绝。饭刚开吃，大家还没喝几杯酒，地面忽然震动起来，房屋都倾斜了（酒数行，地忽大震，栋宇将倾）。按照现在的科学知识，这是典型的地震现象。其实，碰到这种情况反而更好下手，干完以后，上报一个自然事故，接着再开个追悼会，谋害同事的罪名都不用担了。

可古人毕竟科学知识不足，把地震当成了老天的警告，大家都吓得不行，有人就把阴谋告诉了陈洪进，陈洪进眼疾手快，赶紧趁乱走人，余下的人也一哄而散。

谋杀不成后，张汉思终日处于恐惧之中，成天躲在府里不出来，生怕陈洪进报复。

有一天，陈洪进带人找上了门。张汉思府上本来有百来个侍卫，但一见到陈洪进，早就没了抵抗的勇气，几句话就被统统骂跑了。当时，张汉思还在房屋里间，听见外面喧哗，就想着出来看看发生了什么事情。

陈洪进也没搞什么流血事件，而是大步走出外门，从袖子里取出一把铁锁，转身就把门锁上了。然后，隔着大门对张汉思喊道：

"将士们都觉得你已经是老糊涂了，请我来做节度留后（官职名），大家的意见不能违背，你该把大印交出来了（军吏以公耄荒，请洪进知留务，众情不可违，当以印见授）。"

张汉思没想到陈洪进来这一手，只好乖乖把大印塞了出来，从此开始软禁生涯。

至此，泉漳政权的统治者变成了陈洪进，此时，已经是大宋乾德元年（963）。

陈洪进刚掌管泉州、漳州的时候，依然同时向宋朝和南唐两边讨好，努力维持自己的一亩三分地。而此后，宋朝在赵匡胤的统领下开始了统一天下的征程，南平、湖南、后蜀、南汉等地相继被拿下，国力越来越强盛。相比之下，南唐除了李煜的诗词创作功夫见长外，其他毫无长进。陈洪进眼看着赵匡胤的炕头明显比李煜的热得多，开始更加频繁地和宋朝联络，时不时送点礼品表表忠心，也好给自己留条后路。

开宝八年十二月，宋朝拿下了南唐，统一大势已经不可逆转。陈洪进明白，送点土特产就可以混日子的时代已经一去不复返，是该考虑一下自己和泉漳政权的最后归宿了。但他又舍不得把自己的地盘拱手交出去，有点犹豫。

陈洪进在犹豫中享受着最后的土财主生活，一直到了开宝九年六月。

那个月，吴越国国王亲自率队到了开封，拜见赵匡胤，并表达了臣服的心愿。这个举动让陈洪进内心惶恐不安，马屁都被人抢着拍去了，那是要出大岔子的。要是等到赵匡胤主动出手，别说后半辈子的生活待遇没指望，估计还有没有后半辈子都成问题。

十一月，陈洪进在得到赵匡胤允许后，也亲自带队奔向开封，除了各色礼品外，他这次带了一件更加重磅的东西——泉漳土地表册！

还是那句话，人算不如天算。陈洪进忍痛下了决心，老天却没批准他的辞职请求，准确地说，是延迟了他的辞职请求。

因为，他刚走到半道，得到了一个消息——赵匡胤驾崩了。

就这样，陈洪进又阴差阳错地回到了老本营。

也算运气好，一来一回，陈洪进居然又多当了一年多的土财主。

太平兴国三年，赵光义已经坐稳了皇帝宝座，统一大业再次被提上日程。陈洪进早就窥伺到风向，这次，他不再恋栈，又一次踏上北上路程。

当年四月，陈洪进觐见赵光义，献上了泉、漳二州。

宋朝不费一兵，得县十四，户十五万一千九百七十八，兵一万八千七百二十七。

陈洪进找到了自己的归宿，而他的主动献土却让另一个人坐立不安。

吴越归朝

吴越国王钱俶觉得自己已经被逼入了绝境。

下面，我们先来看看老钱家的家底。

吴越，"十国"之一，统辖区域大致包括现在浙江、上海以及江苏西南部和福建东北部，是一块相当富庶的地区。

吴越国的创建者叫钱镠，杭州临安（今浙江杭州临安区）人，少年的时候游手好闲，没什么正当工作（无赖，不事家人生产），后来干起了贩私盐的勾当。贩卖私盐从来都是出人才的行业，唐末农民起义领袖黄巢就是私盐贩子出身，钱镠的发迹其实也和黄巢相似，只是他并没有像自己的同行一样参加造反活动，而是转身当兵，成为政府武装力量，两名私盐贩子分别进入了不同的阵营。

难怪都说同行是冤家，所言不虚。

当时黄巢的起义军进犯江浙一带，前军两千余人抵达石镜镇（临安下属地区），当地守军只有三百多人，大家都比较慌张。钱镠却丝毫不怵，带领二十几人，在一处山谷中打好埋伏，静等敌人上钩。

起义军路过的时候，钱镠先是用劲弩一箭射落前面带队的将领，趁他们慌乱的时候，带领伏兵一跃而出，大呼小叫着砍杀过去，居然靠区区二十几人干掉了一百多个敌人。起义军不知底细，四散逃跑，临安也因此逃过一劫。钱镠从此打出了名声，走上了一方豪强的道路。

在军阀乱斗的大好形势下，钱镠的才能得到充分发挥，经过十七年的苦战，当上了唐朝的镇海、镇东两镇节度使，正式掌控江浙地区。后梁龙德三年（923），钱镠又被封为吴越国王，此时他已经盘踞江浙二十七年，统治基础非常牢固。

钱镠割据一方后，并没有得意忘形。他的地盘西北有南唐（前期是吴国），南面有闽国，东面是大海，处于被包围的状态。为了避免被邻居挤到海里喂鱼，他长期和中原王朝保持良好关系，一直以藩属自居，请客送礼不在话下。有了中原王朝撑腰，就可以制约几个军阀邻居，别人也不敢把他怎么样，政权总算得以延续。

钱镠一生都恪守这个生存诀窍，他再三告诫子孙："好好侍奉中原王朝，不要因为中原政权发生变化而改变我们的态度（善事中国，勿以易姓废事大之礼）。"

按照钱镠的嘱咐，中原哪怕让一头猪出来当了皇帝，你也得乖乖地认大哥、拜码头，别动什么歪心眼。

公元 932 年，钱镠死了，他的儿子钱元瓘，孙子钱佐、钱倧、钱俶相继即位。值得庆幸的是，钱家的历史比较太平，不像闽国王家那样斗得乌烟瘴气，权力交接大体平稳。

钱俶就是现在的吴越国王。

钱俶，字文德，乾祐元年（948）即位，熬到现在，已经坐了整整三十年王位。在位期间，他谨记着祖上的教诲，不惹事、不生事，供奉宋朝尤其恭顺。

但随着形势变化，钱俶也不得不面临命运的抉择。第一次抉择发生在宋开宝五年。那年，钱俶照例派人去进贡，赵匡胤接见了使者，意味深长地说了一番话：

"你回去告诉元帅（指钱俶），要经常训练军队，江南（指南唐）倔强不来朝拜，我正要出兵讨伐，元帅应当帮助我，不要被'皮之不存，毛将焉附'之类的说法所迷惑。近来我在城南建造了一座离宫，赐名叫'礼贤宅'，用来等待李煜和你的君主，谁先来就赏赐给他。"

钱俶收到这番话后肯定是睡不着觉的。

从前后文分析，赵匡胤的话有点自相矛盾，前半句还让钱俶别担心，灭了南唐后不会接着侵犯吴越，后半句又说已经备了一套豪宅，欢迎他和李煜友好竞争，先到先得。绕了半天，还是不想放过他。

其实，也不用赵匡胤解释，形势在那里明摆着，都被灭得差不多了，又怎会一直留着你的一小块地盘？

开宝七年，赵匡胤正式出兵南唐，命令吴越从侧面发动攻击，配合宋军作战。钱俶的内心又开始纠结起来，此时，他收到了南唐的李煜的一封信，大意是让他别趁火打劫，还是管好自己的地盘比较重要。其中有一句话深深触动了他：

"今日无我，明日岂有君！明天子一旦易地酬勋，王亦大梁一布衣耳。"

翻译一下：今天没我，明天哪有你！将来天子换个地方赏赐功臣，你也不过是开封城内的一个老百姓而已！

不得不承认，这回李煜说的是大实话。

但现实没留给钱俶太多犹豫的时间，赵匡胤派来的前锋部队一千人已经到了境内，名义上是协助，其实就是监军。钱俶早就吓破了胆，只能乖乖出兵。

后来的事情我们说过了，宋军势如破竹，南唐危在旦夕。

眼看南唐就要被灭，钱俶难免兔死狐悲，他心里明白得很，吴越也是砧板上的一块肉，南唐的今天就是吴越的明天。之前和宋朝如何亲热联络、如何肉麻吹捧，只要一涉及利益，转眼就能撕破脸皮。

南唐被收服后，赵匡胤的心情大好，对钱俶的表现也非常满意，邀请他到开封来住几天，并再三说明会让他马上回家，不会让他成为开封常住居民（即当复还，不久留也）。

钱俶不敢违拗，马上启程北上。开宝九年六月，他来到开封，受到了前所未有的礼遇，虚的名号，实的豪宅，凡是一个藩王应得的、不应得的都在了。总之，赵匡胤给足了钱俶面子。

赵匡胤也没有食言，留钱俶住了约半个月，就允许他回去了。临行前，还送给钱俶一个黄色包袱，并特地叮嘱他"到了半路上再打开看（途中宜密观）"。

钱俶诚惶诚恐地踏上归程。来的时候，都已经做好了被扣留的心理准备，现在不但安全返回，还能带回点纪念品，不错。

走到半道，钱俶小心翼翼地打开了那个黄包袱，一看，原本稍稍放下的心又提了起来。

里面都是一本本奏折，作者是各位宋朝大臣，主要内容只有一个——要求扣留钱俶，吞并吴越！

钱俶看这些奏折，就像在看恐怖小说，不禁心惊肉跳，急忙加速往回跑，溜进吴越境内，心才安定了点。

从此，这些奏折就成了钱俶心上的一块石头。

放过我，又把奏折交给我，仅仅为了表现一下厚道、大度，让我感恩戴德？还是在借机敲打我，让我主动献上国土？

钱俶忐忑不安地过了两年，太平兴国三年三月，他再次被召到开封，这回，面对的是新皇帝赵光义。

为了讨得新皇帝的欢心，钱俶此次进京，翻出了所有家底（尽挈其府实而行）。金银珠宝、绫罗绸缎、苏木香药、珍贵器物等东西自然不在话下，居然还有犀牛角和象牙（这也不是江浙特产，搞不懂哪来的），一共分为五十组，船运车拉，浩浩荡荡地从杭州开到了开封。

赵光义对钱俶"裸捐"式的送礼行为非常满意，一直高规格招待着，还不时派人慰问、宴请。钱俶一住就是一个月，眼见赵光义没有放他回去的意思，内心更加焦虑，但他毕竟还心存侥幸，希望能像上次一样，有惊无险地回去。

赵光义希望钱俶献出国土，但就是不明说。钱俶心里不舍得，所以硬撑着不说，反正这里管吃管住，能磨一天是一天。一直僵持到四月，钱俶扛不住了。

陈洪进主动纳土了。

钱俶感受到了极大的压力，再不摊牌看来不行了。为了不放弃最后一丝希望，钱俶向赵光义上表，恳请能放他回国。事实证明，赵光义可不是赵匡胤，人家正等着拿下吴越出点政绩，国都没了，还回哪门子国？

赵光义果断拒绝了钱俶的回国请求，把钱俶彻底逼到了墙角。

钱俶没了主意，便和跟随而来的大臣们商量，但人多嘴杂，出什么主意的都有，有人想降，有人不想，意见仍统一不起来。好在宰相崔仁冀是明白人，拼命劝钱俶说："朝廷的意思已经很明白了，你如果不马上献出国土，祸患就到了。"

道理是这么个道理，但旁边的人还想争一下，钱俶一时也拿不定主意。

崔仁冀人如其名（催人急），大声呵斥道："现在都已经到了别人手心，离国千里远，除非能长出翅膀飞回去（今已在人掌握中，去国千里，惟有羽翼乃能飞去耳）!"

真是一语惊醒梦中人，崔仁冀的怒喝击碎了钱俶心中的幻想，他决定向现实屈服。

也罢，事已至此，还是认命吧。

五月，钱俶上表献出国土。

吴越所辖十三州，一军，八十六县，五十五万六百八十户尽入宋朝版图，史称"吴越归朝"。

第十五章 先胜后败

杨 业

  泉漳、吴越的归顺，更像是熟透的果子落了地，虽是好事，但太没有挑战性。所以，赵光义并未满足，他还在寻找更好的证明自己的机会。

  机会就在西北方向，唯一的割据政权——北汉。

  北汉的君主还是刘继元，经过开宝二年那次大规模攻击后，他的日子越过越艰苦。屋漏偏逢连夜雨，北汉和辽国的关系处得越来越差，辽国总是以老大自居，动不动就粗暴干涉北汉内政，刘继元心里很不舒服。

　　与之相反，辽国和宋朝的关系却开始改善了。赵匡胤一心想孤立北汉，就频繁派使节到辽国串门，搞好边境关系。辽国本来是想扶持北汉制约宋朝，但眼看宋朝越战越强，马上就要一统中华，北汉就渐渐失去了利用价值，自然不肯再花力气支持这根废柴。

　　刘继元命很苦，但命也很硬。本来，开宝九年的那次进攻足以将他压垮，可赵匡胤突然去世了，赵光义登基后紧急召回了军队。因此，刘继元和北汉的命又免费续上了几年。

　　好运总会到头，到了太平兴国三年底，北汉已经成了唯一还在喘气的割据政权，怎么着都要轮到他了，更何况，赵光义正急着找一个对象练练手，摆摆威风。

　　太平兴国四年（979），赵光义下诏征讨北汉，任命潘美为北路都招讨制置使，负责全局指挥，统领四路大军向太原进发。另在太原石岭关部署一支精锐部队，专门负责阻击辽国援军。

　　按照当时的实力对比，宋军拿下北汉应该不成问题，但赵光义的目标不仅仅在于一场战争的胜利。布置停当后，他随即决定率领文武众臣，御驾亲征！

　　攻下北汉，意味着结束唐末以来近百年的割据混乱时代，意味着亲手完成兄长未竟的事业，必将名垂青史。显然，在赵光义的心里，此战的象征意义已经超过了战争本身。

　　我需要一场摧枯拉朽般的胜利！

　　进发之日，就选在二月初二。

二月二，龙抬头！

战斗迅速打响。反正占有压倒性优势，宋军也不用讲究什么战略了，就是分四路围着太原城，东西南北，一齐发动狂攻。

情急之下，刘继元还是向辽国求救，契丹人还算念旧情，总算派出了一支援军。但宋军准备充分，打了一场漂亮的阻击战，杀伤辽国军队一万余人，取得大胜。刘继元不死心，继续派人溜出包围圈去送信，却被宋军逮了个正着，彻底没了指望。

失去外援，北汉军心动摇，很多人规劝刘继元，积极向陈洪进、钱俶同学学习，早点投降，争取一个宽大处理（当然也是为自己的将来考虑）。

可但凡当过"一把手"的人，多少都会权力上瘾，不到最后时刻，绝不撒手。所以，任凭大家哭天抢地、唾沫横飞，刘继元就是下不了决心。

众人的劝说可以不听，但有一个人的意见不能不引起刘继元的重视。

他就是此前让宋军吃尽苦头的北汉第一猛将刘继业。

刘继业，陕西麟州（今陕西神木）人。

刘继业本不姓"刘"，原名叫杨崇贵（后又改为杨重贵），父亲杨信是当地的一方豪强，乘着乱世，圈了块地，自封麟州刺史。几经辗转，杨信和他的麟州政权都依附到了刘崇门下。按当时的规矩，小土豪投靠大土豪，要送一个儿子到大土豪处充当人质，少年杨重贵就这样来到刘崇手下当差。

为了笼络人心，刘崇认杨重贵做了养孙，让他跟自己的孙子们的"继"字辈排行，取名叫"刘继业"。

世事无常，刘继业还在北汉当差，担任麟州刺史的父亲却当起了墙头草，转而依附了北汉的敌人后周。父亲死后，弟弟继承了麟州刺史的职位，又跟着依附了宋朝，甚至还曾参与宋朝进攻北汉的战斗，如此一来，简直是把刘继业往火坑里推。

好在刘继业在北汉的表现确实无可挑剔，他每次打仗都拼死在前，多次建立奇功，还获得了"刘无敌"的威名。尤其是开宝二年的那场战斗后，刘继业成了北汉当之无愧的头号战将。

因为刘继业实在太厉害，不管北汉政权的统治者如何变化，对他的倚重从来没变过。然而，让刘继元沮丧的是，现在，连这位头号战将也站出来劝他早点投降（劝其主继元降，以保生聚）。

应该说，刘继业这么做其实是十分危险的。在这个生死存亡的敏感时刻，你一个手握兵权的大将，还有当人质的老底，真不适合站出来谈投降的事。退一步说，就算别人可以说，你也不能说，否则难免让人怀疑你想反水。

众人的劝谏让刘继元很受震动，但还是下不了最后的决心，就在犹豫之间，宋军的进攻更加猛烈了。

四月底，赵光义亲自率军来到城下视察，在督战之余，耍出了一套更狠的战法：集中所有弓箭手，一字排开，玩命地向城内射箭（控弦之士数十万列阵于乘舆前，蹲甲交射）。太原城瞬间被射成了一个刺猬球（矢集太原城上如猬毛）。在强大的"火力"掩护下，宋军的进攻更加猛烈，个别宋军部队已经突入内城。

眼瞅着太原城将被攻破，许多北汉官吏早就没了抵抗的心思，翻墙主动投降、打包跑路的大有人在，反正是树倒猢狲散，你跑我也跑。

正当太原城内人心涣散的时候，刘继业却再次展现了猛将本色，舍生忘死地奋战在太原城头，一面指挥守城，一面组织反击，直杀得城下血流成河、尸积如山，就是坚持不退。

太原城毕竟只有一个刘继业，终究挡不住宋军的人海战术。刘继元眼看大势已去，放弃了最后一丝希望。

五月六日，刘继元率领百官出城投降，献上北汉十州，一军，四十一县，三万五千二百二十户。

刘继元认输了，宋军却还不能顺利进城接收，因为刘继业仍在太原城内苦战不止。外城攻破了，就退到内城继续打，箭射完了，就接着白刃战，反正就是死磕到底。他的顽强让所有人都感到诧异，之前主张投降的是你，现在君主都降了，你还玩什么命？

事实上，刘继业的行为并不矛盾，他所做的，只是为了证明一个"忠"字，开宝九年不顾生死孤身夜袭宋军是在尽"忠"，当初分析利弊劝主上投降是在尽"忠"，现在血战不屈也是在尽"忠"！

忠诚，是一个军人最纯粹的品质。

赵光义早就听说刘继业的威名，十分欣赏这位忠诚勇猛的战将，他让刘继元亲笔写了一封诏书劝刘继业归降宋朝。

手捧诏书，刘继业仰天长啸一声，卸掉浑身沾满鲜血的铠甲，放下布满缺口的刀剑，向着城内的宫阙长跪不起，满腔热血、一片赤诚，渴望以死报国的忠烈之臣，却无奈成了一名降将。

既然成了宋朝的臣子，刘继业自然不能再姓"刘"，他改回了原姓"杨"，与北汉皇室相关联的"继"字也必须取消了，于是，刘继业变成了"杨业"。

前面说过，这位杨业，正是《杨家将演义》中的"杨令公"。

宋朝杨家将的故事家喻户晓，除了杨令公，其他一些人物的原型其实也已经和我们打过照面了。比如赵匡胤的二子赵德芳，到了演义里，就变成了"八贤王"赵德芳。再比如这次宋军的总指挥潘美，跑到演义里居然变成了头号奸臣"潘仁美"。寇准、杨延昭等演义中人物在历史上也出现过，有的还要成为我们下面故事的主角。

错误决策

宋朝吞并北汉，意味着五代十国的分裂局面彻底结束。从此，中国又恢复到大一统的状态，百姓将会得到一个更加安定、有序的发展环境。

功莫大焉。

柴荣、赵匡胤都没做成的事，却在自己手里完成了，赵光义志得意满起来（圣心狂悦），他甚至还做了一首《平晋歌》，传给大臣们一起朗诵……

看起来，做皇帝也不难，不过如此。

得意之余，赵光义决定再干一件震撼人心的大事，让自己的光芒盖过兄长赵匡胤。

人在自鸣得意的时候智商特别容易下降，历史已经无数次证明这条规律。如果赵光义能够冷静地思考一下的话，他的得意实在没有来由。

北汉经过柴荣、赵匡胤一通乱捶，早就只剩半口气，这次被拿下，其实也是一件水到渠成的事情。可赵光义不这样认为，他更像那个"拔萝卜"故事中的小老鼠，把所有的功劳都记到了自己头上，一时间分不清自己有几斤几两。

从出发到拿下北汉，掐指一算，仗已经打了五个月，宋军将士早就疲惫不堪，好不容易打赢了，大家都盼望着回家洗洗睡觉。结果，撤军的命令没等来，却等来另一道命令，瞬间让大家睡意全无！

赵光义决定，继续前进！目标——"幽云十六州"。

这个决定马上引起了将士们的不满，兄弟们这么辛苦，你居然号召大家加班工作，还讲不讲劳动者权益了？

赵光义的决定，赞成的少，反对的多。但反对者也就暗地里发发牢骚，他们知道，皇帝正在兴头上，谁提反对意见，很可能直接就送你去阎王殿。

就这样，一个信心满满的人带着一群牢骚满腹的人向宋辽边境进发了。趁他们还在路上，我们不妨坐下来分析一下，这个决策到底是否正确。

很多人可能会认为我这个问题相当缺心眼，看看后面的结果，宋军输得那熊样，这决策肯定大错特错啊。很显然，这属于典型的结果倒推法，俗称马后炮，对于我们思考问题没什么帮助。

那么，赵光义一意孤行，不虚心接受多数人的意见是不是能证明，这决策就是错的呢？

也未必。

"集思广益"这个词大家听说过，可还有一句话大家应该也听说过："真理是掌握在少数人手中的！"

你说打仗前应该准备充分，可兵法上也有"出其不意，攻其不备"的说法。你觉得不应该在将士疲惫的情况下继续发动战争，可不怕疲劳，连续作战，还是一种优良的军事传统呢。

孰是孰非？

所以说，决策分析可没那么简单，这可不比我们的饭后吹牛。

在我看来，赵光义这次决策最大的失误，不是没看到自己的不足，而是忽视了另一个因素——对手。

夫未战而庙算胜者，得算多也，未战而庙算不胜者，得算少也。多算胜，少算不胜，而况于无算乎！

——《孙子兵法·计篇》

比起哥哥赵匡胤，赵光义工于心计，却缺乏开阔的视野和格局，属于那种内战内行、外战外行的角色。他对辽国的了解，局限于一些零星的情报，而没有一个深层的认识。

此时的辽国，从表面上看真不怎样。睡王耶律璟早就永远地睡过去了，现在的辽国皇帝叫耶律贤，历史上的辽景宗，一个看上去资质平平的人。

耶律贤从小体弱多病，甚至连马都不会骑，这实在与游牧民族首领的彪悍形象不符。耶律贤的皇位来得也不正常，他是趁着耶律璟意外遇害（睡着后被几个下人杀死），被人拥立做了皇帝，属于非正常即位。当上皇帝后，又是安抚各路契丹贵族，又是平定叛乱，压根儿就没过上几天安生日子。

一个病恹恹的首领，统治着一个动荡不安的政权，在赵光义的眼里，现在的辽国就是这个样子。

可赵光义没看到，就是在这位不起眼的耶律贤的统治下，辽国正发生着天翻地覆的变化。此时，辽国境内的契丹族、汉族及其他少数民族正在进一步融合。"幽云十六州"的获得，不仅仅是让辽国得到一块土地而已，更重要的是，大大加速了两个民族间的经济文化互动。

契丹人不断学习汉族人在冶金、建筑、医学等方面的先进技术，使自己的生产力大步前进，更多的契丹人开始钦慕汉人的文化，重视教育、讲究礼仪，契丹人顽强、尚武的精神也注入了境内汉人的血液中。

辽国统治者为了更好地管理，创设了独有的南北面官制度。就是在契丹人聚集的地方按照原有的部落管理模式，俗称北面官制（又称"国制"）；在汉人较多的地方，按照汉人的传统习惯设立行政机构，颁布专门律法，俗称南面官制（又称"汉制"）。这种灵活的统治方式顺应了百姓的愿望，巩固了辽国的统治基础。

只要自己生活得好，百姓并不会关心皇帝是叫"耶律三"还是"耶律四"。也正因为如此，上层的内斗才没有波及底层的稳定，立国六十多年，辽国正在逐步走向鼎盛时期。

在此还要特别提一句，辽景宗耶律贤自己虽然不太出名，但他却有一个知名度很高的老婆——萧绰，小名燕燕。

辽国历史上著名的萧太后。

赵光义的拍脑袋决策，出乎所有将士预料，同样也出乎敌人的预料。所以，当宋军一路打过来的时候，辽军也没什么防备，易州、涿州等地的守将根本没心思抵抗，一见到宋军就出城投降了。

前线频繁传来好消息，让赵光义信心大增。六月二十三日，他率军进逼幽州城，在城南驻扎。

拿下前面这座城池，就大功告成了。

赵光义的脸上不由自主地浮出一丝微笑，他仿佛已经看到率军凯旋，接受群臣和百姓的欢呼的那一天；仿佛已经步入太庙，来到父亲、兄长的牌位前，亲自主持祝捷大典，告诉他们自己取得的光辉业绩……

高梁河

幽州，又称燕京，就是现在的北京，对于辽国来说，那是他们的南京（幽州在辽国的南面）。甭管哪里的京，都说明它的地理位置很重要。

辽国负责留守幽州的人叫韩德让。

韩德让是一个汉人，但很不普通。韩德让的祖父是辽军的俘虏，被抓后做了奴隶，后来因祸得福，反而在辽国做了大官，主管辽国统治区内汉人的事务，韩家从此成为辽国境内汉族贵族的代表。

他的父亲韩匡嗣更牛，打小和辽景宗耶律贤关系很好，耶律贤当上皇帝后，被封为燕王，负责留守幽州。当时，韩匡嗣正好有事离开，就让儿子韩德让暂时代管幽州。

要说辽国统治者确实对韩家宠信有加，韩德让的祖父、父亲已经很牛，但和韩德让一比，你只能感叹，确实长江后浪推前浪啊！

韩德让和辽国皇后萧绰的关系可不一般。用现在的话说，萧绰算是韩德让的前女友。此前，萧韩两家曾有婚约，萧绰曾经答应嫁给韩德让做妻子，只因后来被选为妃子，婚才没结成。又据辽国"路边社"记载：韩德让和萧绰婚没结成，情意却在，两人不仅在工作上相互关照，生活上也是藕断丝连。

再剧透一点，辽景宗耶律贤死得较早，萧皇后变成了萧太后，韩德让和萧绰共同扶助小皇帝耶律隆绪，两人更是堂而皇之地出双入对，辽圣宗也像对待父亲一样尊崇韩德让。在韩德让和萧绰的统领下，辽国进入了最鼎盛的时期。

韩德让和萧绰确实是辽国史上的一对传奇人物，不过，他们的故事还没开始，这次为辽国力挽狂澜的英雄，是两名极其强悍的将领——耶律斜轸、耶律休哥。

所谓"胡儿十岁能骑马"，游牧民族天生擅长骑射，也诞生了一大批具有优秀军事天赋，精通骑兵战术的将领。

耶律斜轸和耶律休哥，则是其中最杰出的代表，两人尤其善于运用精锐骑兵实施快速突击，论彪悍程度，即使放到整个辽国历史上，也屈指可数。

韩德让没想到，本来只是替父亲代个班，却摊上了这种大事。

辽国收到宋朝进攻的消息，紧急调拨了一批军队进幽州，但人数并不多，真要打起来，明显不够用。眼见宋朝大军压境，韩德让每天都派人去催救兵。

在韩德让的期盼下，很快有两支援军向幽州靠拢了，只是他们并不是辽国朝廷派来的，而是一路逃过来的，自己都刚吃了败仗。

前面说过，宋军打北汉的时候，辽国曾经派出军队支援。这支援军的首领叫作耶律沙。耶律沙当时败得很惨，损兵一万人，连儿子的命都搭了进去，差一点就全军覆没，幸亏碰上耶律斜轸率军前来救援，才逃了回来。

耶律沙和耶律斜轸整顿好军队后，本想再去救援北汉，走到半路上才知道，北汉已经玩完了，只好调头回去。走了没多久，又听到消息说宋军都快打到幽州了，就赶紧向幽州靠拢，帮助防守。

耶律斜轸作战经验丰富，他觉得宋军刚打了几个胜仗，士气高昂，这时正面接触肯定占不到便宜，于是率军跑到了离幽州城较远的德胜口（今北京市昌平区西北），既能凭借关塞进行防守，又能随时南下支援幽州。

耶律沙没有耶律斜轸那份机灵劲儿，为人比较实在，让他阻击宋军就阻击宋军，结果又被宋军追上暴揍了几顿，带着剩下的万把人退到了清河北（今北京市海淀区清河街道一带）。

赵光义率军围住幽州城后，耶律沙和耶律斜轸一直没什么大动作。于是，赵光义乐观地判断，城外的这两支军队早就成了惊弓之鸟，不会再有什么威胁。

很可惜，这是一个错误的判断。

尤其是耶律斜轸，开战以来，他所率军队并没有遭受大的损失，还具有相当的实力，只是为了避开宋军的锋芒而故意示弱。此时，他正用阴鸷的眼神盯着宋军的举动，伺机发动反击。

六月二十五日，赵光义下达作战命令，宋军从幽州城的东西南北四个方向同时发起攻击。为了对付幽州高大坚固的城墙，宋军还专门制作了八百门巨型石炮，作为攻城武器。

一时间幽州城外杀声震天，城头上石块乱飞、箭如雨下。

辽国人也不是软角色，一面命令韩德让拼死防守，一面派出援军为幽州城补充兵力。当时，宋军正四面围城，援军想走城门根本不可能，愣是通过挖地道（围师方严，乃穴地以进）溜进了城。

赵光义对幽州城志在必得，从六月二十五日起，仗连续打了十天，他四次亲临城下，督促各路军队不惜一切代价攻城，几乎每日都是苦战。无奈辽国守军实在太坚韧，好几次宋军都已经爬上了城墙，愣是被活生生打了下去。

宋军不但打得很猛，还同时发起了政治攻势，引诱当地的辽国军民主动投降。

幽州地区的居民以汉人居多，不少人本来就对宋朝有亲近感，再看到宋军攻势猛烈，顿时人心躁动。一时间，许多汉人都跑到宋军这边，个别机灵点的还偷了几批战马来投诚（夺得契丹马二百余匹来献）。城外的形势也动摇了城内的军心，个别城内的守军也翻墙跑出来投奔宋军。

照这种形势下去，宋军只要坚持死磕，韩德让迟早有一天也会被磕死。

好在辽景宗耶律贤知道幽州的重要性，绝不会坐视不管，萧皇后更是心急如焚（韩德让还在里面呢）。这时，一员战将站出来主动请缨，要求率军前去支援幽州。

此人便是猛将耶律休哥。

辽国拨给耶律休哥三万军队，命其火速率军南下。

耶律休哥率军南下的时候，辽国同时发出了命令，要求驻扎在幽州城外的耶律沙、耶律斜轸所部等做好准备、通力配合，对宋军实施反击。

七月初，耶律休哥所部骑兵奔袭到幽州战场，沿着幽州城西的西山山麓南下。行军途中，耶律休哥要求所部将士白天每人手持两面战旗、晚上每人手持两个火把，虚张声势，迷惑宋军。

当时，宋军正久攻幽州不下，心气已经慢慢消退，看到辽国援军到来，又不知其中底细，难免心里发慌。

与此同时，辽国的反击态势已基本形成：耶律沙所部来到了幽州城北，准备和宋军正面较量。耶律休哥所部则悄然来到宋军的后面，准备发动突袭。更为狡猾的是耶律斜轸，在德胜口蛰伏了十多天后，突然领军奔袭到宋军侧翼。

七月六日，耶律沙所部最先投入战斗（确实比较实在），与宋军发生正面遭遇。

地点——高粱河（今北京西直门外）。

混战就此开始！

耶律沙来袭的时候，赵光义正好在附近督军四面攻城，见到有敌来袭，就地组织军队阻击，经过一番激战，总算击退了进攻。

但还未等宋军喘息片刻，耶律斜轸又拍马赶来，突然杀入宋军左翼。宋军经过数日攻城，本来就已非常疲惫，又刚经历了和耶律沙的战斗，战斗力明显下降，无力再和辽军对抗。

战场形势急转直下。

赵光义意识到大事不妙，急忙下令停止攻城，并下令把攻城部队紧急抽调过来，遏制辽军攻势。

此时，辽国最猛的耶律休哥所部也赶到了战场，从右翼杀入宋军阵中。耶律休哥不但懂谋略，也是一员猛将，身先士卒冲锋陷阵，辽军的士气被瞬间点燃。

　　幽州城内的守军长期被宋军压着打，总算看到本国军队反击的一幕，顿时欢呼鼓舞，于是打开城门，擂起战鼓，杀出去助战。已经跑路的耶律沙，也调转头来凑热闹。宋军夹在几股辽军中间，顿时成了人人都可踩几脚的烂泥。

　　战斗整整持续了一天，以宋军的全面溃败而告终。宋军被追杀了三十多里地，折损一万多人。

　　混战中，赵光义大腿被射中了两箭，伤势很重。这次受伤，不仅让他颜面尽失，还对他今后的健康产生了极大影响。

　　宋军乘着夜色退回了军营，他们中很多人本来就不赞成打幽州，现在又打了败仗，更加没心思再战。顿时，军营里一片人心惶惶。

　　第二天，辽国人再次发动攻击，耶律休哥所部一马当先。宋军早就无心恋战，还没等辽国骑兵冲杀到跟前，自己已如潮水般地败退。一时间，主帅丢下将领，将领丢下士兵，士兵丢下锅碗瓢盆，大家都作鸟兽散，反正谁跑得慢算谁倒霉。

　　耶律休哥是个不肯罢休的狠角色，之前的战斗就属他攻得最凶，身上已受了三处伤（被三创）。这回，他率领精锐骑兵，紧咬住宋军不放，追上就是一顿砍杀，打得宋军胆战心惊，叫苦不迭。

　　七月八日，赵光义一路逃到了涿州，可耶律休哥偏偏不肯放过他，在打听到他的下落后，亲自带兵追杀了过来。赵光义受了伤，已经不能骑马，只能偷偷地乘着一辆驴车继续逃跑，可谓狼狈到了极点。不幸中的万幸，一路摸爬滚打，他总算甩开了耶律休哥，没当俘虏。

　　十一日，赵光义逃进了定州，总算安定下来。宋军开始收拾残兵，稳定局势。

　　高梁河一战，宋朝败得极惨，不但损失了大量主力精兵和物资钱粮，还让军队患上了"恐辽症"。从此，收复"幽云十六州"成了一个可望而不可即的任务。

　　这样的结果让赵光义极为沮丧、懊恼。更让他不安的是，在回京以后，他还听说了一件事。

　　比起军事上的失败，这件事更令他恼羞成怒！

第十六章 威胁

何苦生在帝王家

要说这件令赵光义无比恼怒的事情，先得从宋军的一次"夜惊"事件说起。

什么是夜惊事件呢？

就是军队在过夜的时候，因为一次突然的叫声或者突发的事件而导致全军陷入混乱。大家知道，军营是高度戒备的地方，尤其是到了夜里，每个将士的神经都绷得紧紧的，一有风吹草动，就会有人做出反应。某个人的过激反应，又会像蝴蝶效应一样扩散，造成不可估量的后果。

比如，如果军营有人无聊地喊一声"敌人来偷袭了"，很可能让全军将士陷入恐慌，自相踩踏、不战自溃的情况都有可能发生。

宋军攻幽州失败后，逃命逃得太紧张，晚上就发生了一次夜惊事件。事情发生后，全军投入到了混乱的夜跑运动中，赵光义也在其内。

结果，一片混乱过后，大家发现，事情不妙——赵光义找不到了。

显然，弄丢皇帝肯定比弄丢钥匙后果严重。有人以为，赵光义已经在混战中遇难了，就提议再立一个新皇帝。

从技术角度讲，再找个人来当皇帝是很容易的，可让谁来当合适呢？

当时宋朝立国不久，政治秩序还不稳定，在皇位继承问题上，仍是一盘烂账。

弟弟赵廷美，赵匡胤的儿子赵德昭和赵德芳都是候选人，他们的情况我们都介绍过了。当然，赵光义也有儿子（当时有六个），理论上，他们也可以凑凑热闹。

如果赵光义真的挂了，这些人中，宋朝将士更愿意让谁来当新皇帝呢？

这个问题我不需要分析。答案很简单，你只要问问自己，如果你是一名宋军将士，会把票投给谁呢？

我相信，大家的答案和我一样，都会把票投给赵德昭。

因为赵匡胤死得不明不白，大家都觉得可惜，赵德昭作为长子来继承皇位，很符合常识。赵光义本来就没啥大功劳，凭什么占便宜？至于赵廷美，他完全是个打酱油的。

当时，赵德昭正在军中，他和赵廷美都跟随赵光义一起来攻打幽州，要把他立为皇帝，也符合就地取材的原则，很方便。

事实上，宋军将士和你我的想法完全一样，他们决定趁着赵光义失踪，给他来个宣告死亡，然后拥立赵德昭为新皇帝。

但是，赵德昭终究没做成皇帝，因为失踪人员赵光义很快又找到了，这事就此作罢。

世上没有不透风的墙，赵光义回来后，这件事不知怎的，传到了他的耳朵里，顿时让他心头火起。

赵光义没法不生气，登基四年，以为一切都在自己的掌控之中。但事实告诉他，他还没走出兄长的影子。他所看到听到的，只是表面的臣服和恭顺，人心依旧归属于兄长赵匡胤。

如果说，当时大家讨论拥立的皇帝是赵廷美，赵光义的心里可能还会容易接受点。毕竟，赵廷美继承了自己此前的地位，按照兄终弟及的套路，也该轮到他了。但将士选择的却是赵德昭，这一事件传递了一个信号，大家对赵光义并不完全认可，更深一层说，他们对四年前那个夜晚所发生的一切，抱着深深的猜疑。

赵光义感到了莫大的羞辱，他把怒火迁移到了赵德昭身上，虽然赵德昭并没有做错什么。对赵光义来说，只要赵德昭存在，就是一个极大的威胁。

赵光义的心思，赵德昭并没有察觉，此后他的一个不理智举动，使自己引火烧身。

宋军在幽州固然打了败仗，但攻打北汉获得了成功，按照当时的规矩，将士们还是应该获得一笔奖金的。可这笔奖金迟迟没发下来。

原因很简单，赵光义不批。

古往今来，扣发奖金这种事情历来最招人烦。

将士们的要求也很合理，打幽州本来就属于加班工作，怎么可以因为加班任务没完成就克扣其他奖金呢，事情一码归一码啊！

大家都有怨气，但谁都不敢当着赵光义的面提。僵持了一段时间后，终于有人站出来说话了。

很不幸，站出来说话的人正是赵德昭。

赵德昭找了个机会，给叔父赵光义提了条建议（乘间入言），劝他把该发的奖金发了。

糊涂啊，要知道，最不该说这句话的人，就是你啊。

赵德昭当时已经二十九岁，但他明显缺乏政治历练，把很多事情想得太简单。赵光义视他为眼中钉、肉中刺，本该避开都来不及，他却迎头撞了上去。

果然，赵光义听到赵德昭的建议后，勃然大怒，放出了一句狠话。

"等你自己当了皇帝，再赏赐也不迟（待汝自为之，赏未晚也）！"

这是一句分量很重很重的话。

指责别人想当皇帝，就相当于给人定了谋反的死罪。

从这句话里，赵德昭还听出了很多话外音。

你是想自己当皇帝吧？你以为我忘记拥立事件了吗？你替人出头讨赏赐，难道不是要笼络人心吗？只要我赵光义还在，就得听我的！

赵德昭嗅到了浓浓的火药味，他感到异常委屈。他自问从未觊觎过皇位，也从未对叔父有丝毫不敬，将士们的想法也不是他所能控制的，只是一次平常的进谏，何错之有？却遭来无端的猜忌和指责。

赵德昭是个烈性的人，被赵光义一番羞辱，情绪变得十分激动，回到府邸后，就问左右随从："你们带刀了吗？"随从觉得赵德昭有点不对头，就推说宫里有规矩，不准携带兵器，所以身边没有刀。

可此时赵德昭羞愤交加，根本无法控制自己，他一路冲进自家茶酒阁，关上阁门，找出一把切瓜果的刀……

一怒之下，自刎了断！

谁都没想到，赵德昭居然会用这种极端方式来自证清白。堂堂皇子，就这样草草结束了自己的生命。

关于赵光义听到这个消息后的反应，史书是这样描述的：

赵光义听说后，惊讶悔恨，过去抱住赵德昭的尸体，大哭着说："傻孩子，何必这样呢！"（上闻之，惊悔，往抱其尸，大哭曰："痴儿，何至此耶！"）

我读史，写史，很不喜欢将人脸谱化，因为我始终相信每个人都有血有肉，有感情，不能一棍子打死。

我甚至更希望这段记载是真实的，或许赵光义见到那摊殷红的鲜血时，真的幡然悔悟，真的想起了兄长赵匡胤，想起了他们同是赵氏血脉。

但是，这种想法很可能是我的一厢情愿，因为再翻过几页史书，又出现了一条记载：

"（太平兴国六年三月）己酉，山南西道节度使、同平章事德芳卒，年二十三。"

也就是说，仅仅赵德昭被逼自杀的一年多后，赵匡胤的第二个儿子赵德芳死了，年仅二十三岁，死因不明。

是巧合还是阴谋，大家不难判断吧。

也正因为赵德昭和赵德芳的惨死，让我对五年前那个"烛影斧声"之夜有了一个判断。

正是权欲熏心的赵光义制造了兄长赵匡胤的死亡！

因为，他让我看到，权力对人性的腐蚀，居然可以达到这种程度！

对此，我只想说，利益最集中的地方，往往就是斗争最激烈的地方，人情最淡薄的地方。

几千年历史，辉煌的宫殿湮没了多少人性温情！

赵德昭、赵德芳。

何苦生在帝王家？

最后，在这段结束前，说点有亮色的信息。赵德昭、赵德芳虽然死了，但他们的血脉都延续了下来，几经世事沉浮，他们都有后人当上了宋朝的皇帝，也算历史给他们的一点补偿吧。

交 易

赵德昭和赵德芳死了，人们对两位皇子的死充满同情，对赵光义得到皇位的合法性充满怀疑，尽管不敢当面表达，却免不了身后窃窃私语。

赵光义也无法解释，因为解释只会让人感觉欲盖弥彰，他急需一个人站出来，帮助他证明自己继承皇位的合法性。

这个人必须德高望重，足以压服满朝大臣，能够替他堵住悠悠之口。赵光义明白，符合这样条件的人，只有一个。

赵普！

但是，这个斗了十多年的宿敌能站到自己这边来吗？

这几年，赵普的日子也不好过。

被罢相后，赵普失去了往日的荣光，身边的人都已散去，不少人还争着投诉他（争倾之）。等到赵光义当了皇帝，还时不时要被穿一下小鞋，日子更加难过。

太平兴国二年（977），赵普为了打消赵光义的疑心，趁着一次朝见的机会，主动要求罢去使相的职衔，留在京师。

赵光义答应了赵普的请求，给了他一个留京指标。但赵普的日子并没有就此好转，老对手卢多逊还在不遗余力地打击他。

想当年，在排挤赵普的问题上，卢多逊和赵光义是亲密的盟友。等赵光义一即位，卢多逊当上了宰相，两人强弱换位，卢多逊对付起赵普来更加得心应手。

赵普有一妹夫叫侯仁宝，被卢多逊支派到邕州（今广西南宁）任职。邕州地处西南，当时算不发达地区，生活条件比较艰苦，侯仁宝一直琢磨着想调回京城任职。但是，卢多逊本来就是为了削弱赵普的影响力，有意排挤他，没把他分配到海里去就不错了，怎么可能再把他拎回来。所以，每次官吏调动都轮不到侯仁宝，他在那里一直干等了九年。

碰巧，到了太平兴国五年（980），交趾（今越南北部）发生了内乱。当时，这块地方名义上臣服宋朝，实际上已经成为独立的政权。侯仁宝觉得这是一个让自己脱身的好机会，就上奏朝廷，建议趁机派兵收复交趾，同时也希望能允许自己进京，向皇帝当面汇报交趾的内乱情况。

侯仁宝的算盘打得很精，他知道赵光义好大喜功，对他的建议肯定感兴趣，汇报完以后，就可以留在京城了。果不其然，赵光义立刻中招，马上下诏命侯仁宝进京。偏偏在这时候，卢多逊又插了一杠子，他一眼就看出了侯仁宝的用意，立刻见招拆招。

卢多逊告诉赵光义：侯仁宝的想法确实很好，但既然要出兵，就得快一点，如果把侯仁宝召回来，反而会泄密，让敌人有所防备。侯仁宝既然这么了解情况，不如再拨一点兵给他，由他来全权负责征服交趾的事情好了。

这个建议，够损。

赵光义听后，觉得也在理，就照卢多逊的意思办吧。

就这样，侯仁宝费尽心思想出来的主意，反而把自己绕进去了。

不但回不了家，还额外增加了一项危险任务。他的运气也特别差，仗没打好，兵败被俘，最后落了个命丧异乡的下场。

另一件事也让赵普很受伤。

前面说过，赵普有个儿子叫赵承宗，因为娶了枢密使李崇矩的女儿，惹得赵匡胤很生气。这回，赵承宗又要结婚了，对象是燕国长公主（赵匡胤妹妹）的女儿。当时，赵承宗的职务是潭州知州，想要回京完成婚事，必须得到皇帝的批准（按规定，外任官员不得随便回京）。

太平兴国六年（981）九月，赵承宗获准回京成婚，可卢多逊充分发扬了凡事都要管一下的居委会精神，生怕赵承宗趁机留在京城，还不到一个月，就劝赵光义赶紧把赵承宗打发回潭州。就这样，赵承宗连个婚假都没过舒服，就得灰溜溜地回去了。

显然，卢多逊的所作所为，都是冲着赵普来的。

赵普本已无心过问政事，但老对手卢多逊似乎永远把他当作最大的威胁。看样子，只要卢多逊还在宰相的位置上，他就不会有好日子过，甚至自己的身家性命也会受到威胁。

赵普被逼到了墙角，终于出离愤怒，他受够了卢多逊那副咄咄逼人的嘴脸，决定抓准机会发动反击。然而，卢多逊现在是宰相，又有皇帝赵光义的支持，无论怎么看，双方的实力都不对等。

赵普意识到，要想扳倒卢多逊，就必须分化卢多逊和赵光义的联盟，让赵光义站到自己这边来。

就这样，赵光义和赵普就像两个精明的商人，敏锐地意识到了彼此的价值。两人不约而同地走到谈判桌前，亮出筹码，去完成一次惊天的政治交易。

某日，赵光义派人召见赵普，表示要和他商量一件事。

自从进京以后，赵普从来就不受人待见，他和赵光义的交往，仅仅局限于例行公事的朝廷礼仪，这回突然被召见，感到很蹊跷。

见到赵普进来，赵光义主动起身相迎，给予了少有的热情。一番礼数过后，赵光义屏退左右，开始转入正式话题。

他直截了当地告诉赵普，此次召见，是要就一件事征求他的意见：

将来他应该把皇位传给谁？

赵普没料到赵光义会问得这么直接，一下子被震住了。

这是一个极其凶险的问题。

如果这是一道选择题，综合前面所讲的情况，摆在赵普前面的有三个选项：

A. 赵匡胤的儿子

B. 赵廷美

C. 赵光义的儿子

下面，我们来替赵普同学思考一下。

　　首先，A 是不能选的，赵德昭和赵德芳虽然死了，但子嗣尚在，套用继承法的说法，他们的儿子可以代位继承。这当然不是赵光义想看到的。而且，谁选了 A，就等于是在为两位皇子叫屈，必将触怒赵光义。

　　当然，以赵普的资历，他确实是最有资格站出来仗义执言的，但赵普就是赵普，他不是魏徵，不是包拯，他只会从自己的利益出发做出选择。

　　接下去的 B 也不能选。虽然赵廷美现在看上去是储君的位置，可这只是赵光义不得已的安排。因为支撑赵光义取得皇位的理论是"兄终弟及"，就是说，哥哥死了，弟弟接着当皇帝。为此，他不得不把弟弟赵廷美放在储君的位置上，来继续演绎这个逻辑。所以，选 B 也不符合赵光义的真实意愿。

　　如此看来，大家可能会觉得这题其实也不难。赵普选 C 不就得了。什么道理、情理，与我何干？只要你赵光义开心，你把皇位传给外星人我也管不着。

　　可事情没那么简单，如果选了 C，赵光义自己继承皇位的合法性就没了，他可是以弟弟的身份继承皇位的啊。

　　这似乎是一个两难的问题，无论如何回答，都会得罪眼前这位多疑的皇帝。更何况，两人曾是斗得不可开交的政坛对手。

　　赵普的思维飞快地运转着，他努力平复内心的惊惧，揣摩着赵光义的心思，思考应对策略。重压之下，他又找回了权谋高手的本色，沉默片刻后，赵普微微抬起头，字斟句酌地说出了十一个字：

"太祖已误，陛下岂容再误邪！"

翻译过来，意思就是：太祖赵匡胤（在传位问题上）已经做错了，你怎么能再做错呢？

赵普的这个回答实在是太绝了！

说赵匡胤做错了，等于否定了"兄终弟及"的传位方式，言下之意，你赵光义就不用再传给赵廷美了。但又说错误是赵匡胤犯的，等于说赵光义的皇位确实来自赵匡胤的传授，一点毛病没有。

结论：你想传位给谁（当然是自己的儿子），就是谁。美其名曰还是在帮助兄长赵匡胤纠正错误。

每次看到这个回答，我都有一个感叹，权谋心术，真不是人干的事。

赵光义对赵普的态度非常满意，经过这一问一答，两人此前的敌对关系已经大大消解，算是合作意向达成，接下来，就可以谈一谈具体的合作条件了。

不久之后，赵光义主动召来赵普，告诉他一件绝密事宜：有人可能要谋反作乱！

赵光义口中的某人，是指弟弟赵廷美。

赵德昭和赵德芳死后，赵廷美成了最尴尬的人，如今，他已成了赵光义传位给儿子的最后一个障碍。赵廷美表面上地位尊贵，其实已经受到了兄长的猜忌，人人对他避而远之，每天只能夹着尾巴做人。

　　客观地说，赵廷美落入这番处境很冤枉，他只比赵德昭大四岁，当两个兄长在前面奋斗的时候，他还是个孩子。即便当上开封尹后，他也是安分守己，更谈不上什么政治野心。但是，权力斗争就是如此残酷，身份地位决定了他注定不能从政治旋涡中全身而退。

　　太平兴国六年九月，有人向赵光义告发了赵廷美，赵光义又把赵普叫来，问他该怎么处理好。

　　赵普明白，这回该轮到他开出合作条件了，他一字一顿地回答道："臣愿备枢轴以察奸变！"

　　"枢轴"是中心的意思，整句话直译过来就是说：我想进入权力中心，以便帮助你防备奸臣作乱。

　　说得再明白点，赵普是想重新入朝当宰相。

　　此后，赵普又向赵光义密奏："我是开国老臣，却被奸人所阻扰（臣开国旧臣，为权幸所沮）。"

　　赵普口中的奸人，当然是长期打压他的卢多逊。赵普希望赵光义不但能让他重新回归权力核心，同时能帮他除掉对手卢多逊。

　　赵普开出合作条件后，赵光义没有答应，也没有拒绝，脸上闪过一丝诡异的笑容。

　　赵普明白，赵光义还在等他的筹码。

　　是啊，光提价格，不拿出点干货来，谁和你交易呢？

　　为了让赵光义答应他的条件，赵普决定亮出他的底牌，他相信，只要自己说出这个惊天秘密，一切都会扭转。

金匮之盟

赵普向赵光义揭示的秘密，是关于杜太后的一个遗嘱，史称"昭宪顾命"。"昭宪"，是赵匡胤母亲杜氏的谥号。

杜太后是在建隆二年去世的，也就是赵匡胤建立宋朝后的第二年。

按照赵普的说法，杜太后临终前曾把自己和赵匡胤叫进去，接受遗命。当时，杜太后和赵匡胤曾有过一番对话：

太后问赵匡胤："你知道自己为什么可以得到天下吗？"

赵匡胤哭得太厉害，没回答（上呜咽不能对）。

太后："我老了，快死了，你哭也没什么用，我在问你大事呢，你就知道哭吗？"

赵匡胤："这都是赵家祖宗和您带来的福分。"

太后："不对，是因为柴荣让幼子主政天下，人心都不归附罢了。如果后周有一个成年的君主，你怎么能当得上皇帝？你和光义都是我生的，你以后要传位给你的弟弟。国土广大，能有个成年的君主，对江山社稷有益。"

赵匡胤边流泪边磕头："哪敢不听母亲的教诲呢。"接着，回头对一旁的赵普说："你记下我说的话，不能违背啊。"

于是，赵普就在床榻边按照母子所说的话，起草了誓书，并在誓书的末尾，写下了"臣普记"三个字。

赵匡胤把誓书藏进了一个金匮（黄金制的盒子）里，命人好生保管。

因为誓书放在金盒子里，这个"昭宪顾命"，又被称为"金匮之盟"。

赵普刚说完，赵光义赶紧派人到宫中去寻找那个金盒子，一找，还真有这么一份誓书。

拿到誓书后，赵光义不禁感慨："人怎能不犯错呢？我还不到五十岁，已经知道前面的事（指和赵普为敌）都做错了（人谁无过，朕不待五十，已尽知四十九年非矣）。"

于是，赵光义当即任命赵普为司徒兼侍中，出任头号宰相，而且把赵普的儿子也留在了京城。

好了，事情发展到这里，看上去非常圆满。

赵普替赵光义找到了一份合法继承皇位说明书，赵光义安排赵普实现再就业，曾经斗得你死我活的两个人，手拉手做起了好朋友。

关于"金匮之盟"的真伪，已经有很多专家写了很多论文，研究角度五花八门，得出的结论比较一致——纯粹假冒。

论证理由不再一一列举，单说两点。

首先，杜太后死的时候，赵匡胤才三十五岁，赵德昭已经十一岁，她怎么就能预计到赵匡胤死时，德昭还是个孩子呢？

其次，赵普既然是写誓书的人，赵匡胤活着的时候不敢泄密尚可理解，但赵光义即位后为什么不赶紧说出来呢，何必等过了整整五年再说出来？总不能说自己娱乐活动太多，把这事给忘了吧。如果真是赵普把这事给忘了，害得赵光义被人质疑了五年，那还不削死他！又怎么可能让他官复原职。

其实，关于"金匮之盟"，还有另一个版本。

说的是，杜太后有一天把赵匡胤、赵光义、赵廷美三兄弟，以及赵德昭、赵德芳等其他皇亲国戚都一股脑儿叫来吃饭。饭吃到一半，赵匡胤告诉老妈，他想把皇位传给二弟赵光义，今后再让赵光义传位给赵廷美。

太后听了很开心："我早就有这心思了，以后天下人就会知道，我一个女人生了三个天子啊。"乐完以后，太后让赵光义和赵廷美站起来感谢赵匡胤，并接着对两人说："赵匡胤千辛万苦才取得天下，你们却白捡了个皇位，以后可不能辜负他，我再问问，赵廷美以后打算把皇位传给谁呢？"

赵廷美赶紧说："我接着把皇位传给赵德昭。"

太后这个时候早就乐开了花："对、对，这就是天意，你们以后谁都不准违背这个约定，谁违背了这个约定，必遭天谴。"赵匡胤听了，赶紧让赵德昭站起来感谢太后。

聊完后，太后又对赵匡胤说："你把赵普叫来吧，让他把今天的约定写下来，你们兄弟收好喽，一个个传下去。"

如果说，第一个版本还有那么点造假诚意的话，那第二个版本就实在太离谱了。每当看到这段记载，我都不由得感叹。

杜大妈，这可是影响到千秋万代的皇位传承啊，您当这是击鼓传花吗？

"金匮之盟"的情况大致如此。赵普的谎言并不高明，但也无法证伪，反正当时在场的一共才三人，活着的只剩他一个了，他怎么说都行。

有赵普站出来撑场，赵光义的地位得到了极大巩固，朝局又趋于稳定。

当然，两人的交易还没有结束。

赵光义和赵普结成新的同盟后，残酷的政治清算开始了。

太平兴国七年（982）三月，有人告发赵廷美，说他想趁赵光义赴金明池（开封城外的一处人工湖，主要用于演练水军）水心殿参观的机会，暗中行刺。

四月，赵普向赵光义报告，声称宰相卢多逊和赵廷美暗中勾结，一起诅咒皇上。

为此，赵廷美先是被赶出京城开封，到洛阳担任西京留守。不久，又被贬为涪陵县公，安置在房州。那个地方，曾经还安置过后周的小皇帝柴宗训，从此，赵廷美过起了软禁生活。

卢多逊被削去官爵，流放到崖州（今海南三亚崖州区）。

太平兴国九年（984），赵廷美在忧惧中死去，时年38岁。

雍熙二年（985），卢多逊病死于海南岛，时年52岁。

与此同时，一批和赵廷美、卢多逊关系相近的人或贬官，或流放，或处斩……

奈何，看似风恬浪静的朝堂，盛行的却是丛林法则。

奈何，历史洪流之下，个人就是那么渺小，其中的复杂冤屈，只能等待时间来揭示。

硝烟散去，我们再介绍下胜利者赵普的结局。

其实，赵普也不算什么胜利者。他和赵光义的联盟只是赤裸裸的利益交换，交易结束之时，也是联盟瓦解之时。

太平兴国八年（983）十月，仅仅当了两年宰相的赵普又被罢去相位，出任武胜军节度使。和十年前罢相时相比，头上的虚衔由"同平章事"变成了"侍中"，略微高了那么一点点。唯一的区别，仅此而已。

虽然，后来他曾第三次出任宰相，但同样没有大的作为，干了一年多，再次罢相，赴洛阳担任西京留守。又一年后，因病致仕。

乱世小吏、幕府谋士、首席宰相、失意官僚……赵普一生与权谋相伴，因权谋而助宋朝奠定基业，因权谋而沾上人生污点。

胜亦权谋，败亦权谋；得亦权谋，失亦权谋。

我想，这应该算是对他的中肯评价。

淳化三年（992）七月，宋太师、魏国公赵普病逝于洛阳，年七十一。

第十七章 龙虎榜

崇文抑武

熟悉宋史的人都对赵光义印象不佳，看了前面的事情，大家产生这种想法，也很正常。

但是，客观地说，赵光义并不是一无是处，从个性上看，他更接近于一个文人，平时喜欢读读书、写写文，文采虽比不过李煜，但也绝不是附庸风雅，而是真有学问。

赵光义即位后，赵匡胤确定的"崇文抑武"国策被坚定地延续下来，得到更好的施行。他一上台，就办了两件大事——重修了三个书馆，编写了三本大书。

赵光义修的三个书馆分别叫作昭文馆、集贤院、史馆，合称崇文院。三馆既是国家图书馆，用于收藏各类书籍，又是文化精英聚集的地方，全国最优秀的文人都集中在这里，进行书籍编撰整理工作。别看这只是三个图书馆，它们的馆长都由宰相兼任，分别称为昭文馆大学士、集贤院大学士、监修国史。

但是，就是这样一个文化重地，在宋朝建立初期，它的硬件配置却相当简陋，一共加起来才十多间小屋子，外面破破烂烂，里面烂烂破破，完全符合危房标准（湫隘才蔽风雨）。更糟的是，三馆所处的环境也很差，混杂在居民区中，每天赶马车的、巡逻的都在旁边经过（周庐徼道，出于其侧，卫士骑卒，朝夕喧杂），根本不像个读书的地方。让最优秀的知识分子在这种环境里做学问，简直就是对文化的亵渎。可当时的场所是从五代时期延续下来的，那时大家都顾着打打杀杀，谁还会关心这些书呆子的事情。

赵光义当上皇帝后，三馆的好日子总算来了。他命人选了一个幽静典雅的地段作为三馆新址，亲自审定设计图纸，派人昼夜不停地修建。新三馆建成之后，造型宏伟壮丽，都快比上皇宫了（轮奂壮丽，甲于内庭）。破危房瞬间换成了豪华办公楼，总算让书呆子们扬眉吐气了一回。

除了修房子外，赵光义还下令广泛搜求各类书籍充实三馆，凡是捐献书籍的，都给予丰厚赏赐，鼓励民间献出藏书。这么一来，三馆藏书量由原来的一万二千卷迅速上升到了八万卷。

就在修建三馆的同时，赵光义还启动了一项更加浩大的文化工程。从太平兴国二年到雍熙三年（986），十年间，他聚揽四方英才，举全国之力，编纂完成了三部影响久远的大书。

第一部书初名《太平总类》，共有一千卷，五百多万字，它类似于现在的百科全书，所记载的知识包罗万象，按照类别加以摘录整理。书编好后，赵光义曾给自己下任务，坚持每天看三卷，争取一年看完。有人觉得皇帝给自己订的读书计划太狠，劝他悠着点，慢慢看也来得及。赵光义却回答："我很喜欢读书，读书是项有益的活动，不会让人觉得辛苦（朕性喜读书，开卷有益，不为劳也）。"

赵光义一辈子说了不少假惺惺的话，唯独这句话倒没吹牛，还因此给我们留下了"开卷有益"这个成语。因为皇帝亲自阅览了这本书，所以更名为《太平御览》。

第二部书叫作《太平广记》，这部书规模相对小点，共分"神仙""定数""方士""精怪"等五百卷，三百多万字。听着卷名大家就应该猜出来了，这是一部记载神仙鬼怪、灵异传说的书，有点类似于《聊斋志异》。书中的迷信思想虽不足取，但志怪小说的艺术性、想象力还是弥足珍贵的。

书里曾经收录了一篇唐代的传奇小说《莺莺传》，这个故事几经流传，在三百多年之后，被元代戏曲家王实甫改编成了一部著名戏曲——《西厢记》。

最后，我们再来翻翻第三部大书——《文苑英华》，这是一部文学作品的合集。早在南朝梁代，就曾有过一部文学总集《文选》，《文苑英华》在编纂之初所设定的目标便是上续的《文选》，但它收录的规模却比《文选》大很多，包含了两千多个作家，两万余篇作品，诗、赋、杂文尽在其中，全书达到一千卷，五百多万字，竟和《太平御览》不相上下了。

我国历来就有盛世修书的传统，比如明朝的《永乐大典》、清朝的《四库全书》等等。宋朝初年所编的三部大书，规模虽不及前两者，但同样光辉璀璨。它使前人的文化成果得到系统梳理，大量珍贵的文献资料得以保存，为我们的文化延续做出了巨大贡献。正因为有一代代人的努力，中华文明才会绵延不绝，屹立全球。

三馆修葺一新，三部大书横空出世，它们点亮了宋朝文治的曙光。赵光义正用自己的行动，向天下文人传递一个信号：

那个崇尚暴力、蔑视文化的乱世已经过去了，文明、文化将成为主流！

只要你足够优秀，只要你有真才实学，就会受到朝廷高规格的礼遇。你们不再是百无一用的书生，而是国家需要的治世能臣！

为了招揽各方英才为朝廷服务，赵光义竖起了一面最有效的旗帜——科举。

科举制度最大的好处在于公正，不管你家财万贯，还是一贫如洗，不管你长着一张明星脸，还是一张八戒脸，一律考场上见真章。落笔无悔，童叟无欺。

对于大多数平头百姓而言，科举是他们改变命运的唯一机会。

赵光义即位以后，立刻大开科举之门，扩大开科取士的人数。有人统计，赵光义当了二十年皇帝，共开科八次，取进士一千四百八十七人，平均每榜一百八十六人，相当于赵匡胤时期的十四倍还多。

当时不但开科取士名额多，对新考上的进士授予的官职也特别优惠。以前，新科进士刚入仕途，哪怕你是状元，也得先从一个从八品的小官干起。但到了赵光义这里，情况完全不同，经常起步价就是七品官衔，这一来一去，一下子就缩短了十年的官场奋斗时间！

也就是说，如果你是一个赵匡胤时代的进士，很可能你还在某个犄角旮旯干些低级公务，比你迟几年考上进士的小学弟却突然跑到前面，成了你的领导。

这时，你也许不得不感叹：人生还真是需要点运气啊。

光批发官帽还不够，赵光义还在礼节上对新科进士予以特殊优待，前面提到的赐琼林宴、发行装钱等活动，都是在赵光义时期形成的。那时的进士，开始享受前所未有的优待（宠章殊异，历代所未有也），成为人人羡慕的对象。

赵光义这么做，除了推崇文治以外，也有自己的私心。他突然扩大取士名额、提高起授官阶，大大笼络了一批读书人。这些新晋文官充斥到帝国的各个角落，对赵光义感恩戴德，成为他最忠实的支持者，自然有利于巩固他的统治基础。

公心也好，私心也罢，赵光义的做法确实对人们的观念产生了重要影响。在宋代，"万般皆下品，唯有读书高"开始成为朝野的共识。民间读书之风大盛！劝学之风大盛！人人都希望自家孩子多读书，通过科举光耀门楣、扬眉吐气。

在这种风气的浸润下，宋朝诞生了无数才华横溢、文采卓著的名臣，他们纷纷走上历史舞台，书写了一段段传奇故事。

下面我要讲述的，就是宋朝初年，通过科举之路走出的三位名臣。

有意思的是，这三人恰好是同榜（太平兴国五年科考榜）进士。他们这一榜，因此获得了"龙虎榜"的称谓。

"龙虎榜"者，必藏龙卧虎！

暴脾气和好脾气

第一个人，暴脾气张咏。

张咏，字复之，号乖崖，濮州鄄城（今山东鄄城县）人。他最大的特点是脾气比较暴，性子比较急，属于那种一言不合就动手的类型。

话说有一次，张咏在店里要了一碗馄饨吃，刚低下头要吃馄饨，发现头巾的带子（古人习惯用布包住头发）垂下来，掉到了碗里，他就用手把带子捋起来，埋头继续吃。可带子不听话，总是要掉下来，张咏吃一口馄饨，捋一下头巾，吃一口馄饨，捋一下头巾……搞着搞着，张咏彻底厌烦了，一怒之下，噌地站起来，一把扯下头巾，塞进馄饨碗里，破口大骂："你这么想吃，那给你吃好了！"骂完，扔下勺子扬长而去。只剩下店主和其他顾客目瞪口呆地送他出门……

敢情心急吃不了热馄饨，说的就是张咏吧。

张咏小时候，家里很穷，因为没钱交学费，混成了失学少年。没书可读，他干脆学起了剑术，学完以后，也没去找一份正经工作，平时就喜欢耍耍剑、喝喝酒，到处闲逛，美其名曰"行侠仗义"。

光从以上情况看，这是一个问题少年的标准履历，和后面的千古名臣形象差了十万八千里。可要说有本事的人真是干什么都牛，张咏拿着剑瞎晃悠，居然还真让他充当了几回侠客。

有一次，张咏骑着毛驴，带着短剑在外面闲逛（名副其实的"驴行"），正好朋友送了他一笔数额不菲的钱，他就把钱放在驴上。走了三十多里地后，天色不早了，张咏看见前面有一家店，走进店里，发现里面只有店主老头和他的两个儿子。店主和儿子看见张咏单身赶路，包袱里又鼓鼓囊囊，就密谋说"今天来了一笔好生意"。张咏无意间听到了这句话，他马上意识到，自己遇上了一家黑店，凶多吉少。

果然，第二天早上天还没亮，店主就让大儿子来敲门，并在门外试探着说："鸡已经叫过了，秀才可以起床了。"张咏早就有所防备，他用床抵住左边那扇门，再用手抵住右边那扇门，站在门后故意不吭声。那人见里面没响动，就想推门闯入，但试了几次推不开，等他再次发力猛推的时候，张咏忽然把门打开，让他一个趔趄摔进了屋里，然后跟上去手起剑落，一剑毙命。那边老店主看大儿子去了那么久没反应，就让小儿子再去看看。张咏如法炮制，又解决了一个。接着，张咏提着剑就冲了出去，那老店主正在外面烤火挠痒痒，见到张咏还来不及反应，也被一剑结果了。办完事后，张咏一把火烧了黑店，自己继续出门赶路。

我每次看到这个桥段，都怀疑自己到底是在看史书还是武侠小说。

不管怎样，张咏靠着这种"该出手时就出手，风风火火闯九州"的作风，在社会上混出了点名气，他自己也对那段岁月的经历感觉良好（任侠自喜）。

正当大家以为张咏会乘胜追击，由小混混向大混混的方向发展时，他却突然来了个一百八十度大转弯。

十八岁那年，玩够了的张咏表示，自己要认真读书了！

张咏砍起人来生猛，读起书来更生猛，凡是经史子集中的各类经典都看了个遍，一时间，学问大长。问题少年转眼变成了学霸。

太平兴国三年，张咏第一次参加科考。

向来牛气的张咏，从来就不知道"谦虚"两个字怎么写，考前就表示自己一定能够上榜。没成想，牛皮不幸吹破，他被刷了下来。

如果换成一般人，肯定是沉痛追悔，总结教训，回去来年再考。可张咏不一样，你不要我，我还不稀罕呢，老子不考了，我要去做道士了！说完，真去找了个道人（什么朋友都有），商量着怎么做道士。可道人也没收留他，反而劝他继续努力，争取将来入仕途报效朝廷。

太平兴国五年，张咏听了道人劝告，再次去参加科考。这回很顺利，考上了进士乙科，被分配到崇阳（今湖北崇阳县）做县令。上任不久，他马上又干了件猛事。

一天，张咏发现一个小吏从县衙库房里出来，头巾下面藏着一枚钱，就连忙质问："这是库房里的钱吗？"小吏也不辩驳，直接承认："就是库房里的钱。"张咏大怒，命人棒打责罚小吏。这个小吏也很拽，挨了棍棒仍然嘴硬："拿一文钱算什么，你也就打打我，难道还能杀我不成？"

一个普通的小吏为什么如此嚣张呢？因为自唐末以来，国家已经乱了半个多世纪，很多地方的统治失去了正常秩序。县令、知州等地方官虽由朝廷委派，但并不了解地方具体情况。许多日常行政事务都被一些当地的吏员操控着，有时候官员也要依靠这些熟悉地面情况的吏员维持统治。长久下来，一些老资格的吏员仆大欺主，不把官员放在眼里。

可今天的这位小吏有点可怜，看样子，他还没打听过这位新上司的人生履历，错把张咏当成了书生。

犯了错居然还向我挑衅?！你道我张咏是谁，削不死你？

张咏立刻当堂起草判决："一日一钱，千日一千，绳锯木断，水滴石穿。"判决书写完，抽出剑来亲自动手，一剑斩杀了这个小吏。

当庭判决、直接执行，还给我们创造了"绳锯木断，水滴石穿"两个成语。从此，张咏"一文杀吏"的故事流传天下。

当然，大宋也是讲法律的，张咏并没有权利这么做，所以他只能主动向上级认错，请求接受处分。好在当时朝廷本来就想治治吏员凌驾官员之上的旧风气，就没拿张咏怎么样。

步入仕途以来，张咏一直书写着自己的传奇人生，所到之处，人挡杀人，佛挡杀佛，谁都不敢惹他。此后，还有很多关于他的精彩故事，我们暂且留着下次再说。现在，让我们再去拜访一个和张咏风格完全不同的人。

第二个人，好脾气王旦。

　　王旦，字子明，大名府莘县（今山东莘县）人。

　　王旦的老爸王祐曾经官至兵部侍郎、知制诰，原本有机会做宰相，但因为一件事情没办好，不但宰相没做成，还被贬到地方做了知州。被贬后，老爷子没有灰心丧气，回来在自家院子里种了三棵槐树，然后手指槐树对别人说："我子孙中必定有人位列三公！"

　　看样子，老爷子对自己没当成宰相有点生气，转而把希望寄托在下一代。不过这句气话还真灵验，没过多久，他家真出了个宰相——王旦。

　　王旦之后，王家一直人才辈出，成了当世望族。后来，王家后人为了纪念老祖宗种三棵槐树的先见之明，建了宗祠三槐堂，请大文学家苏轼写了一篇《三槐堂铭》（入选《古文观止》）。从此，"三槐王氏"名扬天下，成了王氏中最大的一支。

　　扯得有点多了，我们还是回到王旦身上来。

　　王旦从小很少说话，一心埋头勤学，属于那种标准的好学生。他最大的特点就是脾气好，不管别人怎么对他使坏，他都是能忍则忍，不能忍也继续忍。

　　王旦的好脾气太出名，甚至他府中的下人都在暗中议论，老爷到底什么情况下才会发脾气？于是，他们私下里搞了个试验。

　　有一天，吃中饭的时候，下人们故意在盛给王旦的肉羹汤里撒了点锅底灰。王旦生性好干净，可他看到肉羹汤里的灰，也没说什么，仍然低头把饭吃了，就是没动那碗汤。完事后，下人问王旦："老爷今天为什么没喝汤啊？是不是做得不好？"王旦说："没什么，我今天只是有点不想吃肉。"第二天，下人做饭时又故意在盛给他的米饭里放了点脏东西，然后又开始集体围观自己的老爷。

你不喝汤可以，总不能不吃饭吧！

王旦见了，把碗推在一边，仍然没有显出一点不高兴，只是说："我今天不想吃米饭，是不是可以另外做点粥？"下人们听了，面面相觑，只能在心里感叹：真有你的！还说什么呢，从此只好更加用心做事来报答王旦。

不过，话说这几个下人胆子也够大，敢这么拿主人开涮，如果这事摊到张咏身上，非整你个生活不能自理不可。

进士及第后，王旦出任平江知县，靠着以德服人的做法，他把平江县治理得井井有条。当时的转运使到地方来巡查，进入王旦的辖区后，连声称赞不说，甚至还把女儿许配给了他。

从王旦的事例看，宰相肚里能撑船，绝不是一句虚话。

第三个人，寇老西儿寇准

至道元年（995）四月，赵光义在大臣们的簇拥下，来到金明池观看水军演习，附近的百姓和军士见到皇帝到场，山呼万岁，一片欢腾。

如此情境，赵光义心情大好，喜笑颜开。群臣见皇帝龙颜大悦，争相说些恭维话，一时间，现场气氛非常热闹欢快。大家正在兴头上，一队宫女鱼贯而入，捧来一簇簇鲜花，请皇帝和大臣佩戴。

这里需要特别说明下，按照宋朝当时的习俗，男人也流行佩花。而且这花不是佩在胸前，而是戴在头上，不管你是玉面粉腮的小鲜肉，还是五大三粗的莽汉，都流行在头上插朵花。依现在眼光，一个大男人头上开朵花实在很别扭，但当时的人却觉得特美。这个习俗还得到了上层的认可，每到喜庆节日或盛大宴会，皇帝就会赏赐大臣们戴鲜花。

此时此刻，赵光义又要分赐鲜花给群臣。他笑盈盈地扫视群臣，然后亲手从花篮里挑出一朵最大最鲜艳的花，赏赐给身边的一个青年官员。这个青年官员连忙谢恩，整理衣冠，将花恭恭敬敬地戴在头上。赵光义望着眼前这个风度翩翩的青年，笑意更浓，不禁赞赏感叹：

"寇准青春年少，正是戴花饮酒的好时候！"

寇准，字平仲，华州下邽（今陕西渭南北）人。

在演义小说、电视剧里，寇准经常出镜，被人亲切地称为"寇老西儿"。正因如此，人们经常误把寇准当作山西人，其实呢，他是一个如假包换的陕西人。

寇准的父亲寇湘曾考上过状元，只可惜生不逢时，当时的进士很不值钱，哪怕贵为状元，也没能给他带来辉煌人生。寇老爷子只好把希望寄托到下一代。

但事与愿违，寇准小时候玩性很重，并不怎么喜欢读书，整天想着骑马射箭到处逛。有一次，寇准又想丢下课本溜出去玩，把老妈惹火了，顺手抄起一个铁秤砣向他砸了过去。还好，秤砣只砸到了寇准的脚上，没砸到他的头上，否则真是一个秤砣改变历史走向了。

据说寇妈这一砸还真有效果，一下子把小寇准砸醒了，从此寇准开始潜心向学，再不贪玩。不过这里还是奉劝众多望子成龙的虎爸虎妈，教育固然重要，秤砣砸孩子这种危险动作还是不要模仿为好。

寇准出生在宋朝建立后的第二年，可以算是宋朝的同龄人。太平兴国四年，十九岁的寇准第一次参加科举，顺利通过了解试。

正当他踌躇满志，准备进京参加省试殿试的时候，有人站出来给他提了个醒，劝他偷偷改一下个人档案，把自己的年龄增加几岁。

要说改年龄这种情况，即便是信息管理发达的现代，也没有完全杜绝。改来改去无非是为了在升学、找工作等时候蒙点个人利益。但一般人改年龄往往是往小了改，为什么到了寇准这里反而要让自己变老呢？

原来，社会上流传着一种说法，说皇帝赵光义在殿试选人的时候更倾向成熟稳重点的，那些年纪轻的很容易落选。而寇准的年纪也确实小了点，要知道，当时王旦是二十三岁，张咏则已经三十四岁，而且，白发苍苍却依然拼搏考场的，也大有人在。

劝的人可能出于善意，可他不知道，寇准的坦荡直率绝不亚于张咏。他断然回绝了这种建议，掷地有声地说道：

"现在正是我奋发有为的时候，怎么可以欺骗皇帝呢（准方进取，可欺君邪）？"

寇准不欺人，命运也不欺寇准。太平兴国五年初，寇准在省试、殿试中一路过关斩将，进士及第。这年春天，他得到第一份官职——巴东县（今湖北巴东县）县令。

　　在宋朝，那里属于一个相对偏远的地方，人少事情也少，寇准处理完公务后就游山玩水、读书写诗，过得十分自在。寇准正年轻，工作积极性很高，总希望能有一份更具挑战性的工作，但无奈宋朝官员的升迁调动都有年限规定，没有特殊情况，只能埋头熬资历。

　　太平兴国八年，寇准终于熬到了一个新岗位，他被任命为大名府成安县（今河北成安县）知县。成安县比巴东县大一点，离京城更近，可以算是一次隐性升迁。但寇准内心反而更加失落了。

　　寇准不是那种贪图安逸的人，他敢说敢做、个性十足，一直希望自己能够有机会施展抱负。当他年纪轻轻就高中进士的时候，曾经豪气冲天，相信自己有时间有能力去实现梦想，弥补父辈留下的遗憾。

　　可现在他觉得，通往理想的道路并不平坦。进士及第后的闻喜宴上，皇帝在座、高官相陪，何等意气风发。然而，离开京城后，他仿佛成了断线风筝，消失在朝廷视野中，不再有人关注过问，封侯拜相的愿望看起来遥不可及。

　　正当寇知县郁闷地待在衙门里无所事事时，他突然接到了进京的命令。接到命令后，寇准非常高兴，熬了五年，看来真要时来运转了。

　　等寇准兴冲冲地跑到开封，他忽然发现，真还不如不叫他来呢。原来，朝廷把他召来并不是打算给他安排什么重要岗位，而是给他摊派了一项任务——押送军粮。

　　押送军粮，又危险又辛苦，还吃力不讨好，谁都不想领这种任务，但寇准所管的成安县就在北方靠近边境地区，不找你干活找谁干活？

　　就这样，寇知县干起了军粮押运工作，他第一次走出书斋、走出衙门，来到前线，和普通百姓、军士走到了一起。从他们的口中，寇准知道了边境的地理风貌和敌我情势，见识了最真实的社会状况和人情世故，这些都是他以前从未看到过、听到过的事情。

寇准发现，押送军粮其实也是一项很有意思的事情，他不再厌恶这项任务，反而很有兴致地研究起军事战略、边境问题。回到开封后，他把看到的情况和自己的想法写成了一份奏章，呈交了上去。

赵光义正在为边境问题犯愁，他看到这份有见地的奏章后，极为赞赏，立刻表示要召见寇准。

正是这份奏章，成了寇准人生的一个重要转折点。

第十八章 外患难除

西北狼

改变寇准命运的那封奏章，讨论的是党项人侵犯边境的问题。

党项人，原是羌族（也有说鲜卑）的一支，又称党项羌，那是一个具有悠久历史的北方少数民族。党项人原本居住在青海东南、四川北部一带，唐朝的时候，逐渐迁移到甘肃、陕西北部一带。

唐朝末年，党项人趁着中央政权统治力衰弱，开始在西北一带拓展势力。咸通十四年（873），党项首领拓跋思恭占据宥州，自封宥州刺史，攒起了第一份家底。五年以后，席卷全国的黄巢起义爆发，拓跋思恭积极帮助唐王朝镇压农民起义，又浑水摸鱼捞了不少地盘。

黄巢起义被镇压后，李唐朝廷为了感谢拓跋思恭，封他为定难军节度使（也称夏州节度使），管辖夏州、绥州、银州、宥州、静州五个州（位于今陕西省北部），同时把国姓"李"赐给他。从此，党项首领从"拓跋氏"变成了"李氏"，党项人正式成为盘踞在西北的一个地方政权。

到了五代乱世，不管中原政权由谁当家，党项人一直明里称臣纳贡，暗里扩张势力，经过半个世纪经营，力量越来越强。

赵匡胤建立宋朝后，忙着南征北战，对党项人的态度以笼络为主。党项人也很友好，当时他们的首领叫李彝兴，听到宋朝建立的消息，立刻派人送来三百匹马表示祝贺。

来而不往非礼也，赵匡胤回赠了一条腰带给李彝兴，把他感动得一塌糊涂，表示要一直臣服宋朝。

三百匹马换一条腰带？就算是爱马仕也没那么贵，可李彝兴还觉得自己占了大便宜。这倒不是人家缺心眼，只因那条腰带的价值绝不可以用金钱来衡量。

赵匡胤为显示对李彝兴的荣宠，命令工匠为他专门订做一条玉带（用玉片装饰，挂在腰腹部的带子），还特地找来党项使者问李彝兴的腹围有多大。使者告诉赵匡胤，李彝兴是个胖子，腹围大得很（得费不少玉）。赵匡胤听了，打趣地说："你们的首领真是个有福气的人。"

在古代，挂腰带是讲究级别的，有人能挂金带，有人能挂银带，平头百姓就老老实实搓根绳子捆一下吧。只有亲王、宰相级别的官员才配享受玉带。李彝兴拿到那根玉带，等于是宋朝承认了党项政权的合法性，他们可以继续在西北维持割据状态了。

党项和宋朝的友好状态一直维持到了太平兴国七年，平静终于被打破，因为一个人的入朝。

太平兴国七年五月，定难军留后（代理定难军节度使）李继捧来到开封，朝见宋朝皇帝赵光义。

李继捧是党项人的第九代首领，他这次进京朝见，完全出于无奈。当时，李继捧刚刚从兄长那里承袭首领的位置，在党项李氏家族里，他的威望不够高，得不到大伙的支持。于是，党项李氏政权因争夺权力而发生了内乱。

李继捧的一个叔父，名叫李克文，直接把状告到了赵光义那里，声称李继捧没资格担任定难军留后，建议赵光义把李继捧叫到开封去。要说这位李克文的要求确实太离谱，党项政权只是名义上臣服宋朝，首领从来都不亲自觐见中原皇帝，他这么一说，等于是把李继捧往火坑里推，自己好留下来当老大。

按照常理，宋朝不该搭理李克文的申请，因为那是党项人自己的事情，不管他们斗得怎么样，朝廷只要给最后的胜利者发一张任命状，象征性地确认一下就可以了，没必要多管闲事。

可赵光义却动起了心思，在他看来，这是一次收回党项人地盘的好时机。当时，他刚刚利用“金匮之盟”化解了统治危机，高粱河战败的阴影已经散去，建功立业的想法又萌生出来。党项人所辖的五个州已经脱离中原政权近一个世纪，赵光义想借机将它们收回，成为宋朝的真正领土。

于是，赵光义答应了李克文的要求，请李继捧入朝觐见。

接到诏书后，李继捧极度郁闷。去吧，自己很可能步钱俶、陈洪进后尘，不去吧，属于违抗命令，即便赖在自己地盘里，也受尽族人的排挤。

李继捧最终还是来到了开封，他思前想后，觉得反正是没好日子过，干脆一咬牙，主动要求把五个州的土地都献出来，由朝廷直接管辖，自己也留在开封不回去了。

李继捧的表态有点赌气的味道，却正合赵光义的心思。他当即答应李继捧的请求，组织军队官员马上去办理接收工作，同时下令，让党项李氏贵族成员都移民到开封来生活，包括那个告状的李克文。

不少党项贵族虽然对李继捧不感冒，但没想到事情会闹到这个地步。可宋朝的监护军队很快赶到了家门口，他们只能背井离乡赶赴开封。

到目前为止，赵光义的趁火打劫之计进行得很顺利，不费吹灰之力，就收回了五州八县，看上去十分划算。

然而，就在大批内迁的党项人中，有一个青年党项贵族并不甘心将祖辈挣来的土地拱手让人，他对宋朝的吞并政策恨之入骨，决定寻找机会收复故土。

李继迁！

他像一束失落的火苗，从此点燃宋朝西北边境的通天战火。

打不死的小强

公元 1644 年，明末农民起义领袖李自成在西安称王，他给祖上几代都封了尊号，并认李继迁为太祖。

这个被李自成追认为太祖的李继迁，就是让宋朝头痛不已的党项首领。

李自成，一个汉人，怎么就冒出一个外族祖先呢？但我们还很难说他是故意傍名人，因为李自成出生于陕西米脂李继迁寨，而这个"李继迁寨"，就是因李继迁曾经在此长期居住生活而命名。换句话说，两个猛人生长在同一个地方。

党项人经过岁月的磨洗，逐渐汉化也很正常。所以，李自成和李继迁有没有血缘上的联系还真的很难说。

可有一点十分肯定，两人的命运十分相似，都是跌宕起伏。

李继迁是李继捧的族弟。

史书上说，李继迁生下来就有牙齿，十二岁的时候因射死一只老虎而名声大噪，就在射虎成名那一年，他被任命为"管内都知蕃落使"，成为党项人中最年轻的将领。

李继捧献出土地的时候，李继迁才 20 岁，当时正在银州。按照规定，李继迁也在迁徙人员之列，但是，他对宋朝安排的强制搬家活动十分抵触，于是，就找来谋士张浦等人一起商量。

李继迁一上来就慷慨激昂地说道："老虎不能离开山林，鱼儿不能离开池水。我们就趁宋军防备还很松懈，杀掉宋朝使者，占领绥州、银州，拒不交出土地。"明显，李继迁打仗勇猛顽强，可在谋略上稍微差了一点。

李继迁刚激动完，谋士张浦就提醒他，你得想清楚喽，这次变故可是你们家内讧引起的，人心都不齐，万一你起事了，这些人会跟着你干吗？更何况，个把党项土财主还向往去繁华的开封享受一下生活呢。你还是先找个地方躲一躲吧，留得青山在，不愁没柴烧。

李继迁听完张浦的分析，赶紧放下刀枪，寻思着该往哪里跑路比较好。经过一番讨论，李继迁和他的亲信们决定逃往夏州东北面一个叫作"地斤泽"的地方。这块地方，四面沙漠，中间有一块绿洲，适合生活放牧，堪称绝佳的临时避难场所。

选定地方后，李继迁开始研究逃跑方法。因为当时宋朝负责派来保护（监视）他们的军队已经到了，你想随随便便离开是不可以的。为了逃避宋军的检查，李继迁谎称自己的奶妈死了，要到城外去给她送葬，请求宋军放行。宋朝官员不远千里跑到这里来接收，没受到热烈欢迎也就算了，还碰见这么一群披麻戴孝的人和一口破棺材，感觉相当晦气，赶紧挥手示意他们走开。

李继迁见计策成功，连忙领着手下扛起棺材，一路小跑着溜掉了。这几十个跟着跑出来的党项人，以及藏在棺材里的铠甲兵器，成为李继迁起事的最初资本。

安顿下来后，李继迁开始忙着招兵买马，他亮出了老祖宗拓跋思恭的画像，利用李氏家族的威望号召党项人前来投靠，在较短的时间里重新积聚起一股力量。毕竟，能够到京城去享福的只是少数党项贵族，普通党项人并没有因为宋朝的接管而得到实惠，在他们的内心，更习惯于旧有的统治秩序，不少人还对李继迁的境况表示同情。

攒起一点家当后，李继迁派人给赵光义捎信，试着和宋朝谈判，希望能够让夏州等地区恢复以前的统治状况。赵光义哪肯把吃到嘴里的肉吐出来，回复李继迁，想要回土地，门都没有。想过好日子，就赶紧从沙漠里滚出来，保证送他到开封好吃好喝。

谈了跟没谈一样，动口不能解决问题，那就动手吧。

从太平兴国八年春开始，近一年时间里，李继迁连续出击，向宋军发动攻击，战斗结果倒比较好记：

五月，战于葭芦川，败；

九月，犯三岔口，又败；

十二月，兵攻宥州，再败。

也难怪，李继迁当时的力量还非常弱小，和宋军不是同一级别。但好在这几次都是李继迁主动出击，带有点骚扰试探的味道，虽然打了败仗，损失却不大，休整几天，照样出来捣乱。

李继迁还不能对宋军在夏州地区的统治产生实质威胁，但他总是像蚊子一样在耳边嗡嗡，搞得宋军非常火大。

太平兴国九年九月，宋军经过一番秘密侦察，终于找到了这只"蚊子"的藏身地点，派小股轻骑兵悄悄靠近……一巴掌拍了过去。

这巴掌拍得又快又准又狠，顿时鲜血四溅。

史载：（宋军）斩首五百级，烧四百余帐，获继迁母、妻及羊马器械万计，继迁仅以身免。

李继迁在地斤泽的基地一夜之间被连窝端起，队伍被打散了，老妈和妻子还成了俘虏。宋军的突袭行动非常成功，近乎完美。

但是，近乎完美，不等于完美，毕竟，李继迁还是没逮住。他带着满腔仇恨，重新收拢队伍，寻找复仇的机会。

　　世事祸福不定，李继迁大败以后，却想到了一条翻身的妙计，在张浦的建议下，他把目光投向了银州。银州是大城，人口多，物资充足，李继迁家祖上又在银州世代为官，在那里很有人望，如果能占据银州，作为反抗宋朝的大本营，再好不过。

　　问题是，你有点实力的时候，尚且连几个营寨都打不下来，现在都快输得只剩底裤了，怎么反而打起银州的主意了呢？

　　李继迁这回使出的计策，是从古到今反叛人士屡试不爽、百用不厌的必杀技——诈降！

　　诈降计想要成功，关键在于受降者会不会上钩，李继迁的欺骗对象是曹光实。

　　曹光实，雅州（今四川雅安）人，时任西北七州都巡检使，突袭李继迁的行动，他是负责人之一，此时正率军驻扎在银州。曹光实熟悉军事、富有才略，可惜偏偏有一个贪功自大的毛病。

　　在投降信里，李继迁向曹光实拼命地倒苦水，说自己屡战屡败，被揍得实在没脾气了，你就可怜可怜我，把我收了吧。

　　曹光实拿着投降信，没怎么多想，他觉得，李继迁刚被端掉老窝，现在混不下去了就跑来投降，完全合乎情理，于是当即决定接受李继迁的请降。

　　此前的胜利让曹光实放松了警惕，更致命的是，为了能够独享功劳，他没有将这事报告上级，擅自采取了行动。

雍熙二年（985）二月，曹光实带着少量骑兵出城接受投降，结果中了埋伏，一个不剩地被李继迁歼灭，自己也未能幸免。

暗算曹光实后，李继迁借用他的旗帜，出其不意地占据银州，缴获了大量军事物资。有了根据地后，李继迁自封定难军节度使、西平王，招揽各个部落前来依附投奔。

经过这么一折腾，李继迁的实力又奇迹般地恢复过来，甚至比以前更强点。

收到李继迁诈降后占据银州的消息，赵光义十分愤怒，立刻决定增加兵力，好好教训一下这个猖狂的家伙。

三月，赵光义任命田仁朗为主帅，率军围剿李继迁。

田仁朗是个有经验的将领，到达绥州后，他总结了经验教训，认为对手的最大特点在于机动性强，打胜了就共同抢掠，打败了就分散跑路，你就算掌握了他们的行踪，也很难彻底消灭。

为此，田仁朗设计了欲擒故纵的战术。对于李继迁的小打小闹，他一律放任不管，即使发现了行踪也不急着下手，沉住气，按兵不动，而暗中却密切关注着李继迁的动静，就像一个渔夫，耐心地等待鱼儿上钩。

四月，李继迁攻克三族寨后，发兵围攻抚宁寨。收到消息，田仁朗心中暗喜。

好嘞，机会来了！

田仁朗对当地的兵力部署情况很了解，他知道，抚宁寨防御很坚固，以李继迁目前的实力，一时半会儿攻不下来。他希望依靠抚宁寨，把李继迁的主力牢牢吸引住，等到双方消耗得差不多的时候，再全力出击。此外，他计划另派一支强弩兵悄悄绕到李继迁身后，断其归路……如此一来，必能大获全胜。

计划周密、部署得当，一切尽在掌握之中。田渔夫对钓到大鱼充满信心，为了麻痹李继迁的神经，他每天都躲在城里饮酒玩乐，把自己扮成了一个酒囊饭袋。

然而，正当田渔夫怀着激动的心情，打算收竿的时候，他忽然被告知：你已被解除职务，请马上回朝廷接受调查。

原来，田仁朗用来迷惑敌人的计策，先把自己的领导给迷惑了。

田仁朗不知道，正当自己设局诱捕李继迁的时候，副帅王侁向赵光义告了一状，告他指挥不力、不务正业、畏敌不前（逗挠不进军）。赵光义看了以后，火冒三丈，当即决定召回田仁朗，罢免其官职，交给御史台审问。

田仁朗被突如其来的变故搞得莫名其妙，被逮回开封后，赵光义一问，他更被动了。人家告的都是事实，可那不是为了计策需要吗？这事一句话两句话也说不清啊，除非给他几天时间，然后写一份军事报告出来，题目就叫《西北战场围歼李继迁所部的战略构思及战术部署——兼谈战前惑敌之计的实践运用》。

赵光义正在气头上，哪肯听田仁朗做学术报告，一纸诏令把田仁朗贬得老远。其实，田仁朗应该明白，按照赵光义的性格，就算明白了他的苦衷，也不会低头认错。

否则，领导岂不是很没面子？

还算田仁朗运气好，几个月后，赵光义回过神来了，觉得他确实没啥错误，又重新给安排了官职。

田仁朗受一次委屈是小事，但对西北战场的战局影响可不小。他走后，打小报告的王侁得到了军事指挥权。

王侁，字秘权，开封浚仪（今河南开封）人，王侁的父亲王朴在后周时期担任过枢密使，是个极富才略的人，深得周世宗柴荣倚重，只可惜去世得比较早。赵匡胤甚至曾对人说过：如果王朴还在世，他是当不上皇帝的。

王侁因为父亲的关系进入官场，但他的才能和父亲无法相提并论，只立过些小功，却自命不凡，还染上了嫉贤妒能的毛病。作为副帅，别人不知道田仁朗的用意，他是不可能不知道的，但为了自己的仕途，还是告你没商量。

掌握军权后，王侁一改田仁朗的作风，立刻率领全部主力向李继迁占领的银州发动攻击。当时，李继迁的力量还是比较弱小的，尚不能和宋军正面对抗。王侁一来，李继迁就弃城跑路。

王侁取得了表面上的胜利，但他并没有解决根本问题，反而把局势引向恶化。遭此打击后，促使李继迁反省自己的策略，他意识到，仅凭自己的那点力量，是不足以和宋朝分庭抗礼的，要想成为西北的主人，必须借助外力。

雍熙三年（986）二月，李继迁主动派遣使者去见辽国皇帝，表示愿意臣服，希望得到辽国的帮助，共同对抗宋朝。

他相信，这个时候向辽国示好，肯定能得到满意的答复。因为，宋朝和辽国之间的一场大战正一触即发。

雍熙北伐

就在李继迁向辽国示好的时候，赵光义又做出了一个重大决定——再次出兵讨伐辽国，收回"幽云十六州"。

七年前，高梁河畔的那次惨败，始终是扎在赵光义心头的一根利刺。那一次，可恶的契丹人让他颜面尽失，腿上的箭伤一直无法彻底治愈，至今仍时时发作。

于公于私，赵光义都不会忘记这个奇耻大辱。几年来，朝廷养精蓄锐，操练兵马，就是为了有朝一日能和契丹人再战一场，收回"幽云十六州"，找回失去的土地和尊严！

根据边将的奏报，赵光义收到了不少好消息。太平兴国七年，辽景宗耶律贤去世了，年仅十二岁的耶律隆绪继位，萧太后临朝听政，最高统治者变成了一对孤儿寡母。辽国境内也不太平，女真族、高丽（现朝鲜半岛）人都不肯屈服于契丹的压迫，经常和契丹人制造摩擦。

如此看来，辽国国内比较混乱，正是对它用兵的好时候。尤其是一谈到辽国的实际统治者是个女人，赵光义就忍不住轻视讥笑。很显然，他并没有从上次的失败中吸取教训，仍对敌情缺乏深入细致的了解，一厢情愿地把"女汉子"看成弱女子，战争的悲剧很大程度上也是从这个错误的判断开始的。

雍熙三年春，赵光义动员三十万兵力，下诏对辽国用兵。

这回，赵光义进行了更精细的谋划。战役仍以幽州为中心展开，不同的是，这次宋朝兵分三路，在与辽国接壤的边境线上同时发动进攻。

从地理上看，幽州地区的地形很像一个"右"字，一横是燕山山脉，一撇是太行山脉，幽州就像那个缩在里面的"口"。为了拿下这个"口"，赵光义布置了东、中、西三路军队。东路由南往北正面进攻，中路、西路则要绕过两个山脉，来到幽州的北面，实现南北夹攻。

东路军以曹彬为主帅，统辖二十万人，计划从雄州（今河北雄县）出发，经固安（属今河北廊坊）至涿州（今河北涿州），从正面直逼幽州，这支部队是此次北伐的主力部队。

曹彬自率兵征服南唐后，成为宋朝最有名望的将领之一，他不但是东路军的主帅，而且是此次北伐行动的总指挥，赵光义对他寄予厚望。

中路军以田重进为主帅，计划从定州北上，出飞狐口（今河北蔚县东南恒山峡谷口之北口），目标夺取蔚州（今河北蔚县，幽云十六州之一），为东西两路兵团的推进起到牵制作用。

田重进时任侍卫步军指挥使、静难军节度使，他本是幽州人，生得牛高马大，是赵匡胤的老部下，对北方边境的情况比较熟悉，因而获得此项任命。

说到田重进，我要在这里插播个小知识，大家在看我的作品时可能已经感觉到了，文章里有不少人名很相似，比如现在出场的是"田重进"，之前还有个"李重进"，此外，名字中带"继、信、廷、义、德"字的人很多。因为，五代是推崇军功武力的时代，大家取名喜欢挑简洁有力的词。所以，那个时候叫"继勋""怀忠""从义"等名字的人特别多，就像我们新中国成立前后起名叫"建国""爱军""解放"的人比较多，一样道理。所以看宋朝初期史料，我经常被搞得云里雾里，好在文治风气盛行后，宋朝人起名就文雅丰富多了，也很少"撞车"。当然，甭管咱田将军叫什么名字，人是真的很猛哦。

西路军以潘美为主帅，计划出雁门关（位于今山西代县以北），一路夺取山后的朔州、寰州、应州、云州（均为幽云十六州之一），与中路军会合后从北面进攻幽州。这么来看，西路军的任务也很重，为此，赵光义还给潘美配了一个很猛的副帅——杨业。

杨业投降宋朝后，曾担任知代州兼三交（地名，在今太原以北）驻泊兵马都部署，"驻泊兵马"是指朝廷禁军派驻到地方的意思。这个职位，主要是负责河东（今山西）地区的防务。当时，潘美是杨业的上级，两人一直合作得比较融洽。有一次，辽军大举入寇雁门关，潘美负责死守关口，杨业绕道背后偷袭，两人紧密协作，打了一次漂亮的胜仗。

如今，这对老搭档将再次携手，去完成更加艰巨的任务。

战端一开，曹彬的东路军率先发难，他们要面对的敌人是耶律休哥。辽圣宗即位后，命耶律休哥总管南面事务，从此，这位契丹名将成为横亘在宋朝君臣面前的一堵无形城墙。

一开始，东路军的进展十分顺利。

三月初五，前锋部队抵达固安以南，仅仅过了三天，宋军就攻占固安，向涿州进发。

三月十三日，宋军攻入涿州，岐沟关、新城等要塞也相继为宋军占领。

三月十七日，宋军击溃辽国的一支援军，斩杀一千余人，幽州城已经近在眼前。

东路军打得如此顺手，并不是耶律休哥不顶用了，而是因为当时他手头的兵力十分有限，援兵又没有到达，一时无法和宋军正面对决。

可耶律休哥毕竟是战场老油条，他虽不和宋军正面冲突，却经常派小股部队进行偷袭骚扰，重点截击宋军的粮道。

耶律休哥这一手打中了宋军的要害。都说兵马未动，粮草先行，大规模兵团作战保障后勤补给线尤其重要。想当年，曹操一把火烧了袁绍的乌巢粮仓，一举扭转了战场形势，取得了官渡之战的决定性胜利。

宋军人数众多，消耗的粮草也多，又是长途远征，漫长的后勤补给线给辽国骑兵留下了充裕的攻击空间。果然，随着战事的推进，宋军的粮草供应开始无法维系。

迫于无奈，曹彬在涿州停留十余天后开始向雄州撤军，以便取粮再战。赵光义听到撤军的消息，大为恼火，严令曹彬向新城靠拢，与另一支军队（为东路军的一个分支）会合。

曹彬抵达新城后，军队重新恢复了粮草供应。按照部署，他必须在新城坐等中、西路军队到达，然后合力发动攻击。仗打了一个多月，东路军虽然取得了一些战果，但连日往返奔波，涿州得而复失，自身损失也不少，更重要的是，军队锐气受挫，人群中弥漫着焦躁的情绪。

正当曹彬的东路军进退失据的时候，潘美的西路军却打得气势如虹，进展神速。

三月初，潘美、杨业率领的西路军出雁门关北上，径直杀向寰州（今山西朔州东），辽国寰州守将抵挡不住宋军的猛烈攻势，举城投降。接着，西路军一路向东，所向披靡，在十天之内连续攻下朔州（今山西朔州）、应州（今山西应县）。四月初，锐不可当的西路军又拿下了重镇云州（今山西大同），战果之辉煌，堪称各路之最。

别人都在忙，中路军也没闲着，三月中旬，田重进率军进入辽国境内，接近飞狐口，和辽军发生正面接触。

按照预想，中路军的任务相对其他两路要轻一点，本不是唱主角的，可战场形势瞬息万变，谁都没料到，原来的配角反而成了主角。

也该田重进运气好，碰到的敌人是辽国虎将大鹏翼。

这个大鹏翼，不是绰号，而是真实的人名，他本是渤海国（唐时以靺鞨粟末部为主体，结合其他靺鞨诸部所建立的政权）贵族，渤海国被辽国征服后，大鹏翼归降了辽国。人如其名，大鹏翼长得孔武有力，打起仗来不怕死，在辽军中名气不小。

大鹏翼的军队有两万多人，又以骑兵为主，田重进觉得平地对攻胜算不大，就屯兵飞狐南口，占据险要处，以重步兵正面抵御辽军骑兵，然后利用小股精锐骑兵冲击辽军侧翼。宋军斗志高昂，但大鹏翼麾下的军队也不软，两军棋逢对手，从早上一直打到太阳下山，斗得难分难解。

田重进眼看战事胶着，耗下去对己方不利，决定派出自己的王牌前去助阵——荆嗣。

荆嗣的叔祖父是宋初名将荆罕儒，荆罕儒在赵匡胤手下效力时，以敢于搏命著称，只可惜在与北汉的一次战斗中，勇猛过了头，以少敌多，不幸阵亡。

荆嗣继承了家族的彪悍血统，别人猛起来是不怕死，他是怕不死，曾在一次作战中身先士卒登城，脚上被两支箭射穿，牙齿被打掉了两颗，却重伤不下火线，坚持持刀砍人。这回，田重进命令荆嗣沿着山崖，从辽军西侧发起攻击。

荆嗣领命之后，兴奋得直搓手，连忙带兵出击，也不管对方人数多寡，上去就是一顿猛砍，居然亲手格杀了百来个敌人（手斩百余级）。辽军被荆嗣的突然袭击打蒙了，阵脚大乱，开始逐步向土岭撤退，由攻转守。荆嗣打得还不过瘾，率本部奋起直追，又一次冲垮辽军防线，一追几十里。宋军乘势拿下了辽军好几个军寨。

大鹏翼怎肯吃眼前亏，等军队安定下来后，又重新组织力量反击，将宋军刚夺去的两个军寨包围起来。军寨守将担心防不住敌军的反攻，请求田重进派点援兵，荆嗣再次成为救火队员。

要说荆嗣就是荆嗣，确实胆略过人，虽然身边只有五百人，但也绝不消极防守，他让一支友军跑到辽军两侧，竖起旗帜，虚张声势，使辽军不敢轻举妄动。自己则趁着辽军犹豫的当口，率领仅有的五百人冲杀过去，一日之内大战五六回合，辽军愣是没占到什么便宜。

不久，田重进也率全部主力赶到，一场遭遇战最终演变成两军的正面决战。这场战斗进行得十分艰苦，双方都拿出了全部家底硬拼，荆嗣更是杀红了眼。

经过反复较量，宋军凭着一股子韧劲取得了最后的胜利，此役共斩杀辽军数千人，缴获铠甲、战马数万件（匹），连大鹏翼等都成了宋军俘虏。

自从主将大鹏翼被俘虏后，辽军的士气一落千丈，飞狐、灵丘等地相继落入宋军手中。四月中旬，中路军又拿下了蔚州，战果丰硕。

短短一月内，中、西两路军都取得了巨大成果，完成了战略目标。

第十九章 功亏一篑

岐沟关

曹彬所率东路军将领听说中、西路军的战果后，心里很不是滋味，明明是主力军，却没啥拿得出手的成绩，别说战后分奖金了，光面子上也挂不住。

许多将领开始在曹彬耳边叽叽喳喳（谋划蜂起，更相矛盾），希望东路军有所行动，别一天到晚龟缩在拒马河一线。

此时，曹彬过于软弱的毛病暴露出来。东路军是攻城的主力，本应持重缓行，等中、西路军到位后再协同作战。但面对各种议论，曹彬的内心开始动摇。

其实，从前面的故事中，我们可以感受到，曹彬最大的特点是稳重谨慎，有儒将气质，但唯独缺少杀伐决断的魄力。这样的将领更适合指挥优势明显的战役，让他应对复杂局面，则有点勉为其难了。所以说，选曹彬为东路主帅，显然是赵光义又一次错点了"鸳鸯谱"。

果不其然，曹彬最终未能坚持既定部署，在众将的撺掇声中，他带着五十天的粮食，再次向涿州进发。

正是这个错误的决断，成了宋军先胜后败的转折点。

与曹彬的软弱相反，宋军所面对的敌人却是个极有主见的女人。

宋军攻势如潮，给辽国君臣带来了很大压力，按照赵光义的想象，萧太后这个女流之辈，想必已经一哭二闹三上吊，完全乱了方寸。可惜的是，萧太后偏偏是少有的巾帼英豪。在我看来，即便是放到整个中国古代史，如果要评个十大女政治家，她也完全有资格名列其中。

面对宋军的咄咄逼人之势，萧太后见招拆招，她一边招募援军，为各个战区补充军力，一边派人和耶律休哥取得联系，确定下步应对战略。为了遏制宋军的中、西路军队，她任命名将耶律斜轸为主帅，萧挞凛为副帅，重新组织力量进行阻击。

部署完毕以后，萧太后力排异议，宣布和辽圣宗一起南下幽州，御驾亲征！消息一出，辽国受挫的军心重新振作起来。

曹彬的第二次北上又遇到了与前次相同的问题，耶律休哥仍然坚持闭门坚守，坐等援军到来，白天就派出精锐骑兵虚张声势，晚上就派出轻骑兵偷袭落单的宋兵，使得宋军始终处于紧张戒备状态。

曹彬用兵过于谨慎，为了保证自己的队伍不被骑兵冲乱，让步兵组成方阵前行，并在驻地两边挖壕沟做保护，这样一来，行军速度大打折扣。

耶律休哥实在是个狡猾的对手，他故伎重演，又开始盯着宋军的粮道下黑手，同时还派人抢夺拒马河水源，给宋军的吃饭、喝水带来很多麻烦。

此时，天气已变得炎热，宋军士兵负重行军，又要不停地应对骚扰，走得疲惫不堪，原本四天能赶到的路程，居然走了二十多天，付出了很大的代价才重新占领涿州。

还没等曹彬在涿州站稳脚跟，他就打探到一个消息，萧太后所率的援军已经到达了涿州东面。

如此一来，曹彬陷入了进退两难的境地，如果率疲惫之师强攻幽州，已无胜算，如果再不走，很可能被萧太后和耶律休哥的军队两面夹击。

思虑再三，曹彬决定再次放弃涿州南撤。此时，宋军又饥又渴，将士们都一心想着撤回境内，士气空前低落。而得到兵力补充后的耶律休哥，正率军蹑行在宋军后面，他像一只尾随猎物许久的饿狼，亮出了锋利的獠牙。

五月三日，饿狼找到了理想的捕食地点——岐沟关。

快到岐沟关时，多数宋军已经无心恋战，阵形愈发散乱。耶律休哥瞅准时机，率领骑兵发动突袭。宋军还没有排好遏制骑兵的方阵，只能用粮车来当掩体，被动防御。经过一天激战，宋军大败，东路军各部连夜分散溃逃。

耶律休哥怎肯善罢甘休，一路追击宋军到拒马河边。宋军争相渡河，因踩踏和溺水而死的不计其数，曹彬自己都差点做了俘虏。

经此一战，宋朝东路军损失惨重，也导致整个战场的形势逆转。

击败曹彬后，辽国把军事重心转移到中、西两路。

耶律斜轸来到西线战场后，辽军的实力明显增强，人数达到十万之众，他很快利用优势兵力重新夺回蔚州、寰州，并寻机歼灭宋军主力。

东路军一溃败，赵光义的南北合击战略已经无法实现，他连忙下令田重进、潘美回防，向定州和代州方向撤退。

但是，撤军和散步回家可不一样，后面有没有追兵？半路会不会遭堵截？士气如何维持？部队之间如何相互策应保护？……这些问题都要充分考虑，否则一招不慎，全军玩完。

田重进所率的中路军很快安全撤至定州，潘美、杨业所率的西路军则因路途遥远，撤得比较慢，成了一支孤军，处境十分危险。

偏巧，在这个时候，潘美和杨业又接到了一个新的命令。

陈家谷

赵光义费尽心血组织北伐，到头来却输得一塌糊涂，很不甘心。于是，他决定在放弃云、朔、寰、应四州时，把当地的百姓迁徙到宋朝境内，多少挽回点面子。自然，这份艰巨的护送任务落到了西路军身上。

按照当时情况，能带领军队安全撤回就不错了，还要带上那么多百姓，这简直是一个不可能完成的任务。但君命不可违，潘美只好召集各路将领，商讨执行方案。

杨业向潘美建议："现在辽军兵势很盛，不能与他们正面交战。我们可以向应州方向佯动，部队出发以后，先让距离最远的云州百姓撤出来，待把辽军吸引到应州附近，再让朔州百姓抓紧撤退，撤退时应在途经的谷口布置弩兵，并在路上埋伏骑兵，这样才可保证三州百姓安全迁徙。"

还未等主帅潘美表态，旁边一个阴阳怪气的声音传来："率领着数万精兵，却胆小害怕成这个样子，不如直接走雁门北川，大张旗鼓地往马邑（今山西朔州朔城区）方向走。"

说这句话的人是监军王侁，没错就是那个把田仁朗坑惨了的王侁。

很不幸，这位老兄也从西北战场调到了潘美军中，还担任了监军的职务。

杨业想通过部队的佯动来调动辽军，进而掩护百姓从小道秘密撤退，堪称调虎离山之计。耶律斜轸会不会上当不说，但至少要比王侁提出的直接走大路的方案靠谱。

对于王侁提议的冒险做法，杨业当即表示否定："绝对不行！这样做肯定失败。"

王侁斜视着杨业，轻蔑地说："你不是号称无敌吗？现在怎么遇到敌人不敢前进了（逗挠不战），不会是有其他想法吧（得非有他志乎）？"

　　又是指责别人"逗挠不战"，连词都没换一个，王侁把扣在田仁朗头上的帽子又免费送给了杨业。更为恶毒的是后半句，还质问杨业"是否有其他想法"，其实就是暗示杨业的降将身份，无端指责他会不会叛变。

　　话说到这个份儿上，已经超出战术讨论范畴，而是在怀疑一个军人的忠诚了。

　　对于军人而言，怀疑他的忠诚，不啻是侮辱他的人格。

　　听到这句话，杨业感到莫名悲愤，他想争辩几句，却因过于激动而不知从何说起。

　　自从归附宋朝以来，他一直兢兢业业地戍守边境，每战必冒死争先，从不畏敌退缩，他多次击退辽军入侵，立下赫赫战功，连辽军也知道了"杨无敌"的威名，看到他的旗帜就远远遁去。

　　但是，他是一个卓越的战将，却不是个八面玲珑的官僚，他擅长纵横奔杀，却不善交际言辞。降将的身份使他始终无法融入宋朝武将群体，甚至连战功也成了他的累赘，很多人都出于嫉妒、猜忌而诋毁他（主将戍边者多忌之，有潜上谤书斥言其短）。在这军情万分火急的关头，又遭无端指责，杨业真感觉百口莫辩。

　　平复心情后，杨业看了一眼潘美、王侁和其余将领，慷慨激昂地说道："我杨业绝不怕死，只是时机不利，我们冒失开战只会让将士们白白伤亡。现在你们指责杨业怕死，那我就先死给各位看好了！"

　　在这个时候，主帅潘美最具有发言权，只有他能够做出最后的决定，平息这场争议。但是，他却保持了沉默。

以潘美的阅历，他不会不明白谁对谁错。但潘美不是杨业，他不仅是个将领，还是一个成熟的官僚，他也忌惮王侁的监军身份。田仁朗的事情近在眼前，他知道，杨业的计策若能够奏效还好说，一旦失败，王侁肯定会在赵光义面前狠狠地告上一状，而自己必定成为下一个田仁朗。

一番权衡之后，潘美选择了明哲保身。

六月，杨业引兵向朔州进发，众将前来送行，他知道自己此行凶多吉少，动情说道："我是一个降将，本来就该被处死，但皇上不杀我，还对我委以重任。我不是畏惧敌人，只想等待时机，立功报国。现在不少人指责我避敌不战，我就先死于敌人阵前吧。"

通往朔州的路上，有个地方叫陈家谷，此地两山对峙耸立，道路狭窄，是个设置伏兵的好地方。杨业指着陈家谷口，嘱咐潘美和王侁："你们可以在谷口布置步兵和强弩兵，等我转战到这里，请马上派步兵左右夹击，否则的话，我的部队肯定全军覆没。"

吩咐完毕，杨业毅然率领本部兵马绝尘而去。

辽军一直把杨业看成最危险的敌人，萧太后甚至下达了务必活捉的命令。见到杨业单兵出击，耶律斜轸不禁大喜。他早就掌握了杨业的动向，命副帅萧挞凛率重兵设下埋伏。

在朔州南面，杨业和辽军发生接触，刚一交锋，辽军按计划佯退却，杨业一直尾随追到距朔州三十里的狼牙村。

此时，杨业已经嗅到了一丝危险，但他并没有停止前进。因为按照部署，他必须正面迎敌，更重要的是，他曾承诺过，要以死报国！

　　虽千万人，吾往矣。

——《孟子·公孙丑上》

　　果然，杨业行军没多久，就进入了辽军精心布置的伏击圈，萧挞凛帅旗一挥，漫山遍野的辽军铁骑呐喊杀出，将他团团围住。面对数倍于己的强敌，杨业没有丝毫慌乱，他像定海神针一般矗立阵前，紧握长枪，目光如炬……

　　辽军越靠越近，杨业暗自握紧缰绳。此时，他已经忘记了畏惧，看淡了生死，只剩下一员战将的血性和勇气。

　　随着一声怒吼穿透云霄，杨业一马当先，直奔辽军杀去。在老将军的感染下，宋军人人感奋，嘶吼着冲向敌军，两军瞬时绞杀在一起。

　　战斗进行得异常惨烈，从中午一直打到晚上，杨业所部英勇过人，杀敌无数，但毕竟架不住辽军人多势众，越战越吃力。杨业奋力杀出重围，率军向陈家谷口撤退。

　　然而，等浑身是血的杨业赶到谷口时，他却发现，谷口两旁空无一人，唯有风穿过山谷带来阵阵呼啸声，几片落叶不时被风卷起，又伴着沙土慢慢落地，四周一片寂静森然。

　　见此情形，杨业悲愤不能自抑，不禁捶胸落泪。

　　他淌下的泪水，不是对死亡的畏惧，不是对失败的挣扎，此刻的泪水，只是一位老将，对天命人事的感慨。

我一生都在被怀疑，在太原，我是人质，在宋朝，我是降将，但我从未忘却一个军人的忠诚。

太原城头、雁门关外，一路走来，不知多少次命悬一线，我从未胆怯苟且。

人心多变、官场险恶，我从来不是那种长袖善舞的政客，我只是个纯粹的战将。身上的累累刀痕，青史上的笔笔战功，自然会为我证明一切，我又何须多言？

我已衰朽残年，又是百战余生之人，生死早已置之度外！

陈家谷口，就是我的最后一地吧，此地甚好！

跟随杨业杀到陈家谷口的将士，不到百人，杨业不忍心他们白白送死，劝说道："你们都有父母妻儿，和我在这里一起战死，没什么意义，不如各自想办法脱身吧。"

将士们听到这句话，无不失声痛哭，但哭完之后，他们没有一人离开，都誓与老将军同生共死、血战到底！

好吧，不愧为我杨业麾下的将士。辽军的马蹄声又传来了。大将王贵何在？吾儿延玉何在？随我再冲一阵！

…………

血战之后，结局十分惨烈：

杨业所部将士全部战死，无一生还，包括他的儿子杨延玉。大将王贵尤其英勇，箭射完后，拿弓做武器，又格杀了十几人。

杨业手刃数十个辽兵后，中箭被俘，三日后绝食而死。

一代将星，就此陨落。

无疑，杨业的死，潘美和王侁是负有责任的。

史料记载，潘美和王侁刚开始还是听从了杨业的建议，在谷口布置了援兵，但是，几个时辰后，他们还没有等到杨业的消息。于是，王侁就派人登上谷口西侧的托逻台（一处高地）遥望，当时正值辽军佯装退兵，王侁以为杨业已经取胜，就轻率地带兵离开。潘美虽是主帅，却也未能（或者说不敢）制止王侁，只是沿着灰河（现恢河）西南方向走了二十多里路，听到杨业战败的消息后，也率军撤退而去。

回朝后，赵光义震怒，对两人进行了惩处，潘美被连降三级；王侁则被开除官籍，发配金州。

在责罚两人的诏书里，他们被分别罗列罪名。

王侁领到了八条，其中六条是：扰乱军事策略实施（堕挠军谋）；羞辱刺激将领（窘辱将领）；做事没有公心（无公忠之节）；品性邪恶（有狠戾之愆）；肆意妄为，不顾他人意见（违众任情）；命令别人前进，自己却胆怯后退（彼前我却）。

潘美领到了四条，其中两条是：没有认真查明敌情（不能申明斥候）；没能妥善实施应敌策略（不能谨设提防）。

还有两条，两人都一样——使宋朝损失了一位杰出的战将、使生民徒遭磨难（失吾骁将、陷此生民）！

一个自以为是的监军，一个无为的统帅，如是而已。

历史上，很多诏书的措辞都喜欢卖弄辞藻，充满了假大空的东西，但这两份诏书的评价基本符合事实。

杨业的死，让人扼腕叹息。人们对这位老英雄充满敬佩，更为他的遭遇打抱不平，以致死后多年，人们仍在传诵着他的故事。经过几代人口口相传，杨业的故事内容不断融入了人们对忠臣良将的美好想象，再经文人的整理提炼，最终形成了脍炙人口的《杨家将演义》。从此，杨家将成为文学、戏曲乃至影视剧中的常客，为更多人所熟知。

现实中的杨业的确有七个儿子，除了一起战死的杨延玉，还有杨延昭等兄弟六人，他们都在杨业死后被封了官职。但真正继承杨业风范，守卫边疆并建立功勋的，仅仅是杨延昭而已。当然，百岁挂帅的佘太君以及穆桂英等一众杨门女将只是文学人物罢了。

潘美在演义中变成了最大的反派人物"潘仁美"，人们把杨业的死都算到了他的头上。我们知道，潘美固然对杨业的死负有一定责任，但他绝不像演义中描述的那么不堪。反而是那个王侁，鬼使神差地逃离了被人口诛笔伐的命运。

历经千年洗礼，史书上的杨业也罢，文学作品中的杨家将也罢，孰真孰假，都已经不再重要。因为，他已然成了人们心中的一个符号。

忠诚，刚烈，不屈！

死者已矣，生者的故事还要继续。

雍熙北伐彻底失败后，赵光义收复幽云十六州的梦想再次化为泡影，这个结果让他又羞又恼，盛怒之下，除了前面提到的潘美和王侁外，曹彬以下众多参与北伐的将领都受到了责罚。

除了愤怒，他的内心深处，还有自责，这次，赵光义罕见地发布了《罪己诏》，来平息朝野内外的非议。事实上，他确实是最该负责的那个人。无论是战略部署、统筹全局，还是选将用人，他都无法和对手萧太后相提并论。其实，宋军并不缺乏优秀的将领，比如杨业，比如荆嗣……只可惜，国有良驹宝马，他却不是兄长赵匡胤一样的御马高手。

这些，赵光义嘴上不认，心里不能不认。

北伐失利后，赵光义的雄心受到了前所未有的打击，心气一落千丈。为遏制辽国的报复性进攻，他启用大量老将把守边关城池，进行消极防御，只求不再招致更大的失败。

从此，宋朝在军事上完全处于被动防御状态，再无还手之力。

大忽悠

赵光义失去了武力解决边患的勇气，但李继迁找到了辽国做靠山，在西北闹得不亦乐乎，不理他也不行。于是，赵光义听取赵普（当时第三次出任宰相）的建议，决定收起棍棒，拿出糖果，进行和平招降。

端拱元年（988）五月，一直赋闲在家的李继捧突然被赵光义召见，他被告知，你将再次出任定难军节度使，重新掌管党项故地，朝廷会护送你回老家，同时，还附送你一个新名字——赵保忠（为了叙述方便，我们在下文仍称其为李继捧）。

按照赵普的想法，就是放李继捧回去对付李继迁，让党项人窝里斗，大不了再回到以前的半独立状态好了。

估计是担心李继捧回去后打自己的小算盘，就赐名"保忠"，取"保证忠诚"的意思。可问题还真是怕什么来什么。

李继捧回到夏州后马上和李继迁穿起了一条裤子。

道理也很简单，李继捧献出土地，本来就是无奈之举，并不是真心想取消属于党项人的独立政权。再者，他和李继迁之间本没什么过节，何必去冒风险对付自己人呢？

于是，回去不到半年，李继捧就上书宋朝，表示李继迁经过他的批评教育，已经深刻认识了自己的错误，对过去的行为十分悔恨，以后再也不胡闹了，还请朝廷给予原谅，顺便再安排个官当当。

李继捧纯粹是睁眼说瞎话。就在差不多同一时间，李继迁也在向辽国打申请报告，表示虽然李继捧是代表宋朝来接收五个州的，但两人矛盾不大，请求他和继捧讲和。

其实，李继捧和李继迁两人经过几年的折腾已经完全想明白了，脚下的土地本来就是属于党项人的，内部争来争去，只会被别人（宋朝或辽国）利用，到头来谁都落不着好。

总结教训后，李继捧和李继迁决定改变被人当猴耍的局面，开创属于自己的耍猴时代。

于是，李继捧不停地忽悠宋朝，说招降李继迁及党项部落的成果如何如何，几番牛吹下来，宋朝赏给他的官帽越来越大，被封为特进同中书门下平章事（宰相级别）。

李继迁也不含糊，不停地忽悠辽国，说攻击李继捧战果如何辉煌。

辽国为了鼓励他继续牵制宋朝，封他做了"夏国王"，还把一个公主嫁给了他（忽悠到了一个老婆）。

尽管两兄弟靠忽悠赚得盆满钵满，但也有露馅的时候，主要是因为李继迁死性不改，还是经常骚扰宋朝边境，偷鸡摸狗的事情仍没少干。

淳化二年（991）七月，宋朝察觉到事情有点不对劲，就派兵到夏州来讨伐，李继迁怕挨揍，又请李继捧替自己说好话，表示这回是的的确确、真心实意地投降了，让宋朝千万再相信他一回。至于边境摩擦，主要是因为经济上实在太拮据，如果能顺便再赏块地的话，那就更完美了。

宋朝眼看李继迁态度不错（也拿他没辙），就安排他做了银州观察使，还让他弟弟当了绥州团练使，同时附送李继迁新名字一个——赵保吉。

以前拼死拼活挣不来一块地，现在不费一刀一枪，居然空手套白狼，拿到了银、绥二州，要说还是脑力劳动值钱啊。

李继迁尝到了甜头，决定把忽悠事业继续做大做强，宋朝的军队前脚刚走，他就向辽国报告了成果，还把李继捧介绍给了辽国。

同年十一月，李继捧也投降辽国，并被封为"西平王"。

至此，赵光义和他的臣僚们才发现，不但李继迁的问题没解决，还白搭进去一个李继捧，真是赔了夫人又折兵。

枉我们个个饱读诗书，居然被两个来自不毛之地的半文盲给忽悠了，欺人太甚！为了好好教训这两个骗子，赵光义批准实施了一项新的举措——经济制裁。

党项人居住的那块地方，在经济上是比较落后的，除了养马放羊，也没什么其他产业，党项人要想获得粮食、布匹等基本生活用品，都要靠边境贸易来获得。

当时，党项人居住的地方有不少盐池，盛产一种青白盐（颜色主要为青色、白色），这种食盐产量大、质量好，是党项人非常重要的经济来源。

为了惩罚李继捧和李继迁，宋朝宣布了禁盐令，禁止青白盐进入宋朝境内。显然，在贸易地位上，宋朝是占绝对优势的，反正自己境内也产盐，不买你的照样可以生活。但党项人不能卖盐，就意味着断了唯一的经济收入，简直是要了人命。

宋朝的本意是想通过这种经济制裁，迫使李继捧和李继迁屈服，但结果却让人大跌眼镜。

宋朝的贸易壁垒让党项人没了经济收入，但生活还要继续，既然没钱去买，就只好去抢，边境上的摩擦反而更多了。还有一些党项部落把经济收入的减少归怨于宋朝，更倾向于帮助李继迁跟宋朝对着干。

结果，经济制裁的目标不但没实现，反而使李继迁的力量更加强大。草草进行了一年后，赵光义只好宣布解除禁令。

政治手段、经济手段都不行，那还是硬着头皮打吧。

淳化五年（994），赵光义任命李继隆为河西行营都部署，率兵讨伐。

这里必须再声明一下，这位李继隆和李继迁、李继捧没什么亲戚关系，他是如假包换的汉人，名字雷同，纯属巧合，只能烦请大家集中注意力，不要继隆、继迁、继捧，傻傻分不清楚。

李继隆，字霸图，潞州上党人，李处耘（带兵收复南平、湖南的那位）的儿子。作为官二代，李继隆的人生并不一帆风顺。当年，李处耘因为犯事被贬了官，李继隆也不大受人待见，整日无所事事。好在后来宋朝一直征战不断，李继隆在军队中施展了自己的才华，逐步得到提拔重用。雍熙北伐时，李继隆所率军队隶属东路军曹彬麾下，当东路军在岐沟关溃败的时候，李继隆所部因为军纪严明、指挥有方，没有受到损失，完整地撤回了境内。因此，当大多数将领受到责罚时，李继隆反而升了官。此后李继隆继续戍守北方边境，在和辽军的接触中，曾打过几个胜仗。

总而言之，李继隆是当时宋朝少数几个拿得出手的将领之一。

听到李继隆要来找他算账，李继迁还想继续忽悠，他又请李继捧代为说情。李继捧准备了五十匹马，再次派人告诉赵光义，您别忙了，我说好了，李继迁又双叒投降了！

你还忽悠上瘾了，滚！

赵光义没想到，这个接受辽国册封的李继捧居然还敢腆着脸来忽悠。他命令李继隆，李继迁可以先不管，把李继捧逮起来再说。

李继捧感觉到这回是混不过去了，十分着急，但他和李继迁不同，并没有武装对抗宋朝的勇气。眼看李继隆快到夏州了，他做出了一个令人啼笑皆非的举动——带着妻儿老小和部下全部都搬到城外，扎个营帐住了下来（携其母及妻子、卒吏壁野外），美其名曰为了隆重迎接李继隆的到来。

见过待客热情的，倒还没见过这么热情的。

为了迎接客人，直接搬到门外来住了，你当人是傻子吗？李继隆一眼便看穿了李继捧的把戏：无非就是一看苗头不对，想马上卷帐篷跑路呗。

李继捧把自己变成野营爱好者后，心里稍微安定了点，可他不知道，除了李继隆，还有一个人也在打他的主意。

李继迁觉得李继捧已经没多大利用价值了，决定踢开他继续单干，于是，他趁着夜色派兵偷袭了李继捧的营帐，企图兼并他的部队和财物。

李继捧没料到李继迁会来这么一手，被袭击时，正要躺下睡觉，也没什么防备，衣服都来不及穿，一个人骑马狼狈地溜进了夏州城。

进城以后，李继捧的悲惨经历还没结束，因为城里也有一个人在打他的主意。

李继捧正惊魂未定，手下将领赵光嗣来到了他身边，关切地询问了他的生活状况，然后把他捆成了一个粽子。

原来，赵光嗣本是李继捧手下的一员战将，因为经常被派遣出使宋朝，结果被策反了，成了宋朝安插在李继捧身边的一个眼线。

要说李继捧也是个可怜的人，一直被挤兑，一直被利用，到头来，宋朝想逮捕他，兄弟出卖了他，属下背叛了他，这回被抓，倒彻底解脱了。

李继捧被抓回朝廷后，被封为宥罪侯，又成了开封城里的闲散人员，过了几年，郁郁而终。

李继捧一走，西北又成了李继迁一个人的舞台，在李继隆的军事压迫下，李继迁放弃银州，再次过起了流浪生活。好在他已经习惯了这种生活方式，联合部落、招兵买马、依附契丹、骚扰边境……这一切，对他而言，早已轻车熟路。

宋朝的西北边境依然狼烟四起，不得安宁。

第二十章 名 臣

治蜀能臣

对于一个皇帝来说，最悲催的事情，莫过于钱花了，仗没打赢。

赵光义一心想搞定党项人，但始终搞不定；一心想搞定契丹，结果自己反而被搞定。常年的战争给国家带来了巨大负担，打仗所消耗的柴米钱粮不可能让王公贵族、大小官吏来出，最终还是要到每个平头百姓身上拔毛。

很多时候，中国的老百姓总是被统治者看作温顺的绵羊，他们逆来顺受、软弱怕事，不管遭受多大的不公和压迫，只要有口饭吃，有件衣穿，都不愿和统治者对抗。但统治者却总喜欢肆意挥霍这种特权，直到把温顺的绵羊逼成愤怒的雄狮。

淳化四年（993）二月，蜀州青城县（今四川都江堰市东南）的茶农王小波发出一声震天怒吼：

"吾疾贫富不均，今为汝均之！"

王小波本是一个贫苦农民，以种茶为生，因不堪忍受种种盘剥，在家乡青城县聚众起义。他提出的均贫富主张深得人心，一时间，应者云集，才十多天，队伍就发展到了一万余人。起义军在王小波的带领下相继占领青城、彭山、江原等地，所到之处杀贪官、开粮仓，声威传遍整个四川。

十二月，王小波在攻打江原县的时候，不幸中箭牺牲。但农民起义的烈火没有就此熄灭，起义军马上推举出了新的领袖——李顺。

李顺是王小波的妻弟，比王小波更有战略眼光，他带领义军攻城略地，所向披靡，相继攻占蜀州、邛州、双流、新津、温江、郫县、汉州、彭州等地，四川西部尽为义军所有。

淳化五年正月，起义军经过一番苦战，攻克成都。李顺在成都建立了自己的政权，定国号为"大蜀"，年号为"应运"，甚至还发行了货币，义军的声势达到顶峰。

二月，一封封告急文书送到案头，赵光义方才意识到，这次绝不是几个饥民的小打小闹，必须认真应对，他忙派心腹宦官王继恩率领重兵前去镇压。

王继恩自从帮助赵光义登上皇位后，深得宠信。赵光义疑心很重，四川地区又有着天然的割据条件，派谁去都不放心，最后选中了身边人王继恩。

四月，王继恩率兵入川。要说这个人也是奇人，人品、能力不怎么样，偏偏运气特别好。

就在王继恩来之前，剑阁的守军刚取得了一场胜利，保住了外界入川的关键道口，帮他免费解决了第一个难题。王继恩入川的时候，起义军正集中主力攻打重镇梓州，梓州守将很有经验，提前做好了准备，使得起义军久攻不下，消耗了大量实力。王继恩派出援军和梓州城内守军两面夹击，又打了一个大胜仗。趁着两个胜仗的余威，王继恩连续收复失地，一直把李顺起义军赶进成都，围困起来。

五月，起义军终因寡不敌众而失败，成都被攻陷，李顺被俘后惨遭杀害（又说城破时趁乱逃出）。虽然起义军余部在局部坚持了一段时间，但终因寡不敌众，被逐一击破。

起义平息后，王继恩升任宣政使，受命安抚民众、维护秩序。照理说，解决战后重建问题并不比打仗来得轻松，可这位老兄的人品，大家都知道，没添乱就不错了。

自从进入成都以后，王继恩以治乱功臣自居，正事从来不干，就知道吃喝享受，还特别喜欢摆谱，每次进进出出，都要有音乐伴奏，甚至随身携带娱乐用品（每出入，前后奏音乐，又令骑兵执博局棋枰自随），如果再给他配上几根胡须，恐怕就要翘到天上去了。

主帅如此，属下自然无法得到有效约束，大家都忙着吃喝玩乐，抢掠百姓财物，任他地面上盗匪横行、饥民遍地，先自己享受一把再说，跟三十年前王全斌刚收复四川时的情形如出一辙。

再这么胡搞下去，新的王小波、李顺马上就要出现了。

　　赵光义决定立刻派人去治理四川，可是如此重担，不是谁都能胜任的。他本想让一个副宰相前去压阵，无奈人家告了病假，最后挑来拣去，敲定了人选——张咏。

　　张咏从卸任崇阳知县后，凭着精明强干的作风，一路从通判、转运使做到了枢密直学士，成为朝中三品大员。

　　赵光义的军事才能远远比不上他的文化水平，这一点也体现在用人上。他在挑选武将时经常看走眼，但在选择文臣时却极有眼光。

　　张咏起身入川前，赵光义破例授予特权："蜀地发生变乱之后，民不聊生，你去了之后，凡事都可灵机处置，不必上报（西川乱后，民不聊生，卿往，当以便宜从事）。

　　淳化五年九月，张咏赴益州（蜀乱后，成都府已降格为益州，为方便表述，下文仍称成都）上任，从此开启了他的名臣之路。

　　张咏刚到成都，人们就告诉他一个惊悚的消息——城里快断粮了！

　　起初，朝廷为了迅速镇压起义，紧急调派大量军队入川，为了赶速度，所带的粮食非常有限。而今，粮食已经快吃光了，仅就成都府而言，城里驻扎了三万军队，但剩余的粮食只够吃半个月。

　　至于朝廷的运粮队伍，人家还远在路上呢。什么，加快速度？那歌怎么唱来着，"这里的山路十八弯，这里的水路九连环……"

　　谁不知道入川的道路不好走？任你再怎么催，没用！

　　有人会问，四川不是产粮区吗？这倒不假，问题是经过一番折腾后，官府掌握的存粮早就用光了。百姓手中倒是有存粮，可谁愿意拿出来给你呢，这年头粮食金贵着呢，拿钱也买不到。

大兵们没饭吃，那是相当危险的事情。有一点可以肯定，他们手里的刀枪剑戟不是装饰品，在把百姓的粮食抢光前，他们是不会饿死的。

为解决燃眉之急，张咏经过了一番调查。他发现，当地官府、富商垄断了盐的销售，导致食盐价格非常高，普通百姓都买不起盐吃。于是，他想出了"以盐易米"的方法，一面果断下令降低盐价，迫使富商抛售囤积的食盐，一面又允许百姓用手中存粮直接换取食盐。由于是等价交换，百姓积极性很高，命令一出，纷纷拿出米来换食盐。不到一个月，官府就筹集了十万斛米，不但粮食筹足了，而且米的质量也很好。士兵们突然吃到好米，也感恩戴德，觉得张咏确实是个干实事的人（此翁真善干国事者）。

张咏顺利破解了吃饭难题，可他还不能松口气，刚办完第一件事，王继恩找上门来了，他告诉张咏，人的吃饭问题是解决了，马的吃饭问题还没着落呢。他的战马还缺少饲料，让张咏快点想办法解决。

王继恩跟张咏谈饲料的事，其实是故意刁难张咏。

张咏入川以后，知道王继恩干的那些破事，就寻思着想办法让这个老兄早点回去。可王继恩舍不得离开四川，回开封后就得在皇帝眼皮底下工作，怎比得在这里作威作福舒服？

王继恩想成为四川的永久居民，但道理上说不过去，他毕竟是朝廷派来镇压起义军的，干完活，你就得回去。所以，为了能够赖下去，对那些起义军残余部队，他既不追剿，也不招安，找种种理由推脱，玩起了养寇自重的把戏。这回，又拿战马缺饲料说事。

张咏告诉王继恩，这事好办，给你点钱，你自己去买就是。

听张咏这么一说，王继恩觉得张咏是在搪塞他，愤怒地质问："难道朝廷养的马是吃钱的吗？"

张咏知道王继恩又想摆架子、耍无赖，就毫不示弱地回敬道："城里喂马的草料场，早就焚烧一空，只好向百姓购买饲料，你现在每天关着门不办事，饲料还能从哪里来？你如果开门出去追剿叛贼，还愁一点战马饲料？告诉你吧，你在这里办的好事，我早就都上报了（咏已俱奏矣）。"

这番话说得非常狠，张咏告诉王继恩，官办的草料场早就没了，就是因为你工作不得力，想征收饲料就得花钱买。最后这句话，更是直击要害，明确警告王继恩，你在这里的胡作非为，我早就上报了，你看着办吧。

王继恩第一次被人硬顶，吃了一惊，他发现，眼前的这个官员和以往那些唯唯诺诺的人大不相同，在这人的眼神里，他看不到丝毫的怯弱和慌乱。很明显，这是个极难对付的人。

事实证明，王继恩也是个欺软怕硬的角色，被张咏一通反驳，竟噎在那里，一句话也说不出（继恩乃不敢言），只能悻悻地离开。

刺激完王继恩，张咏并没有真的把草料的事情一推了之。因为益州附近已经没有草料，官府本来打算派人到附近州县去搬运。但张咏想出了个更妙的主意，他下令在城西门、北门外各设了一个草场，允许百姓种植，由官府购买百姓的生草养马，这样既让部分百姓有了生活保障，还解决了草料的长期供应问题。

王继恩吃了几次哑巴亏，一直在找机会给张咏下绊子。有一次，他把三十个俘虏绑到张咏的地方，让张咏处置。这种做法其实很无聊，负责军事工作的是你，怎么让别人来处置俘虏呢。这种小把戏到张咏那里就很简单了，二话不说，直接就把人给放了。

王继恩一收到消息，自以为抓到了张咏的把柄，立刻找上门来，气势汹汹地指责他放纵反贼。

张咏早就料到王继恩会来找碴儿，这回他比上次还要淡定，轻描淡写地回答："前段时间李顺胁迫百姓做贼，今天我张咏把贼人化为百姓，有什么不可呢？"

要说搞阴谋，那是王继恩的强项，但要比搞辩论，他的智商明显余额不足，还没等他发飙，张咏早就一句话把他噎死了。

此后，在张咏的建议下，赵光义把王继恩的几个心腹调出了四川，并派几个得力干将分了他的军权。

经过一番打理，王继恩明显收敛了许多，张咏开始在四川大刀阔斧地实施他的治乱之策。

从淳化五年到咸平元年（998），张咏在益州知州的任上，整整干了五年。

这五年里，张咏推出了一系列令人眼花缭乱的措施，简而言之，主要有以下几项：安排就业（鼓励参加过起义军的百姓自首，免罪归田）、大搞拆迁（拆除了一批侵占水利设施的豪宅）、招商引资（鼓励西域商人入川经商）、办理低保（登记贫民，发放购粮凭证，允许在粮价上涨时按照原价购粮）、发展娱乐业（开创钱灯会、蚕市、小游江等传统活动）、支持文教（鼓励蜀地学子参与科举考试）。

张咏的这些举措不但务实有效，更难能可贵的是，还蕴含了很多现代经济学的理念，在当时极富创新精神，大大造福了四川百姓。

通过张咏的五年治理，这个久经战乱的地区重新焕发生机，百姓过上了久违的安定生活。上至皇帝宰相，下至黎民百姓，都对张咏的出色才干和过人智慧称颂不已。

正因为张咏有如此出色的"治蜀"经历，咸平六年（1003），在蜀地又经历一场变乱（王均兵变）之后，张咏临危受命，再次出任益州知州。他依然不负众望，取得了不逊于前次的政绩，继续保证了宋朝西南大后方的稳定繁荣。连皇帝都不得不感叹："有你在四川，我不用再为西面的事情忧虑了（得卿在蜀，朕不复有西顾之忧）。"

两次成功"治蜀"，为张咏赢得了崇高的声望，后人常把他和历史上另两个"治蜀"名臣相提并论，一个是秦朝的李冰，另一个则是三国的诸葛亮。

得此评价，当无憾矣。

纸　币

张咏能够名垂青史，除了政绩优异外，还因为他有一个更传奇的身份——纸币发明者。

其实，关于纸币是不是由张咏发明，学术界还有争论，这个经济史上的课题，很多人可能并没兴趣去了解。但我相信，对于钞票的来历，大家还是有点兴趣的。

"钱"的历史，说来话长。

最初，人们想进行交易，就得拿手中的东西互相交换，也就是所谓的"物物交换"。谁都知道，这种搞法实在太麻烦，于是就催生了一样啥都能换的东西，这就是我们所说的"货币"。俗称，钱。

早在商朝的时候，海贝就曾充当过货币，后来人们开始用铜来铸造货币。在春秋战国时期，各国自行造货币，有像铲子的，有像刀的，什么样式都有。秦朝统一六国后，大家都开始用圆形方孔钱，这就是我们常说的"孔方兄"了。

当然，除了铜以外，金、银也可以用来进行交易。在很多武侠剧中，我们经常会看到一些牛气哄哄的人物走进一家酒店，把一大锭银子拍在桌上，然后扯着嗓门喊道：店家，给我来两斤上好的牛肉和一壶好酒。接着就跑来一个点头哈腰、眉开眼笑的店小二……

我一直以为，这种桥段除了有损小二的职业形象以外，还非常不符合实际。事实上，古代金、银的开采量是很小的，它们主要被用于赏赐、军费、馈赠等用途，主要流行于权贵阶层，根本无法担负一般的货币职能。

故而，人们日常经济活动所接触的货币主要是铜钱。

如果你稍微了解点经济学知识的话，应该明白，金属货币和纸币是大不相同的，它们的区别绝不仅仅是材质问题。通俗点说，纸币只有大家都认它是钞票的时候，它才是"币"，如果大家都不认它，它只是"纸"，而且是连餐巾纸都不如的纸。

可金属货币就不一样了，金属本来就是有使用价值的，它们可以用来造器具、装饰物等等，换句话说，不管它有没有变成钱，它都值钱。所以，早期的货币都是用重量来表现价值的，比如著名的秦半两钱和汉五铢钱（铢是重量单位，24 铢等于 1 两）。

随着时间的推移，我们的经济在不断发展，人们很快发现了一个严重的问题——"钱"不够了。

我所说的"钱"不够了，不是说国家或人民太穷，恰恰相反，应该说是太富了。也就是说，社会创造的财富越来越多，人们用来交换的货币却太少了。

打个比方，如果我们手头有 100 个铜钱，而当时社会上又有价值100 个铜钱的商品要交易，那我们的钱刚刚管用。可随着生产水平提高，社会上的商品达到了 200 个铜钱，那多出来的价值 100 个铜钱的商品只能待在仓库里卖不出去，除非你打回原始状态，继续挑着你的货担，搞物物交换。

说到这里，问题来了。

既然铜钱那么缺，为什么不多造一点呢？

那我得告诉你一个不幸的消息，当时的铜矿开采和冶炼技术确实无法达到要求，至少跟不上社会财富创造水平。铜都没有，哪来铜钱呢？

铜钱匮乏问题困扰了很多封建统治者，很多人用尽办法增加铜钱铸造量。我们前面讲过的柴荣灭佛事件，其中一个重要动因，就是为了减少铜铸佛像。后来，柴荣甚至将收缴的佛像重新熔化造铜钱，以解决钱荒。

好吧，既然我们没办法多造铜钱，那我们强制提高铜钱所代表的价值，那不就成了吗？

又很不幸，有些缺乏经济知识的统治者也是这么想的。

唐高宗的时候就曾铸造过名为"乾封泉宝"的铜钱，只有 0.1 两重，却规定要当作 1 两重的铜钱来用，整整虚高了十倍。我们姑且可以把这种质次价高的铜钱叫作劣币，把足值的铜钱叫作良币。

劣币一发行，问题马上出现了。

劣币名义上的价值大大超过了实际价值，大家都会觉得有利可图。因为造一个劣币，只要消耗少量的铜，而按照当时的技术条件，铜钱这玩意儿也不难伪造。所以，很快就会有聪明人去想办法仿造这种劣币。更有甚者，干脆把足值的良币熔化了，重新做成几倍的劣币，真正实现了"一分钱掰成两半花"的梦想。这个时候，很多人还会把良币当财富藏起来，如此一来，市场上就只剩下一堆劣币了。

这就是经济学上所讲的"劣币驱逐良币"。

劣币一多，价值又跌了下来，接着就是物价飞涨，市场混乱。折腾半天，还是会回到原点。

所以说，官府一旦发行质次价高的铜钱，再用这种劣币去购买百姓手里的东西，其实就变成了借机敛财，肯定会招来天怒人怨，结果得不偿失（参考王莽事迹）。

历史无数次告诉我们，再牛的王朝也不能对抗经济规律。

时间转到了宋朝，钱荒问题同样存在。在当时的四川地区，情况尤其严重。别的地方是缺铜钱，在那里，市面上压根儿就找不到铜钱。

因为四川地区本来就缺铜，铸币能力有限。宋朝平定后蜀后，为加强这块地区的管控，强制把当地的铜钱都搬到了中央，还禁止铜钱流入四川，这么一来，那里别说铜板，就连铜渣都找不到多少。

所以，当时四川地面上，人们不是用铜钱进行交易，而是用铁钱代替。然而，铁的价值毕竟远远低于铜，所以铁钱和铜钱是有一定比价的，按照官方的定价，十个铁钱才能与一个铜钱的价值相当。到了民间黑市，这种比例还要再扩大一点。这就好比我们现在不同国家之间货币兑换比例。

可问题在于，铜钱和铁钱之比毕竟和汇率不一样，因为那可是实实在在的金属啊，它是有重量的。如此一来，用铁钱的四川百姓可就麻烦了。

史料记载，当时一贯铜钱的重量是五斤，而和它等值的十贯铁钱的重量达到了六十五斤，如果你想在市场上买一匹罗绫，就要花铁钱二十贯，换句话说，你得随身携带重达一百三十斤的钱（谁拿得动啊）。

按这种换算法，你如果想在街面上挥金如土，不仅要家里有钱，更要加强身体锻炼，最好经常练练举重，也好扛着一麻袋铁钱到处转悠。

被铁钱折磨得最惨的倒不是普通百姓，而是四川的商人。因为你如果只是买棵白菜，打瓶酱油，也就稍微麻烦了点，日子总过得去。可如果你是一个商人怎么办？不仅要采购大量原材料，还要进行长途贩运，大笔现金的使用非得靠马车拉来拉去不可。

十分矛盾的是，当时四川的商业经济却很繁荣。蜀地所产的茶叶、绢帛、药材远销各地，纺织、井盐、制糖、酿酒、造纸等行业享誉内外，经济发达程度仅次于江浙。

有一点是肯定的，四川的商人肯定不会因为用铁钱麻烦而放弃赚钱的机会。这个时候，历史再一次证明，群众的智慧总是无穷的。

一些商人为了避免携带大量现金的麻烦，就开始把钱暂存到固定的铺子里托人保管，要用的时候再凭票据进行支取。这个负责存钱的铺子当然也不是免费替人保管钱财，而是每次收取一定比例的"保管费"。这样一来，商人省去了麻烦，铺子也有了收入，堪称共赢。

这个存钱的铺子称为"交子铺"，而那张取钱的凭据就是大名鼎鼎的"交子"。

写到这里，很多人会问，难道这张可以领取巨款的"交子"就没人伪造吗？

我们的交子铺和商人自然不会这么傻，当时四川地区的纸张制造和雕版印刷水平已经很高了，能够做出相对精密的票据。交子铺会在自己发行的"交子"上做各种特殊的记号，用来防止伪造（各自隐密题号，朱墨间错，以为私记）。

到此为止，我们终于看到了纸币的雏形。

不过，仔细想想，此时的交子还不能和纸币完全画等号，它顶多相当于现在的大额支票，还不能到市面上当钞票用。那个铺子有点像银行，而商人则更像储户，所不同的是，商人不但不能拿利息，反而要倒贴"保管费"。

商人每交易一次就要向交子铺交纳数额不菲的"保管费"（一般为取款的百分之三），用着用着，他们发现，如果直接拿"交子"去支付给客户，就可以省下这笔保管费。很多客户也乐于接受这种轻便的凭证。于是，交子越来越广泛被运用到交易之中（私以交子为市），它在人们的手中不断流转，确立了自己的信用价值。

历经千回百转，交子跨出了决定性的一步，成为了我们所说的纸币。

纸币终于出来了，它和张咏有什么关系呢？别忙，我们的故事还要继续。

交子成了纸币，大家是方便了，但还有一个群体是不满意的。交子铺的经营者发现，人们开始很少拿着交子到铺里来兑换现钱，他们自然也难收取保管费。长此以往，岂不是白替别人当保安了？

显然，如果只让这些钱躺在铺子里，除了生锈，不会产生任何好处。钱是死的，人是活的，交子铺当然不会干守着一堆闲钱，反正一时半会儿也没人来取，那就买地、开店，甚至放贷收利息，赚的钱比收"保管费"还要多。

交子铺毕竟是私人经营的产业，干的人多了难免出岔子。有的交子铺生意做亏，把本金搞没了；有的交子铺赚钱太狠，导致手头流转的现金不足，等"储户"来兑取现金的时候，只能关门倒闭。此外，交子本身也出了问题，这些票据虽然具有约定的防伪标记，但日子久了，难免出现污损，有的交子铺开始不认账。那些把钱存在交子铺的人当然不是好惹的，不把你揪出来报官才怪。这么一来，因为交子而产生的纠纷越来越多（奸弊百出，狱讼滋多），成了一大社会问题。

如此局面，官府自然不能袖手旁观。

相传（有不同说法），张咏在治蜀期间，倡导由官府出面干预交子发行，他选择了比较有信誉和经济实力的十六个富户来经营交子铺，并让这些富户相互作保，降低交子铺的"破产"风险。同时规定每三年统一更换一次交子，以防交子因为污损而起纠纷。张咏之后，宋朝对于交子的管理不断变化，直至后来由官府直接经营。

纸币终于亮相了，但是，当时社会经济状况还不能给予它充分健康发展的条件，它的命运在历史长河中不断沉浮，其中的曲折，我就不再多言。

其实，关于张咏在纸币创造中的作用到底有多大，一直有不同的声音。但在我看来，这个已经无关宏旨，我们至少可以肯定，他顺应了历史的潮流，为这个新事物的发展贡献了自己的担当和智慧。

真正的纸币创造者，是那些为生计辛劳的平凡人，是那些为生活奔波的普通人，正是他们的一滴滴汗水，才汇聚成历史的洪流。

公元十世纪下叶，世界上第一份纸币——交子，诞生于中国，它比西方纸币的出现，早了六百多年。

这份光荣，属于张咏，属于宋朝，属于中国，属于那些无名的历史推动者。

人民，只有人民，才是历史的创造者！

直　臣

张咏能够在地方上干得风生水起，除了他确实能干外，还得益于老朋友寇准的推荐。寇准和张咏早就相识，又是同榜进士，两人关系一直不错。

进入仕途以来，张咏一直平稳顺利，步步高升，如果说张咏的人生是一条水平线的话，寇准的人生则是一条波浪线。

惊涛骇浪。

自从因为讨论边防事务受到赵光义的青睐，寇准得到了火箭式提拔。

雍熙二年，升任郓州通判（正七品）；

同年，转任三司度支推官（从五品）；

端拱二年（989），升任枢密直学士（正三品）；

淳化二年，升任枢密副使（从二品）。

年仅三十岁，就进入了宰执班子，此时的寇准春风得意、意气风发，无愧为大宋政坛最夺目的簪花少年郎。

寇准的脾气和张咏差不多，正直刚烈，眼里容不得沙子。

早在担任枢密直学士的时候，寇准听说了一件事。说是副相王沔的弟弟王淮犯了贪污罪，按当时律法，应该被斩首，但是在王沔的干预下，王淮只是挨了几下板子，降级处理，即便是这顿板子，还是在家里由家人代为执行的。当时还有另一个叫祖吉的官员，也犯了贪污罪，情节比王淮还轻一点，却被砍头抄家。

王淮和祖吉同案不同判，用现在的话说，属于典型的司法不公，寇准向来讨厌这种徇私枉法的事，就琢磨着想办法纠正这件事。

很快，寇准捕捉到了一个好机会。正好有段时间国内不太平，旱灾、洪灾、蝗灾到处都是，搞得赵光义很心烦。古人讲究天人感应，觉得天灾太多是老天爷对自己有意见了，必须好好反省。于是，赵光义就把身边人叫过来，问问大家，自己有哪里做得不对，招致了天灾。

尽管赵光义做了自我批评，但那也就他自己说说而已，别人还是不敢乱说的。于是，大家都纷纷表示，皇帝干得挺好的，至于自然灾害嘛，那是天数，怨不得谁。

这时，寇准清了清嗓子，说道："天与人是互相影响的，发生灾害，估计是因为刑罚不公。"

　　赵光义听了很生气，他本想表个姿态，没想到寇准还真蹬鼻子上脸了，一甩袖子，转身回后宫去了。

　　好在赵光义走开不久，又回过神来了，他意识到，寇准既然敢说刑罚不公，肯定事出有因。于是，又把寇准叫了过来，问他凭什么这么说。

　　寇准卖了个关子："希望陛下把两府大臣都叫来，我才肯说。"

　　赵光义就把两府大臣都叫了过来，副相王沔自然也在其中。眼见人到齐了，寇准就毫不客气地把事情抖了出来：最近发生了两个案子，一个叫王淮，一个叫祖吉……

　　寇准说得起劲，王沔听得面红耳赤，其他人更是尴尬无比。

　　其实，王淮的事情在座的两府大臣不是不知道，但事不关己，谁愿意为一个虚无缥缈的公义，去得罪当朝副相呢？

　　需要说明的是，那个王淮也是太平兴国五年进士，算是寇准的同年。可这些东西到了寇准这里，都不在考虑范围内。

　　什么天子宠臣、同年进士，哪怕是元始天尊、佛祖如来也不成，照说不误！我还不稀罕打小报告，当众说开了更好，省得有人背后再做文章。

　　面折庭争，舍我其谁？

　　赵光义明白了，寇准是在借机说事。听完以后，他就盯着王沔质问，到底有没有这回事？王沔心虚理亏，哪里还敢狡辩，吓得跪在地上连声磕头认罪。赵光义当场把王沔臭骂了一顿，不久就罢免了他的副相职务。

年轻气盛加上嫉恶如仇，使寇准成了朝堂上特别能战斗的一员，有意见就扯着嗓门提，看谁不顺眼就直接开骂，哪怕赵光义不听他的意见，也会拉着赵光义的袖子说个没完。到后来，很多人只要一听说寇准来了，就两腿直打哆嗦，所谓"寇准上殿，百僚股栗"。

寇准锋芒毕露，得罪了不少人，难保不被暗算。

淳化四年六月的一天，已经升任枢密副使的寇准下班回家，和他同行的还有枢密使张逊、枢密副使温仲舒。三位枢密院的大佬一起骑马慢行在街上，张逊在前，寇准和温仲舒并排在后。走着走着，忽然旁边蹿出了一个人，迎着寇准和温仲舒的马头，高声大喊："万岁，万岁。"

寇准等人对突如其来的一幕毫无防备，反应过来后，立刻命令卫兵把这个拦路人拿下审问。他们上前一查看，发现这个人神情呆滞、衣衫不整，回答问题语无伦次，显然就是一个疯子。本来，遇上这种疯子，赶跑就是了。可疯子喊的内容实在太敏感，"万岁"岂是一般人能享有的称呼，那是皇帝的专属，谁享受了这个称呼，会有大麻烦的。

很快，负责京城治安的金吾街仗司知道了这件事，判左金吾（街仗司的长官）王宾把这个事报到了赵光义那里，声称有人呼寇准为"万岁"。赵光义就把张逊、寇准、温仲舒三人一起叫过来问话。

可到了赵光义那里后，寇准发现自己成为了唯一被质问的对象，立刻火大起来。

　　疯子明明是对着我和温仲舒两人呼"万岁"，到了王宾的嘴里，怎么就成了对我一个人喊"万岁"呢？

　　后来再转念一想，明白了。

　　肯定是张逊搞的鬼。

　　寇准想起来，王宾曾受过张逊的举荐，两人关系非常好，这回王宾使坏，肯定是受了张逊的指使。两人明摆着想把一个治安问题搞成政治问题，给寇准小鞋穿。

　　张逊为什么要特别针对寇准呢，倒不是两人有多大的利益冲突，原因其实很简单——寇准看不起张逊。

　　张逊和寇准不一样，不是科举出身，也没什么大本事，靠着裙带关系混进了赵光义（当时还是晋王）的幕府，又凭着一点敛财的水平得到重用。

　　在寇准眼里，张逊就是一个不学无术的关系户，就这号人，还配做我的上级领导？寇准把情绪写在脸上，平时没少让张逊难堪。

　　干正事不行，还用这种下三滥的伎俩来阴人?!

　　寇准气不打一处来，当着赵光义的面开始争辩，而且直接把话挑明了，指出就是张逊指使王宾诬陷自己。

　　张逊也不示弱，拿着王宾的奏折大声训斥寇准：明明在说你寇准，凭什么往我身上扯？

　　本来两人就有过节，这回既然彻底撕破了脸，也都不用藏着掖着了，争论的范围也不再是那个"万岁"事件，干脆把以前不愉快的事情都翻出来，互相指责（互发其私）。

两人你来我往，骂得不可开交，就差动手打架了，倒把赵光义晾在了一边。

赵光义看着两个人像公鸡一样斗来斗去，心里很不是滋味。两个宰相级的官员，居然像泼妇一样当着自己的面骂街，成何体统？

其实，这本来是件小事，赵光义再多疑，也不会怀疑寇准有反心，天底下哪有耍阴谋耍到大街上，还雇人大喊大叫的？可你寇准也太不懂人情世故了，张逊再不济，也是晋王府旧人，好歹得给点面子，平时不搞好团结也就算了，现在居然当面骂街，把皇帝当成了吃瓜群众？！

赵光义也不研究谁对谁错，一纸令下，把两个人统统赶出了枢密院，求个耳根清净。

寇准被外放青州，一下子由中央大员变成了普通地方官。

因为担当大事而被突然重用，因为芝麻绿豆的事而跌落谷底，寇准开启了过山车式的仕途旅程。此后，类似的传奇经历还将反复上演。

寇准并没有在青州待太久。第二年，他就得到诏令，被紧急召回开封。

因为，赵光义有一件十分重要的事情要和他商量。

轮　回

有一个烦恼，几乎每个皇帝都会遇到——继承人问题。

有的皇帝因为儿子太多而烦恼（抢皇位），有的皇帝因为没有儿子而烦恼（后继无人），有的因为儿子太优秀而烦恼（怕被篡位夺权），有的因为儿子太白痴而烦恼（怕江山守不住）。

在登上皇位后的第十八年，赵光义也遇到了同样的烦恼。淳化五年，赵光义已经五十六岁，他的身体每况愈下。高梁河的箭伤一直没有治愈，成为他的最大健康隐患。几年来，外患内乱不断，也耗尽了他的精力。

任何人都忌讳念及自己的死亡，更何况是享尽天下尊荣的帝王，但赵光义不能不面对这个问题。

他从未忘却十八年前的那个夜晚，时常庆幸自己是那个夜晚的胜利者。在内心深处，他不能不承认，正是兄长在继承人问题上的优柔寡断，才成全了自己。

天道轮回，现在轮到他来解答这个难题了。

赵光义有九个儿子，除一个夭折外，还剩八个。

赵光义曾封过两任皇后，第一任符皇后没生下儿子，第二任是现在的李皇后，她有过一个儿子，但夭折了。于是，嫡子继承的可能性就不存在了。如此一来，该由八个儿子按照长幼顺序排位，谁年纪大谁就是将来的皇帝。

赵光义的长子叫赵元佐（皇子的名字都曾发生改动，为阅读方便，仅以最后的名字为准），从小就受到赵光义和李皇后的喜爱，本来，他是继承皇位的不二人选。

上面说过，赵光义为了给儿子铺路，逼死了弟弟赵廷美和两个侄子。但赵元佐偏偏是个心地比较善良的人，赵光义将赵廷美贬到房州安置的时候，其他人都不敢吭声，他却站出来替赵廷美说话（独申救之）。当他听说赵廷美死于房州的时候，居然因为情绪激动，出现了精神失常，后来病情虽然得到控制，却始终没能恢复到正常状态。

从此，赵元佐退出了皇位候选人行列。

赵元佐退出后，轮到了次子赵元僖。

雍熙三年，赵光义封赵元僖为许王，任开封府尹，确立了他的皇储地位。

没想到，这个赵元僖更不省心。

赵元僖做了几年开封府尹后，地位愈加巩固，朝中开始不断有人上书，要求赵光义封赵元僖为皇太子。

在封建时代，皇太子才是皇位继承者的标准象征，以"开封府尹"代表皇储身份，只是五代乱世流传下来的习惯。赵元僖的身后，毕竟还有六个弟弟，他也想给自己的皇储身份再加一份保险。

于是，很多聪明人嗅到了这个政治风向，投赵元僖所好，向赵光义上书要求立赵元僖为皇太子。

可是，这些嗅觉发达的大臣犯了个明显错误，他们忘了，赵光义自己就是在开封府尹的位置上起家的，对这种背后搞小圈子的行为，一眼就能看穿。再者，老皇帝还在，你就急着去拍皇储的马屁，那是很犯忌讳的事情。

赵光义对这种情形十分反感，严肃处理了几个闹得比较欢的大臣，顺便敲打了一下不安分的赵元僖。

赵光义不给赵元僖皇太子名分，并不是想动摇他的皇储地位，只是觉得时机尚不成熟。可始料未及的是，一年后，赵元僖也出了意外。

淳化三年的一天，赵元僖上早朝，刚进殿庐（候朝的场所）坐下，突然感觉身体不舒服，连忙打道回府休息。等到赵光义得到消息赶去探望，赵元僖病情已非常严重，不久就去世了。

赵元僖的死，让赵光义悲痛不已，更让他羞恼的是，事后追查，发现赵元僖的死并不是突发暴病，而是中毒身亡，下毒的人，是他的一个张姓侍妾。

原来，赵元僖和原配夫人感情不好，很宠幸张氏，答应她要废了原配，立张氏为夫人。张氏心狠手辣，一次在酒中下毒，企图毒死赵元僖的原配夫人，好早点接班。未料到，毒酒阴差阳错被赵元僖喝了下去，导致元僖当天就中毒而死。

经历丧子之痛，再加上家丑暴露，赵光义盛怒之下，处死了张氏及相关的一批人，把开封府中辅佐赵元僖的官员通通贬官外放。

一个儿子精神失常，一个儿子意外身亡，让赵光义伤心恼怒了很久，立储的事情也被一度搁置，直到淳化五年。

然而，立储大事终究不能久拖。选好一个储君后，还得花一段时间培养，自己年事已高，继承人长期缺位，容易导致朝野内外人心不定。

赵光义把寇准叫回来，就是为了商量这件大事。

在此，有些人可能会有个疑问，这事为什么必须问寇准呢？要问也得问当时的两府大臣啊。

其实答案很简单，因为赵光义心里清楚，寇准是个最"迂直"的人。

所谓"迂直"，简单地说就是直线型思维，不懂人情世故。既然不懂，就对谁都有一说一，直来直去，毫不掩饰。

很显然，与"迂直"的人商讨储君问题是最为合适的，只有他才会不顾私利，大胆直言。

赵光义的考虑是正确的，但他没想到，这位迂直的官员，居然这么迂直！

两人相见后，赵光义撩起衣服给寇准看身上的箭伤，并问："你为何来得那么迟？"

皇上给你看伤情，问你为什么回来得迟，明显是表示很挂念你，在和你套近乎，算是天大的面子了。

寇准想都没想，回了一句："我没有陛下的召见，怎么敢回京城呢？"

如果换成别人，早就跪下来磕头如捣蒜，感谢皇上的挂念之情，最好边哭边表示，自己在外面也十分极其特别地想念皇上。可寇准却很困惑，赵光义说这个干什么。按照宋朝律法，外任官没有命令本来就不能回京，你想我，早点叫我回来就是了，我得到命令已经加紧赶回来了，你还嫌我慢？幸亏当时寇准不是坐动车赶过来，否则恐怕要拿出车票来解释自己的速度问题了。

好吧，算我表错了情，碰上这么个实在人，也就不用拐弯抹角了，直接进入正题吧。

赵光义皱皱眉头，继续问："我的儿子中，你看哪个可以继承皇位？"

寇准很直，但并不傻，对选择储君这件朝野注视的大事，他也有自己的思考。

最可贵的是，他的回答确实没有顾忌私利："陛下替国家选择储君，不可以和妇人、宦官商量，也不可以和亲信大臣商量，希望陛下能选择符合天下意愿的。"

寇准所说的不可以和妇人、宦官商量，可不是泛泛而谈，这里的"妇人、宦官"都是意有所指。事实证明，寇准的判断十分准确。

所说的"不可以和亲信大臣商量"，是指防止某些人借立储君的机会，围绕几个皇子进行政治投机。

最后一句，"希望陛下能选择符合天下意愿的"是规劝赵光义选择储君应该出于公心，以能力为标准，选立最适合托付天下的人，而不是出于个人私情。

赵光义听懂了寇准的心思，接着问道："襄王可以吗？"

襄王，是指赵光义的第三个儿子赵元侃，他和长子赵元佐为同一个母亲所生，当时已经二十七岁，为人比较谨慎、随和，在众皇子中，虽不出挑，却也中规中矩。

寇准直截了当地回答："父亲对儿子最了解，你觉得可以，就赶紧决定吧（愿即决定）。"

寇准的意思依然很直白，既然已经有了主意，就该马上定下来。换句话说，就是暗示赵光义即刻确立"皇太子"，而不是再弄个"开封府尹"来过渡，以防夜长梦多。

寇准的态度得到赵光义的称许。至道元年（995）八月，就在寇准回京后一年，朝廷举行盛大仪式，确立赵元侃为"皇太子"，改名赵恒。

这个看似普通的举措，其实已经非常了不起。从唐末至五代，长期政局动荡，中央政权已经近百年没有进行册立"皇太子"的仪式了。

如今，人们再见到这种盛况，朝野上下，无不为之欢欣鼓舞。

寇准回京后，不但恢复了两府大臣身份，还被任命为参知政事，当上了副相，比之前更加得到倚重。

如果不出意外，寇准已经成为赵光义心中的托孤重臣，将要担起辅佐新君上位的重任。

然而，寇准的仕途定律又一次发挥了作用，仅过了一年，他又被外放了。

还是因为一件小事情。

寇准担任副相后的第二年，赵光义进行了一次祭天活动，按惯例，祭天活动搞完以后，各地官员都可以提升一下品级。这是一项很简单的事务，无非是每个官员的品级都往前挪一下而已。

　　可寇准偏偏不甘寂寞，把这个福利活动当成了一次官吏考核。他觉得这样论资排辈太没意思，要根据个人表现来重新评定。

　　评定过程中，自然有人吃了亏，心存不满。很多官员直接把状告到了赵光义那里，矛头直指寇准。

　　客观地说，这事寇准做得也不地道，官员考核本来就有专门的机会，祭天时官员按序升官就是了，一码归一码，确实有点滥用职权的嫌疑。

　　赵光义把几个宰相都叫了过来问话，大家众口一词：这事是寇准一个人想出来的，我们本来也不同意，但寇准一直坚持，至于寇准的脾气，你也不是不知道。事情就是这么回事，你看着办吧。

　　寇准一听，又激动了！集体商量的时候你们不说，现在都怨我一个人，凭什么啊？来，咱们去翻会议记录，说道说道。

　　赵光义一看寇准吹胡子瞪眼的表情，心里明白了大半，就让寇准少安毋躁，别又在朝堂上吵架，否则有失体面（若廷辩，失执政体）。

　　其实，这次的情形和上次差不多，寇准如果长点记性，应该及时刹车。又不是要命的事，低头认个错，也就过去了。

　　可寇准不但不刹车，还踩了一脚油门，继续舌战群儒，越战越勇。

　　看着激动的寇准，赵光义不禁摇头叹息。

　　你怎么就那么倔呢？

　　争来争去，寇准为自己争来了一个外放的机会，第二次。

　　至道二年（996）七月，寇准被免去参知政事，出任邓州知州。

　　赶走寇准，对赵光义而言，是个双输结局，耳边确实清净了不少，但也少了一个替他分忧的人。毕竟，北方边境仍然战火不断，皇太子赵元侃的地位尚未巩固，自己的健康状况又时好时坏。如此局面，没有一个能干的大臣撑场面，那可是要崩盘的。

　　万幸的是，当时还有一个名臣坐镇中枢，掌控朝局。

　　老臣，吕端。

第二十一章　大事不糊涂

吕　端

明代思想家李贽曾写过一副对联——"诸葛一生唯谨慎；吕端大事不糊涂"，这副对联非常出名，甚至连毛泽东主席也曾引用过。

对联说了两个人，上联说的是大名鼎鼎的诸葛亮，一生行事风格严谨；下联说的是北宋宰相吕端，遇到大事都能冷静处置。自从蹭了诸葛先生的热度以后，本不太出名的吕端在民间的知名度大大提升。

吕端，字易直，幽州安次（今河北廊坊西）人，吕端的父亲在后晋时担任兵部侍郎，他的哥哥则是赵匡胤的亲信幕僚吕余庆。一般说来，有这种家底的人，官运都差不了。而吕端却用自己的经历证明了

"造化弄人"这句话。每个了解吕端履历的人，都会忍不住摇头叹息。

老兄，你太点儿背了！

赵匡胤的时代，吕端做过知州、知府之类的地方官。轮到赵光义做皇帝后，吕端当上了开封府判官，那时的开封府尹，是皇弟赵廷美。

赵廷美自己的日子不好过，开封府的人也跟着倒霉。不久，府里有人因为违法买卖竹木犯了事，吕端不知怎的也绕了进去，被贬成了商州司户参军。开封府判官四品官，商州司户参军是八品官，这个贬官幅度，堪称自由落体。

赵光义恨屋及乌，对赵廷美属下的人特别讨厌，吕端刚准备上路，就得到通知，此次前去必须环保出行，不准骑马，只能步行。这个规定可把吕端坑惨了，从开封到商州（今陕西商洛，当时靠近西北前线），一千三百多里路，就算坐马车过去，也能把他颠个七荤八素，何况步行。

倒霉的事还没结束，吕端这次去商州，居然被命令必须戴着枷具上路。枷具，看过古装剧的人都见识过，一块板扣在人脖子上，两只手举着不能动，简直就是把吕端当犯人对待了。

对于一个官员来说，这不仅是身体上的惩罚，更是一种人格上的侮辱，可吕端的反应让所有人大吃一惊。等监押的人来到开封府的时候，他们惊奇地发现，这个憨憨的胖子没有唉声叹气，也没有整理行装，居然还在忙着办公。

监押官正目瞪口呆，吕端却像个没事人一样，看见人家来了，指着那枷具热情地招呼："来，尽管拿过来，尽管拿过来（但将来，但将来）。"

就这样，吕端忙完工作，戴上枷具，从容上路。

被贬以后，吕端没有半句怨言，仍然吃得香，睡得着，只顾埋头干活，因为政绩不错，官职又慢慢升了上来。

雍熙二年，许王赵元僖任开封府尹，吕端又一次出任开封府判官。赵元僖和赵廷美可不同，当时，他可是货真价实的皇储，将来的皇帝！吕端能成为他身边的人，前途不可限量。按照这个路子发展，这真应该是一个苦尽甘来的励志故事。

可后来发生的事情我们前面刚讲过：赵元僖暴病而死，然后赵光义发现了背后那些乱七八糟的事情，十分愤怒，然后追责赵元僖身边的人……

没错，倒霉的吕端又中奖了。这次贬得比上回稍微好点，卫尉少卿。

吕端在一个坑里面摔了两回，此时他已经五十八岁。难得的是，他依旧心态良好，没把自己的进退得失当回事。

淳化四年，吕端的命运迎来了转机。一天，考课院（负责考核州县下属官吏的机构）专门召见了一批被贬谪的官员，对他们进行重新考核，赵光义也亲自到场。

这批官员均因受到赵光义谴责而被贬官，日子混得都不好过。这群失意官员难得有一次向皇帝"申冤"的机会，一轮到自己，都拼命诉说自己的委屈，为了增强效果，还挤出了眼泪（皆泣涕），唯恐别人不知道他可怜。

　　可轮到吕端，他没有像别人一样哭天抹泪，只是平静地说道："我之前辅佐秦王（赵廷美），因为行为失当被贬到商州，陛下重新提拔任用我。许王（赵元僖）暴病而死，我作为辅臣也是有责任的，陛下又没有重责我，还保留了我的官籍，已经很幸运了。现在考课院要对我重新处理，我也没什么奢望，只要做个颍州团练副使（低品阶散官）就可以了。"

　　听了吕端的回答，赵光义意味深长地说了一句："我自然是了解你的。"

　　事实上，赵光义已经暗中关注吕端很久。

　　吕端两次被贬期间都没有怨天尤人，无论担任什么官职，在什么地方都专心办事，取得了很好的政绩。这种气度和雅量在官场中无疑是十分稀缺的，他的名声也传到了赵光义的耳朵里。

　　经过这次考察，赵光义更加确信，眼前这个老臣，是个值得托付重任的人。

　　谈话后不久，吕端官复原职，并出任枢密直学士，仅过了一个月后，又被突击提拔进宰执班子，担任副相。

　　过了两年，赵光义又命吕端出任宰相，成为百官之首。

　　　　夫唯不争，故天下莫能与之争。

　　　　　　　　　　　　　　　　　　　　——老子《道德经》

　　就这样，吕端的坎坷经历反而成就了他晚年的神奇逆转。

人生暂时不顺的朋友大可借鉴一下，暂时遭遇逆境，也不要自暴自弃，权当是命运对你的考验。只要你把理想埋在心底，隐忍努力，总有一天，好运会垂青于你，让你一飞冲天、一鸣惊人！

当然，吕端突然得到重用也被很多人质疑。他们看不懂赵光义的用人手法，觉得短短三年，把一个不起眼的小官吏拔擢为宰辅重臣，实在太轻率。

有人对赵光义说，吕端这个人，有时候办事比较糊涂。

赵光义听了，会心一笑，说出了那个著名判断：

"端小事糊涂，大事不糊涂。"

赵光义看人的眼光确实很准（文臣），吕端的行事风格和寇准完全不同。

寇准大事争，小事争，没事找事也要争一争，吕端则奉行多一事不如少一事的原则。他曾和寇准在政事堂同任副相，考虑到寇准的脾气，总是谦和忍让。吕端升任宰相后，怕寇准不高兴，还主动分权给寇准。

吕端主张清静无为，把琐碎小事放手给别人去干，这种为政风格使他过得比较轻松。

然而，树欲静而风不止，你不找事，事会找你。

很快，他就遇到了一件大事，不能不管的大事！

力挽狂澜

至道三年（997）正月初，宋王朝又进入新的一年。

虽是新春新岁，皇宫中却没有往日的喜庆劲儿，一丝不祥的气氛弥漫在每个角落。年初以来，赵光义病势日沉，他的身体状况急转直下。到了二月初七，连上朝也困难，只能在便殿里办公。

又过了一个多月，宫中传出消息，皇上已经不能视朝。

登基二十一载，赵光义的生命走到了最后一刻！

军营里的幼童，开封府里的晋王，金銮殿上的天子，如今，只是个床榻上奄奄一息的病人。

不管你接受过多少人的万岁欢呼，都无法逃脱历史的轮回。

也曾平步青云，也曾潜心蛰伏，也曾意气风发，也曾心灰意懒，你的人生，不过如此，与常人无异。

二十一年前的那个夜晚，你费尽心机，为自己赢得了天下。现在，你才发现，其实自己并不是那个夜晚的胜利者。

赢得了天下，却失却了人心。

从此，头上的皇冠变成了压在心头的石块。

压得你喘不过气来。

因为，就在戴上皇冠的那一刻，超越兄长，成为伴随你一生的心结。

为了超越，边境狼烟四起。

为了超越，你撕裂亲情。

为了超越，你不断用新的谎言去掩盖旧的谎言，用一个错误去掩盖另一个错误。

从此之后，你甚至不敢一个人仰望夜空，生怕记起那个寒冷的夜晚。

如果再给你一次机会，还会做出同样的选择吗？

幸好，你不是一无所获。

没有武略，却有文韬。你天生富有书卷气，弘扬文治、消弭戾气，以文抑武的治国之策被传承延续，发扬光大。

在你的时代，文化之光重新燃烧，士大夫精神又开始发芽，一批才华横溢的文士走出村野，走进朝堂，书写安邦治国的理想。

有心争天下，却失尽天下人心。

无心弄笔墨，却赢得文人春天。

背叛了兄长，却坚持了他的事业。

历史，就是如此，让人难以琢磨。

今夜，睡个好觉吧，忘掉世事纷争，回到开封护圣营，回到开始的地方。

　　至道三年三月，癸巳，宋太宗赵光义崩于万岁殿。年五十九。

　　赵光义走了，帝国还得有人掌舵，比办丧事更要紧的是，大家必须马上扶持新君上位。

　　这似乎不应该成为一个问题，不是有皇太子赵恒了吗？可残酷的历史告诉我们，皇太子虽然是皇位的第一继承人，但他们顺利上位的概率并不高。

　　原因很简单，有利益的地方就会有纷争，就会有阴谋。利益越大，人们铤而走险的动力越大。

　　争皇位的风险确实很高（掉脑袋），但成功后的利润也极高（赢得天下），就算你自己没兴趣争皇位，但也架不住身边的人蠢蠢欲动。你的老婆想当皇后，你的老妈想当太后，你的属下想封侯拜相，你的儿子将来也想当皇帝，他们的背后又连着一长串伯舅姑姨、虾兵蟹将……你上位，她（他）们鸡犬升天，你不上位，她（他）们只会成为过气财主和遣散对象。

　　这种情况下，很多人都被推搡着进入权力角斗场，拼个你死我活。

　　这回，被推进角斗场的人是赵元佐。赵元佐精神都不正常了，当然不会主动参与皇位争夺，可有人觉得他奇货可居，想强行扶持他上位。

　　如此胆大包天者，是我们的老朋友王继恩。

赵光义在位的时候，王继恩备受宠信，宦官能享受的待遇都给了，地位不可谓不高。至道二年春，他从四川被召了回来，由于他在朝廷内外的势力过大，赵光义对他略有压制，这让王继恩心怀不满。

王继恩一心想维持甚至继续提高自己的地位，有人就给他出主意：乘赵光义快驾崩的机会，再搞一把政治投机，扶持一个新君主，肯定能够再大赚一笔。但是，这个时候去讨好皇太子是不行的，人家本来就是合法继承人，上了位也不会念你的好。要扶持一个本来没希望即位的人，人家当了皇帝才会感激你。

王继恩认为这个想法很对头，又觉得自己在帮人篡位方面有着丰富的业务经验，值得再赌一把。

因为赵元佐是长子（好歹有个上位的依据），又比较好控制，王继恩决定选他为扶持对象。

当然，如此大的阴谋，王继恩不可能一个人干，他在朝中也拉了几个帮手，当时的副相李昌龄、知制诰胡旦和他关系很好，这样宰相班子里有人替他说话，一旦要起草（杜撰）诏令，也有笔杆子帮忙。

除了朝中有人外，王继恩还拉了宫中的一个重磅人物入伙——李皇后。

李皇后和赵元佐、赵恒都没大的瓜葛，支持赵元佐的理由和王继恩差不多，就是希望赵元佐上位后对她有所感激，也好继续维持自己的地位。

如此看来，王继恩阴谋小组成员人才济济、各有专长，想要翻盘，还是很有希望的。

相比而言，皇太子赵恒背后的团队反而比较寒碜，他当太子才一年多光景，人头都没混熟呢。要说支持者，只有政事堂里那个唯唯诺诺的胖老头吕端而已。

皇位继承听起来是一件非常严肃的事情，事实上却和排队买票差不多，谁先抢到了算谁，至于你是插队的，还是买的黄牛票，并没人理会。

　　　　形式上越庄严，或许本质上越荒诞。

——我说的

王继恩等人谋划的夺权方案说起来也很简单，他们决定在赵光义死去后，立刻把赵元佐叫过来，抢先宣布登基。至于皇太子什么的，随便再捣鼓出一张诏令，宣布他已经过期报废了就成，反正皇上已经不会吭声了，他们说啥子都成立。

可见，成功抢票的关键在于谁能够第一时间得到卖票开始的消息。在这一点上，李皇后和王继恩显然更有优势。

一旦生米煮成熟饭，就大功告成了。二十一年前，赵光义不正是这么做的吗？

很可惜，现在他们要面对的对手，乃是宰相吕端。

当赵光义病重不起的时候，吕端早就有所警觉，每天都找借口往宫中跑，随时观察情况。

赵光义去世那天，吕端照例到宫中探望（问疾禁中），发现赵光义气若游丝，极有可能马上归天。

此时，守在赵光义身边的，除了哀哀戚戚的李皇后，只有一个王继恩，如此时刻，内宫居然还没有召太子赵恒入见。吕端意识到了问题的严重性，但他表面上依然保持镇定，照常询问了一些情况后，马上退了出去。

走出宫外，吕端还不等回政事堂，就在笏板上写了"大渐"两个字，命亲信火速送给太子赵恒。

笏板是古代大臣上朝时用来记录旨意和上奏内容的工具，一般是块长方形的板子，普通笏板由木头做成，高级点的官员则用玉质笏板，我们在影视剧中应该没少见。

"大渐"则是病危的意思。吕端临机应变，把笏板当成了传递紧急情报的"鸡毛信"。

果然，赵光义咽气后，王继恩就来到了政事堂，说是奉皇后的命令，叫宰相们一起进宫讨论皇位继承人的问题。

现成的皇太子你不召见，反而要集体讨论皇位继承人，你们葫芦里卖的什么药？吕端知道，很可能等他们前脚进宫，王继恩后脚就会把赵元佐叫来，造成既成事实。

吕端看穿了王继恩，但依然不动声色。他告诉王继恩，自己马上就会进宫，只是皇上生前亲笔写了一封诏书，就藏在政事堂的书阁里，现在是时候拿出来了，要不先一起去取出来吧。

王继恩考虑过吕端的各种反应，却不承想他说出这么一档子事。

他的阴谋方案里还没考虑过这种突发情况，不过转念一想，既然宰相说有皇上亲笔诏书，一定和皇位继承有关，内容十有八九对己方不利，应该先把它拿到手！

想到这里，王继恩不由得暗自庆幸，幸亏碰上了这个呆头呆脑的吕端，换成别人，等一起讨论的时候再拿出来，岂不误事？

于是，王继恩在吕端的指引下，一路向书阁奔去。

两人赶到书阁后，吕端刚打开房门，王继恩就撇开吕端，哧溜一下就钻了进去，到处扒拉起来。

诏书呢？诏书在哪儿呢？

唉，吕相，你怎么不进来？

喂，你关门干什么？

没等王继恩反应过来，吕端已经把房门关上。咔哒一声，铜锁一插，得了，您就慢慢找吧。

把王继恩骗进书阁后，吕端赶紧率领众宰执大臣进宫。李皇后见王继恩没跟着回来，隐隐感到一丝不安，但仍然硬着头皮说："皇上驾崩了，确立皇位继承人应该讲究长幼顺序（立嗣以长），还是立长子比较好。你们觉得呢？"

李皇后话音刚落，吕端上前一步，不等他人开口，朗声说道："皇上确立皇太子，就是为了今天，难道谁还对皇上生前的决定有异议吗？！"

此时，大家才发现，站在自己面前的，不再是那个笑容可掬的胖老头，不再是那个与世无争的好好先生，此时，他是临危不乱、力挽狂澜的大宋名相——吕端！

糊涂，只是隐忍的表象。

卑微，只为保护心中的信念。

不争，只因未到必争之时！

今日之事，我必以死相争！

在场所有的人都被吕端震慑住了，包括李皇后和副相李昌龄。

不久，太子赵恒也及时赶到宫中。

赵恒继位终成定局！

吕端取得了最终的胜利，他以一己之力化解了一场惊天阴谋！

大势已定，登基大典随即举行。

新皇帝高坐宝殿，吕端率领百官迎立新君，只要叩拜大礼一过，万岁之声响起，君臣名分就算定了。

行礼官一声令下，群臣纷纷下拜。

此时，吕端却站着没动。

突然，吕端叫停了行礼，并大步走上殿前，命人把皇上面前的帘子卷起。

帘子卷起后，吕端上前认真审视了一番，直到确认眼前御座上的人确实是皇太子赵恒后，才放心地走到殿下，带领群臣高呼万岁。

吕端这一举动，让在场众人无不叹服。

心思如此缜密，岂是糊涂之人？

吕端，真宰相也！

至道三年三月，在吕端的辅助下，赵恒继皇帝位，成为宋朝第三位君主。

历史上的"宋真宗"。